KB058406

컬처엔진

지속 성장을 만드는 위대한 힘

신경수 지음

21세기북스

달려가는 기업과 주저앉는 기업의 차이

"혼돈의 시대가 지나면 새로운 질서가 탄생한다."

알베르트 아인슈타인Albert Einstein이 한 말이다. 그의 말처럼 우리는 지금 대혼란의 시기를 지나 새로운 질서의 탄생을 목전에 두고 있다. 일명 '코로나 바이러스'로 불리는 COVID-19는 우리에게 지금까지 경험해 보지 못한 엄청난 시련과 고통을 안겨 주었으며 수십년간 쌓아 올린 비즈니스의 생태계를 뒤흔들어 버렸다. 전대미문의 대재앙이 끝나면서 이제 우리는 두 가지 종류의 기업을 목격하게 될 것이다. 주저앉아 일어서지 못하는 기업과 목적지를 향해 힘차게 발돋움하는 기업. 코로나는 우리에게 맥없이 쓰러지는 기업과 위기를 발판 삼아 새로운 도약을 꿈꾸는 기업의 양자 구도를 선사할 것이다.

그렇다면 어떤 기업은 위기의 파고 앞에서 힘없이 쓰러지고, 어떤 기업은 기다렸다는 듯이 앞으로 치고 나가는 것일까? 과연 위기 앞에서도 당당하게 지속적 성장을 구가하는 기업들에게는 어떤 특징이 있는 것일까? 모두가 죽겠다고 아우성치는 와중에도 그들은 어떤 노하우를 가지고 있길래 아무렇지 않게 목표를 향해 달려가는 것일까?

지난 20년간 한국과 일본을 오가며 성공한 기업과 실패한 기업의 조직 개발을 연구한 컨설턴트로서 나는 그 해답을 '조직 문화'에서 찾고자 한다.

"위기일수록 뭉쳐야 한다"는 말이 있듯이 위기 상황에서 빛을 발하는 것이 '조직력'인데, 그 위대한 조직력을 만들어 주는 힘이 바로 조직 문화이기 때문이다. 그런데 그 조직 문화는 결코 하루아침에 만들어지는 것이 아니다. 평상시의 꾸준한 노력과 반복된 행동의 결과이기 때문에 일상의 상황에서 경쟁력 있는 조직 문화가 체화되어 있어야 한다. 하지만 현실에서는 아직도 조직 문화에 대해 잘못 이해하고 있는 사람들이 많다. 이런 오해를 풀어 주고 지속 성장의 조직 문화는 어떤 모습인지에 대해 설명하고자 이 책을 쓰게 되었다.

먼저, 조직 문화와 관련한 크나큰 오해 하나를 정정하지 않으면 안 된다. 일선에 있는 대부분의 직원에게 있어서 조직 문화가 근무 환경이나 복리 후생의 개념으로 인식되어 있다는 점이다. 예를 들면 이런 것이다. "우리 회사는 조직 문화가 정말 좋아요. 정시 출근에 정시 퇴근에 야근은 완전히 사라졌고, 워라밸을 철저히 지키려고 엄청 노력하고 있어요", "재택근무를 신청하면 바로 처리가 되요. 바쁘면 집에서 일을 봐도 상관없을 정도로 정말 좋은 조직 문화가 형성된 것 같아요"와 같이 칭찬하거나, 반대로 "명절이라고 해서 따로 상여금이나 금일봉이 나오는 법도 없어요", "맨날 야근만 시키고, 정말 우리 회사의 조직 문화는 엉망이라고 생각해요"와 같이 불만을 토로한다. 이처럼 조직 문화를 이야기할 때, 사람들은 '조직 문화=복리 후생'의 공식을 많이 떠올리면서 이야기를 꺼내곤 한다.

여기까지는 그래도 이해가 된다. 직장인이 자신이 속한 조직의 일에 관심을 갖고 정보를 취득하는 것은 바람직하기 때문이다. 하지만 인사 담당자들조차도 용어를 오해하고 그들 사이에 잘못된 인식이 퍼져 있는 모습을 보면 문제가 있다는 생각이 들 때가 많다.

지난주에 모 기관에서 주최한 조직 문화와 관련된 세미나에서 있었던 일이다. 제목은 '조직 문화'인데, 소개된 사례 발표의 내용이 거의 다 복리 후생과 관련된 내용으로 채워져 있었다. 그냥 '바람직한 복리 후생 제도를 어떻게 구축할 것인가?'라는 제목으로 홍보를 했으면 아무런 문제가 없었을 것이다. 내용이 제목과 맞지 않아, 복리 후생이 마치 조직 문화의 전부인 것 같은 잘못된 인식만 심어 준 듯하여 아쉬움만 가득한 발걸음이 되어 버렸다. 이를 계기로 글을 쓰게 됐다. 조직 문화에 대해 올바르게 소개하고, 조직 문화가 왜 성장 기업에 중요한 요소인지를 말하고 싶어서다.

다음은 이름을 들으면 알 만한 어느 유명 회사의 홈페이지에 게재되어 있는 내용이다.

- **특별한 복지를 제공합니다** 명절 선물 / 귀향비 / 생일 선물 / 동료 파티
- **자기계발을 존중합니다** 우수 사원 시상식 / 워크숍 / 저녁 식사 제공 / 중식 제공
- **출퇴근이 자유롭습니다** 야간 교통비 지급 / 주차장 제공 / 주차비 제공
- **안정된 생활을 지원합니다** 배우자와 본인의 건강검진 / 각종 경조사 지원
- **직원들의 열정에 보답합니다** 업계 최고 인센티브 제공 / 우수 사원 포상 / 퇴직금 / 연차 수당 / 4대 보험
- **최선의 환경을 제공합니다** 휴게실 / 수면실 / 회의실 / 공기청정기 / 사내 정원
- **쉬고 싶을 땐 떠나세요** 연차 휴가는 본인의 재량에 따라 마음껏 사용

내용만 두고 본다면 그리 나쁘지는 않아 보인다. 근무 조건이 특별히 빼어나게 좋은 건 아니지만 그래도 보통 이상이다. 복리후생이나 근무 조건만으로 조직 문화의 수준을 논한다면, 이 회사는 '양호'라고 판정을 내려도 좋을 듯해 보인다. 그런데 놀랍게도 위에 게시한 내용은 2018년 가을, 직원 폭행 사건으로 '갑질 문화'의 중심에 섰던 양진호 회장이 소유한 기업의 홈페이지에서 따온 내용이다. 시키지도 않은 일을 했다는 이유로 직원을 구타해서 전치 4주의 상해를 입힌 바로 그 회장이 운영하는 기업의 홈페이지

에 걸려 있는 문구다. 이 기업은 2019년 7월 발효된 '직장 내 괴롭힘 금지법' 제정에 단초를 제공했던 기업이다. 그래도 이 회사의 조직 문화를 양호하다고 말할 수 있을까?

이처럼 조직 문화를 이야기할 때, 단순히 직원 복지나 복리 후생 등과 같은 근무 조건만을 보고 조직 문화가 '양호하다', '불량하다'라고 말하는 것은 옳지 않다. 근무 조건은 조직 문화에 영향을 미치는 많은 요소 중 극히 일부분일 뿐이다. 그렇다면 우리는 어떤 요소를 기준으로 조직 문화에 대해 우량과 불량의 판정을 내리는 것이 좋을까? 과연 조직 문화라는 것은 어떤 요소로 이루어진 것일까? 실체가 잘 드러나지 않는 것을 찾아가는 여정이라 애매모호함이 가득한 만큼 최대한 구체적으로 접근해 보고자 한다.

조직 문화를 이야기할 때 반드시 알아 두어야 할 인물이 두 사람이 있다. 에드거 샤인Edgar Schein 교수와 톰 피터스Tom Peters 박사다. 학문적인 분야에서는 단연 샤인 교수를 꼽지 않을 수 없다. 미국 매사추세츠공과대학 슬론경영대학원MIT Sloan School of Management의 명예교수로 있는 샤인 교수는 '조직 문화의 아버지'라고 불릴 정도로 자타가 공인하는 조직 문화의 대가다. 샤인 교수는 조직 문화를 '한 집단이 학습해서 공유하고 있는 기본 가정假定'으로 정의했으며 이를 파악하기 위해서는 다음의 세 가지 관점의 연구가 필요하다고 말했다.

첫째. 조직의 물리적 공간과 겉으로 드러난 행동 등과 같은 인공물에 대한 연구

둘째. 집단이 표방하는 신념이나 가치관에 대한 조사

셋째. 3신념과 가치관 이면에 깊숙이 숨어 있는 이런저런 가정에 대한 연구

우선 첫째 항목에서 언급하고 있는 '인공물'이란 무엇일까? 샤인 교수가 말한 인공물이란 조직이 문화적으로 표출하고 있는 모든 것을 일컫는다. 조직에 가서 보고 듣고 느낄 수 있는 현상과 물건이다. 예를 들면, 로고나 사가社歌, 그리고 근무 복장과 의례 등이다. 또한 조직이 만든 제품 서비스와 이를 효과적으로 수행하기 위한 조직 구조 제도·정책 등도 포함된다.

두 번째 항목의 '신념'은 회사가 중요하게 여기는 가치를 말한다. 내가 아는 어떤 회사는 지역 사회에 대한 공헌을 매우 중요한 가치로 여긴다. 경영진은 이런 가치관을 경영 원칙으로 정하여 아주 오래전부터 회사의 모든 구성원에게 강조하고 있으며 실제로 행동으로 옮기고 있다. 회사에 특별한 행사가 있는 날이면 지역 주민을 초대하여 음식을 제공하고 그들과 함께하는 작은 운동회도 개최한다. 지역 주민을 잘 설득해야 하는 사회 혐오 시설을 다루는 업종도 아니다. 요즘 한창 주목을 받고 있는 스마트 팩토리 분야에서 국내 최고의 기술력을 보유하고 있는 첨단 제조 기업이다. 지역 주민에게는 그 지역에 있는 그 자체만으로도 고마운 일

인데 그들은 이런 문화 행사를 통해 지역 주민과 소통하고 지역 사회에 공헌하기 위해 꾸준한 노력을 기울인다.

게다가 얼마 전에는 10년에 걸쳐 마련한 기금으로 회사 내에 작은 유치원도 만들었다. 자사 직원은 물론 근처에 있는 타사 직원의 자녀들도 아이를 맡길 수 있다. 지역 사회 공헌이라는 개념에 그 지역에 기반을 둔 다른 회사의 직원들까지 포함시킨 것이다. 단지 말이 아닌 꾸준한 행동을 통해서 그들은 자신들이 소중히 여기는 것을 몸소 실천하고 있다. 이런 회사에서 근무하는 직원들에게 '지역 사회 공헌'이라는 단어는 그들 생활의 일부분이며 뜨거운 자부심인 것이다. 그들을 대하고 있노라면 다른 회사와는 다르다는 느낌을 많이 받는데, 여기에는 다 그만한 이유가 있었던 것이다.

이와 반대되는 경우도 있다. 평소 "우리 기업의 재산은 직원입니다. 직원의 능력이 업그레이드되어야 우리의 미래도 있습니다. 나는 우리 직원들의 능력 개발에 들어가는 돈은 절대 아까워하지 않을 것입니다"라는 말을 입에 달고 다니던 분이 있었다. 그분이 운영하는 회사의 홈페이지에 들어가면 '학습과 성장'이 제1의 핵심 가치라고 명시되어 있다. 구성원의 교육에 남다른 의지가 있는 분이니 뭐가 달라도 다르겠지 하는 생각이 절로 든다. '이런 분이라면 수강생 한두 명 정도는 가볍게 보내주시겠지' 하는 생각을 갖고 새로 개강하는 교육과정을 소개하기 위해 찾아간 적이 있었다.

"대표님, 이번에 개강하는 핵심 인재 과정에 우수한 직원 한두 명만 보내주시면 고맙겠습니다."

"얼마인데요?"

"기간도 길고 투입되는 에너지가 상당하다 보니 저렴하지는 않습니다. 1인당 300만 원입니다."

"아니, 미쳤어요? 그렇게 비싼 돈을 들여 교육을 시키게. 그리고 요즘 공짜 교육이 얼마나 많은데 그런 비싼 교육에 직원을 보낸답니까?"

"그래도 대표님은 직원들의 능력 개발을 위해서 들어가는 돈은 하나도 아깝지 않으시다고 항상 말씀하셨던 터라, 이렇게 요청을 드리는 겁니다."

"우리 신 사장, 참 순진하네. 그건 대외 선전용이지요. 직원은요, 공부시키면 안 돼요. 똑똑해지면 다른 데로 옮겨 가게 되어 있어요. 그걸 여태 모른단 말이에요?"

그때 느꼈던 실망감이란 말로 표현할 수가 없다. 같이하는 모임에서 거의 10년을 함께 했던 분인데 '내가 이렇게 몰랐구나' 하는 생각에 엄청난 자괴감에 빠진 적이 있었다. 실망스럽긴 하지만, 여전히 그 회사의 핵심 가치 1순위는 인재 육성이다.

마지막으로 신념과 가치관 이면에 깊숙이 숨어 있는 이런저런 가정에 대한 해설이다. 해외 제품의 유통·판매를 통해 유지되는 기업을 예로 들어보자. 이 회사의 실질적인 수입은 해외에서 들여

온 제품을 얼마나 많이 판매하는가에 달려 있다. 따라서 회사는 유통 경로를 늘리고 영업을 강화하여 제품이 다각적으로 공급되도록 노력해야 한다. 그런 면에서 볼 때, 회사 정문 입구에 커다란 간판으로 치장되어 있는 '기술 연구소'라는 이름은 대외적인 장식품에 불과하다. 수입 제품의 대체품을 개발해 국산화의 길을 열고 싶다고 말하지만 여기서는 누구도 독자적으로 연구해 대체품을 만들거라고 생각하지 않는다. 기술 연구소도 존재하고 대체품 개발에 대한 슬로건도 있지만, '수입 제품의 유통망 확대가 우선이다'라는 암묵적 동의가 조직을 감싸고 있다. 이러한 신념에 그 누구도 이의를 제기하지 않는다. 이것이 바로 암묵적인 기본 가정이다.

피터스 박사는 학문적인 영역의 샤인 교수와 함께 실무적인 범주에서 조직 문화의 한 축을 구성하고 있는 인물이다. 1999년 미국 공영 라디오 방송에서 20세기 3대 경영서 중 하나로 선정된 《초우량 기업의 조건In Search of Excellence》을 저술했다. 피터스 박사는 전략 컨설팅으로 유명한 맥킨지Mckinsey의 컨설턴트 출신으로, 현장에 있는 기업들을 컨설팅하면서 조직 문화의 중요성에 눈을 뜨게 되었다고 한다. 그는 전략과 기획 분야에서 일했는데 고객의 과제를 해결하기 위해 노력하던 어느 날, 문득 '효과적인 조직이란 무엇인가?'라는 화두에 빠져들게 되었다고 한다.

피터스 박사는 인간과 조직은 무 자르듯이 잘라서 이리저리 끼워 맞추면 알아서 잘 돌아가는 기계적인 존재가 아니라고 생각했다. 인간과 조직은 비합리적이고 비이성적인 특성이 대단히 강하기 때문에 차트나 통계 수치에서 드러나지 않는, 조직의 성장 요인이 있다고 생각했다.

그는 조직이 힘차게 앞으로 나아가려면 전략^{Strategy}, 구조 ^{Structure}, 시스템^{System}, 관리 스타일^{Style}, 구성원^{Staff}, 핵심 역량^{Skill}, 그리고 공유 가치$^{Shared\ Values}$ 일곱 가지 요소가 유기적으로 연결되어 있어야만 조직이 효과적으로 운영될 수 있다고 보았다. 지금까지 맥킨지 컨설팅은 오로지 전략과 구조만 건드렸기 때문에 실제로 조직이 실행에 돌입하고자 했을 때, 다른 다섯 가지 시스템과 제대로 맞지 않아 삐걱거렸다는 점도 지적했다.

1980년대 초반에 나온 피터스 박사의 이런 7S 모델은 당시에는 획기적인 것이었다. 그때까지만 해도 맥킨지는 전략이라는 범주에서만 조직을 바라보았기 때문이다. 사업 구조의 변화 때문에 발생하는 구조 조정이나 인력 감축 등 조직 개편에는 크게 무게중심을 두지 않았다. 하지만 피터스가 주장하는 조직의 개념은 전략보다 포괄적이었다. 따라서 맥킨지 고유의 사업 모델을 위협하는 모습으로 비쳐질 수도 있었다. 비화에 따르면 해고당할 뻔했다고 하는데, 평소 그의 능력을 높게 인정하고 있던 경영진의 도움 덕분에 오히려 승진의 기회를 얻었다는 설도 있다. 아무튼, 맥킨지는 이후로 컨설팅에 조직에 대한 비중을 높게 잡았다고 한다.

현장에서 일하는 사람으로서 맥킨지의 7S모델은 상당히 설득력이 있다. 조직이 성장하기 위해서는 올바른 전략이 수립되어야 하고, 수립된 전략은 올바르게 실행에 옮겨져야 한다. 그런데 이를 실행하는 주체는 내부에 있는 구성원들이다. 그런 면에서 공유 가치는 조직의 성장에 중요하다. 공유 가치는 또한 샤인 교수가 '한 집단이 학습해서 공유하고 있는 기본 가정'이라고 정의한 조직 문화 개념과도 일맥상통한다.

그러나 뭔가 2% 부족한 느낌이 든다. 조직 분위기에 대한 언급이 없기 때문이다. 조직 분위기는 마치 공기와도 같은 존재다. 좋은 공기에서 생활하는 사람과 나쁜 공기에서 생활하는 사람을 생각해 보자. 아무리 건강한 사람이라도 매연 가득한 공간에서 오래 생활하면 병이 생기지 않을 수가 없다. 반대로 건강 상태가 좋지 않은 사람이 회복하려면 상쾌하고 질 좋은 공간에서 생활하는 것은 필수다. 조직도 마찬가지다. 아무리 우수한 품질로 시장을 선도하는 기업이라 하더라도 조직 분위기가 좋지 않으면 인재들이 하나둘 조직을 떠나게 된다. 반대로 조직 분위기가 좋은 기업에서의 매출 하락은 일시적인 현상일 가능성이 높다. 전략이 바뀌고 실행 방법이 바뀌면 바로 매출 성장으로 이어질 것이다. 이는 건강한 기초 체력을 가지고 있기 때문에 가능한 것이다.

신뢰와 소통을 중심으로 하는 조직 분위기는 조직 문화의 기초다. '조직 분위기'가 1단계라고 한다면 다음 2단계는 '조직 건강'이다. 조직 건강에 대해서는 샤인 박사와 피터스 박사의 주장을 근거로 나름대로 이론을 정립해 보았다. 이를 도표로 표현해 보면 다음과 같다.

조직 문화 구성 요소

'건전한 철학'은 샤인 교수가 강조하고 있는 '가치관의 공유'와 비슷한 맥락에 있다. 집단에 대한 소속감을 높이고 모두의 적극적인 참여를 얻기 위해서는 가치관의 공유가 필요한데, 그 밑에 건전한 경영 철학이나 사업 철학이 깔려 있어야 한다. 두 번째로, '공정한 구조'는 임기응변식 경영이 아닌 합리적 경영을 의미한다. 회사가 오래가기 위해서는 시스템 경영이 이루어져야 하는데, 이런 구조를 만드는 힘이 합리성이다. 합리적이고 공정한 조직 구조는 구성원의 동기부여로 이어지기 때문에 조직 건강에 큰 도움이 된다. 세 번째인 '개선 노력'은 현재에 안주하지 않고 끊임없이 뭔가를 바꾸어 가고자 하는 의지를 말한다. 외부의 것을 수용하고 새로운 뭔가를 탄생시키고자 하는 집단의 지속적 노력은 지속 성장의 핵심이다.

그리고 마지막으로 리더십에 대한 이야기를 잠깐 하고자 한다. 리더십은 조직문화에 있어서 알파이자 오메가라고 해도 과언이 아니다. 조직분위기는 물론이거니와 조직건강에도 지대한 영향을 미치기 때문에 리더십을 뺀 조직문화는 있을 수가 없다. 너무나 중요하고 너무나 방대한 자료를 가지고 접근해야 하기 때문에 여기서는 생략하기로 했다. 리더십에 대한 이야기는 다음 도서의 제목으로 남기고 여기서는 지속 성장을 만드는 세 가지 힘—조직의 건전한 철학, 공정한 내부 구조, 구성원들의 꾸준한 개선 노력—에 초점을 맞추어 교감을 나누었으면 한다.

2 공정한 구조

3 개선 노력

1 건전한 철학

원하는 방향으로 조직을 끌고 가기 위해서는 오랜 시간에 걸쳐 중단 없이 실천할 구호와 슬로건이 필요하다. 일관된 비전은 조직을 하나로 움직이게 하는 구심점이 된다. 비전을 공유할 때 조직은 비로소 그들이 원하는 방향으로 항해의 돛을 펼칠 수가 있다.

비전에는 건전한 사고와 철학이 깃들어 있어야 한다. 조직은 항상 건전한 생각을 가지고 사업에 임해야만 구성원들을 하나로 묶을 수 있다. 불법이나 편법을 아무렇지도 않게 생각하는 조직에서 일하고 싶어 하는 사람은 없기 때문이다.

그리고 건전한 조직에 있는 사람들은 자신과 조직을 하나로 생각하는 원팀One Team 의식이 매우 강하다. 서로가 서로에게 진솔하며 따뜻한 동료애를 가지고 상대방을 대한다. 주어진 과업은 내가 아닌 우리라는 접근법으로 풀어간다. 이런 과정을 통해 '우리는 하나'라는 의식이 더욱더 강하게 유지된다.

1
정확한 비전 체계도가
조직 문화의 시작이다

15만 대를 불태워서 얻은 것

'조직 문화의 아버지'로 불리는 에드거 샤인 교수는 "조직 문화란 한 집단이 학습해서 공유하고 있는 기본 가정이다"라고 정의했다. 이어서 "그 집단의 조직 문화가 무엇인지를 알기 위해서는 그 집단이 공유하고 있는 인공물, 표방하는 신념이나 가치관, 그 속에 숨어 있는 이런저런 가정에 대한 연구가 필요하다"고 부연하며, 조직 문화의 핵심은 그들이 공유하고 있는 가치관에 있음을 암시했다. 결국 조직이 존재하는 이유, 즉 사명-비전-핵심 가치Mission-Vision-Core Value, MVC가 조직 문화 형성에 중요한 역할을 한다는 것이다.

문제는 이런 비전 체계도가 구성원들의 머리와 가슴속에 얼만큼 스며들어 있는가다. 단지 최고 경영자의 사무실에 폼 나게 걸려 있는 장식품의 역할만 하고 있는 건 아닌지, 경영진의 머릿속에서만 맴도는 그들만의 구호는 아닌지 심각하게 따져 볼 필요가 있다. 내 경험으로는 조직의 위와 아래가 전혀 공감을 못 하는 비전 체계를 가진 곳이 거의 3분의 2는 되는 듯하다. 과장된 수치가 아니냐고 반문할지도 모르겠다. 혹시나 그런 생각이 든다면 우리 조직의 비전과 핵심 가치가 무엇인지를 스스로에게 질문해 보고 옆자리에 있는 동료에게도 똑같은 질문을 던져 보기 바란다. 어떤 답이 나왔는가? 같은 답이 나왔다면 그 조직은 정말 훌륭한 조직이다.

2019년에 책을 내고 저자 강연회를 요청받아 찾아간 어느 중소기업의 세미나실에서 있었던 일이다. 책 소개를 끝내고, 조직의 비전과 핵심 가치가 어느 정도로 공유되어 있는지를 알아보기 위해 간단한 테스트를 했다. 참여한 인원은 대략 120명 정도였다. 배포한 용지에 조직의 핵심 가치 다섯 개를 모두 써 보라고 했다. 강연회를 시작하기 전에 대표에게 조직이 가지고 있는 비전이 무엇인지 물어보았는데, 이 회사는 1년 전에 새로운 비전을 설정하였고 비전 실현에 필요한 핵심 역량 다섯 개를 설정해 둔 상태였다. 참여자들에게 질문을 던지기 전, 대표에게 어떨 것 같냐고 묻자 그는 자신 있게 말했다. "불과 1년 전에 만든 건데 설마 기억 못 하고 있겠어요?"

결과는 참담했다. 5년 후의 모습을 상상하고 만든 비전이었는데, 기억하고 있는 이가 30%도 되지 못했다. 단순히 문구를 몰라서가 아니었다. 비전의 내용 자체를 모르는 사람의 비율이 70%가 넘었던 것이다. 핵심 역량에 대한 질문에는 더 참담한 결과가 나왔다. 100인 100색이라는 말이 실감 날 정도로 각자의 생각이 담긴 100가지의 핵심 가치가 발표되기 시작했다. 다섯 개의 핵심 역량을 모두 기억하고 있는 사람들의 비율이 20%를 넘지 못했다. "대부분의 조직이 다 이래요"라는 말로 위로를 건네기는 했지만, 해당 기업 대표의 참담한 표정은 가시지가 않았다. 오히려 내가 미안한 마음이 들었다. 괜한 짓을 해서 대표의 마음만 상하게 했다는 생각이 들었다.

사명-비전-핵심 가치MVC의 침투가 그렇게 중요하다면, "직원들의 생각이 전혀 통일되지 못한 조직이 생존해 있는 것은 모순 아닙니까?"라는 질문이 나올 수도 있다. 충분히 일리 있는 말이다. 여기에 대한 답변은 "생존은 가능하지만 성장하지는 못한다"이다. 다시 말해서, 지속적 성장은 기대하기 어렵다는 것이다. 살아 있는 것도 아니고 죽어 있는 것도 아닌, 영화 〈인셉션Inception〉에 등장하는 일종의 림보 상태limbo, 무의식이 깊어지는 현상로 유지된다. 그러나 그 기간도 오래가지는 못한다. 기업도 사람도 앞으로 나아가지 못하는 정체 현상은 퇴보를 의미하며, 언젠가는 소멸하는 운명을 맞이하게 된다.

비전과 핵심 가치의 침투가 직원들의 행동반경에 얼마나 지대한 영향을 미치는지를 극명하게 보여 주는 사례가 있다. 우리나라 대표 기업 삼성전자 구미 공장에서 있었던 일이다.

1993년 6월 7일, 대한민국을 대표하는 세계적인 기업 삼성전자는 독일 프랑크푸르트에서 '신경영'을 선포했다. 신경영의 핵심 키워드는 '품질 경영'이다. 이건희 회장은 지구의 반대편에서 계열사 사장들을 모아 놓고 "양적 성장은 반드시 한계에 부딪힌다. 양적 사고思考는 불량품 생산에 면죄부만 줄 뿐이다. …… 삼성은 자칫 잘못하면 암의 말기에 들어갈 가능성이 있다. 암은 초기에 수술하면 나을 수 있으나 3기에 들어가면 누구도 못 고친다. 내 말은 양과 질의 비중을 5대5나 3대7 정도로 가자는 것이 아니다. 아예 0대10으로 가자는 것이다. 질을 위해서라면 양을 희생시켜도 좋다. 제품과 서비스, 그리고 사람과 경영의 질을 끌어올리기 위해서 필요하다면 공장이나 라인의 생산을 중단해도 좋다"라며 지금까지와는 다른 압도적 품질 우위를 주문했다.

그러나 이건희 회장의 강력한 의지에도 불구하고 기존의 양적 성장을 우선시한 조직의 암묵적인 행동 패턴은 크게 달라지지 않았다. 사람의 습관처럼 조직 문화도 오랜 시간 반복된 행동에 의해 형성된다. 아무리 기업의 소유주가 목소리를 높여 변화를 요구한다 해도 현장의 분위기는 하루 아침에 바뀔 수 있는 것이 아니다.

조직의 미래 모습과 핵심 가치의 공유가 일반 직원들 사이에 얼마큼 침투되었는가는 조직의 실행 전략에 큰 영향을 미친다. 위에서 아무리 외쳐도 현장에서 움직이지 않거나 기존의 방법을 고집하는 상황에서는 아무것도 바뀌지 않기 때문이다. 세계적인 기업 삼성의 상황도 다르지 않았다. 국내 1위를 넘어 해외 1위로 도약하기 위해서는 불량률 제로에 도전해야 했다. 이런 상황에서 두 자릿수에 이르는 불량품 반송은 반드시 해결해야 할 과제였다. 문제는 제조 현장에 있는 사람들의 마음가짐이었다. 불량품 제조에 대해 문제의식이 크지 않다는 것이 수뇌부를 고민에 빠지게 만들었다.

이대로는 신경영 선포가 일회성 이벤트로 끝나 버릴지도 모른다는 위기감에 휩싸인 이건희 회장은 변하지 않는 조직 문화를 근본적으로 뜯어 고치기 위해 특단의 조치를 취해야겠다고 결심하게 된다. 모두의 머릿속에 앞으로 삼성전자가 무엇을 우선시하고 무엇을 중요시할 것인지에 대한 새로운 핵심 가치를 확실히 각인시킬 필요가 있다고 생각한 것이다. 여기서 '애니콜 화형식'이라는 대형 충격요법이 나왔다.

기술과 품질의 삼성을 표방한 신경영이 선포되고 1년 반이 지난 1995년 1월, 제품 불량으로 반품되어 입고된 애니콜 15만 대를 수거해 전국의 모든 생산 직원이 보는 앞에서 불태운 것이다. 이건희 회장을 포함한 삼성전자 수뇌부의 수십, 수백 번에 걸친 장황한 연설에도 전혀 꿈적 않던 삼성의 조직 문화는 이 사건을 계기로 대전기를 맞게 된다. 애니콜 화형식이라는 단 한 번의 극적인 조치가 효력을 발휘한 것이다.

다음은 당시를 회상하면서 삼성을 대표하는 3인방이 사내 인터뷰에서 한 말이다.

"이 정도면 잘하고 있는데……. 처음에는 자존심도 상하고 서운하기도 했다. 하지만 화형식을 지켜보며 그 위기감이 절절하게 느껴졌다."

— 권오현 전 삼성전자 회장

"지금도 잊혀지지 않는다. 15만 대의 휴대전화, 내 자식 같은 무선전화기가 타는 것 같았다. 그 화형식이 계기였다. 우리 가슴 속에 불량에 대한 안이한 마음을 털끝만큼도 안 남기고 다 태워버렸다. 새로운 출발이었다. 지금의 삼성은 거기서 시작됐다."

— 신종균 전 삼성전자 사장

"이 회장은 90년대에 들어서자마자 기술 경쟁력을 강조했다. 당시만 해도 제대로 이해하기 어려운 얘기들이었다. 하지만 구미 사업장의 화형식이 있은 이후로 앞으로의 경쟁력이 어디서 나와야 하는지를 알게 되었다"

— 윤부근 전 삼성전자 사장

말이 안 통하면 행동으로

"행동은 말보다 100배 강한 힘이 있다"는 말이 있듯이, 애니콜 화형식 이후 두 자릿수를 기록했던 삼성전자의 불량률은 화형식 이후로 3%까지 떨어졌다. 정말 놀라운 변화였다. 삼성의 이 역사적 사건은 세계 1등만 만드는, 최고 기술의 삼성으로 재탄생하는 계기가 되었다. 또한 이런 기조는 계속 이어지고 있다. 최근에 출간되어 많은 기업인의 필독서가 된, 권오현 전 삼성전자 회장이 쓴 《초격차》에 실린 내용에서도 그 분위기를 느낄 수가 있다.

제조업은 무조건 실력을 '절대치'로 가져가야 한다. 기술이 절대적 우위에 있어야 한다는 말이다. 세계 최고 수준의 제품만이 살아남을 수 있다. 국내 최고를 넘어 세계 최고 수준에 도달하지 않으면 결국 도태된다. 지금과 같은 글로벌 경제 체제에서는 세계 1등, 그것도 압도적 1등이 아니면 지속 성장마저 어려운 환경에 처할 것이다. 내가 경영을 맡았던 삼성반도체에서는 이를 '초격차 전략'이라고 불렀다. 격차를 벌릴 만큼 벌려 놓아서 후발 업체들이 따라오기 힘들 정도로 기술적 격차를 벌리자는 '초격차 전략'을 고수했다. '조금이 아니라 아예 초격차를 만들어 버리자'는 것이 우리의 전략이었다. 우리를 추격해 오던 2등 회사가 '이제 더 이상 따라가는 것은 불가능하다. 그냥 2등에 만족하자'고 말할 때까지 기술적 격차를 벌려 나가는 전략을 펼쳤다. 다른 회사보다 조금 나은 정도가 아니라 완전히 압도적으로 치고 나가기 위해서는 핵심 역량core competence을 최대치로 끌어올려야 한다. 이를 위해서 나머지 가치는 모두 과감하게 버려야 한다.

정말 필요한 것에 집중하기 위해서는 나머지를 과감하게 버릴

수 있는 용기가 있어야 한다. 현장에서 일하다 보면 이것도 중요하고 저것도 중요하다는 생각으로 너무 많은 것을 살려서 가져가고 싶은 유혹에 빠지기 쉽다. 그러나 선택과 집중이 필요하다. 정말 필요한 것 딱 한 가지에 집중하고 나머지는 과감히 포기할 수 있는 용기가 있어야 한다. 그것이 가격인지, 마케팅인지, 품질인지는 각각이 처한 비즈니스 영역에 따라 차이가 있겠지만 중요한 것은 모든 것이 동등한 무게중심으로 있을 수는 없다는 것이다.

삼성과 같은 충격요법을 통해 구성원들에게 무엇이 중요한지를 뜨겁게 각인시킨 기업이 또 있다. 중국 최대 가전업체 하이얼海爾, Haier이 그 주인공이다. 하이얼은 2017년 기준으로 매출 40조 원을 기록하고 있는 초대형 가전제품 기업이다. 하이얼의 경영 방식은 최근 국제전기전자공학회Institute of Electrical and Electronics Engineers, IEEE의 국제 표준으로 채택이 될 정도로 전 세계적으로 인정을 받고 있다. 미국 뉴욕에 본부를 둔 IEEE는 1884년 설립된 미국전기학회American Institute of Electrical Engineers, AIEE와 1912년 설립된 무선학회Institute of Radio Engineers, IRE가 1963년 합쳐져 지금의 이름으로 출범한 곳으로, 경영 방식에 대한 국제 표준을 정하는 곳이다. '메이드인 차이나'에 대한 인식이 아직 개선되지 않은 상황에서 경영기법이 국제 표준으로 자리 잡았다는 것은 하이얼이 결코 만만치 않은 기업이라는 것을 방증한다.

특히 하이얼은 적자에 허덕이는 해외 기업을 사들여서 흑자로 전환시키는 뛰어난 경영 능력을 가지고 있는 것으로 유명하다. 여기에는 두 가지 대표적인 사례가 있다. 만성 적자에 허덕이던 일본 산요전기三洋電機, SANYO Electric Co., Ltd.의 백색 가전 부문과 미국 제너럴일렉트릭General Electric Company, GE의 가전 부문을 인수한 후, 1년도 지나지 않아 흑자로 전환시킨 것이다. 산요전기 백색 가전 부문과 GE 가전 부문 모두 인수 전에는 10년간 적자에 허덕이고 있던 상태였다. 때문에 아무리 하이얼이라도 뾰족한 방법이 없을 것이라고 예상했다. 하지만 하이얼의 장루이민张瑞敏 회장은 하이얼이 가지고 있는 기술을 이식해 품질을 끌어올려 쓰러져 가는 회사를 일으켜 세웠다. 참고로 세계적인 리서치 그룹 유로모니터Euromonitor의 발표에 따르면 하이얼은 전 세계 가전 브랜드 부문에서 10년 동안 판매량 1위를 기록하고 있다고 한다.

하이얼은 '냉장고 파괴' 사건을 계기로 눈부신 성장을 했다. 제품의 불량률을 줄이기 위해 자신들이 생산한 냉장고를 앞마당에 모으고 해머로 부숴 버리는 이벤트가 획기적인 전환점이 되었다고 한다. 장루이민 회장이 이러한 퍼포먼스를 기획하고 주도했는데, 당시의 일화를 간단히 소개해 보면 다음과 같다.

장루이민 회장은 노동자 출신이다. 그의 부모도 공장에서 일했다고 한다. 가난했던 데다가 중국의 정치 상황도 혼란스러워 대학 진학을 포기하고 스무 살이 되기도 전에 칭따오시가 운영하는 국영 공장에 취업했다고 한다. 부지런하고 정직했던 그는 윗사람들의 눈에 띄었고 조금씩 주목을 받기 시작했다. 기술력도 뛰어나서 승진이 빨랐다고 한다. 급기야 30대 중반의 젊은 나이에 칭따

오시가 설립한 냉장고 생산 공장의 공장장 자리에까지 오른다. 냉장고에 대한 중국 소비자의 기대가 컸지만 제품의 질이 이를 받쳐 주지 못했던 시절이었다. 많이 팔려 나갔지만 반품도 만만치 않았다고 한다. 장루이민은 이 모든 것이 직원들의 무책임한 마음가짐 때문이라고 생각했다.

몇 년에 걸친 설득에도 태도가 변화할 기미가 전혀 보이지 않자, 장루이민은 한 가지 방책을 고안했다. 길을 가다가 우연히 본, "말이 안 통하면 행동으로"라는 문구가 그의 가슴에 비수처럼 날아온 것이다. '바로 이거야!'라고 생각한 장루이민은 곧장 공장으로 달려가서 반품된 냉장고 70대를 재고 창고 앞마당으로 꺼내 놓기 시작했다. 그리고 생산 라인에 있던 간부들에게 해머를 나누어 주고 마당에 내놓은 냉장고를 전부 깨부수라는 지시를 내렸다. 흔적도 남기지 말고 박살 내라는 명령과 함께 본인이 직접 선두에 서서 차례차례 박살을 내기 시작했다. 거기 있던 모든 직원이 얼어붙은 자세로 한참이나 이 광경을 지켜보았다. 1984년 칭따오 냉장고 생산 공장에서 있었던 일로, 〈하이얼 30년사〉라는 그들의 역사 자료집에 실려 있다. 이를 계기로 하이얼 가전의 품질 변화에 획기적인 전기가 마련되었고, 그들은 이를 기리기 위해 1984년을 창립 기념일로 정했다고 한다. 과거의 하이얼은 잊어버리자는 의지를 담아서 회사의 창립 연도까지 바꾼 것이다.

그 제약 회사가 몰락한 이유

정반대의 경우도 있다. 말과 행동의 불일치로 인해 구성원들의 집
중력만 약화되다가 결국 파산에 이른 블루제약(가명)이라는 기업
의 사례다. 다음의 표어는 2000년 중반 파산하여 사라진 어느 제
약 회사의 홈페이지에 있던 내용을 그대로 옮긴 것이다. 참고로
이 기업의 매출은 연간 수백억 대의 규모로 알찬 내실을 자랑하고
있었으며 수익의 대부분은 세계적인 제약사 제품의 국내 유통에
서 발생하고 있었다.

- **블루제약의 비전 2020**

국민의 질병을 막을 수 있는 의약품의 개발을 통해 대한민국 1
등 제약 회사로 성장한다.

- **블루제약의 직원들이 지켜야 하는 3대 핵심 가치**

1 **우수 의약품 개발** 우수의약품의 개발과 생산을 통해 국민 건
   강에 기여한다.
2 **사회 공동체 공헌** 이윤의 환원을 통해 지역 사회 발전에 이바
   지한다.
3 **인재 육성** 인재가 회사의 미래임을 인식하고 직원의 성장 발
   전을 위한 투자를 아끼지 않는다.

홈페이지에 올라와 있는 내용만 두고 본다면 상당히 멋있는 회

사처럼 보인다. 아니, 실질적으로도 상당히 폼 나는 회사였다. 업계 기준으로 상당한 수준의 인센티브를 제공하고 있었던 터라 실력 있는 영업 사원들의 입사가 줄을 이었다고 한다. 하지만 외국 제약사가 생산하는 제품의 유통만으로는 한계가 있었다. 선친의 뒤를 이은 2세 대표는 좀 더 큰 야망을 품었다. 그래서 신약 개발을 위한 연구소를 설립하고 관련 연구원을 대거 채용했다. 앞서 소개한 비전과 핵심 가치도 그때 만들어진 것이었다.

마침 그 시점에 아는 후배가 해당 회사에 입사를 했다. 약대를 졸업하고 난 뒤 선배가 운영하는 약국에서 일을 도와주던 후배는, 뭔가 의미 있는 일을 하고 싶다는 생각이 들었다고 한다. 아픈 사람들을 위해 필요한 약을 조제하는 일도 의미 있었지만 뭔가 좀 더 큰 일을 하고 싶었던 것이다. 하지만 제약 회사에 대한 경력이 전무했기 때문에 입사 지원서를 낸 제약 회사마다 전부 퇴짜를 맞았다고 한다. 그러던 와중에 블루제약을 알게 되었고, 지인의 소개로 겨우 입사했다는 것이다. 연구소에는 그를 포함해서 이런저런 사연을 가진 석·박사급의 고급 인력이 10여 명 정도 포진해 있었다. 약사로서의 경력이 있었던 후배는 연구소 부소장이라는 직책을 맡고 자신의 꿈에 첫 발을 내딛었다.

하지만 신약 개발이 말처럼 쉬운 일이 아니었다. 임상 실험은 커녕 동물 실험도 10%에 미치지 못한 채 답보 상태였다. 연구소 사람들은 크게 걱정하지 않았다. 신약 개발에 대해 대표의 의지가 워낙 강했을 뿐만 아니라 연구소가 설립되고 겨우 1년이 지난 시점이었기 때문이다. 새로운 성과는 빨라야 10년이 지나서 나올 거라는 암묵적 합의가 있었기 때문에 느긋한 마음으로 실험을 이어 간 것이다. 장기적 관점으로 정해진 일정대로 각자의 영역에서 맡은 바 책임만 다하면 된다고 생각했다. 연구소장도 그렇고 부소장인 후배도 마찬가지 생각을 가지고 있었다.

그러던 어느 날, 대표의 호출이 있었다. 대표는 연구소장과 부소장을 앞에 두고 이렇게 말했다고 한다.

"연구소 유지비가 너무 많이 들어갑니다. 인력을 절반으로 줄여야겠어요."

"하지만 어제까지만 해도 10년 계획으로 일을 추진하고 있다고 말씀하시지 않았습니까?"

"그건 희망이지요. 연구소에 들어가는 돈 때문에 영업부 인센티브가 못 나가고 있어요. 영업이 생명인 회사에서 인센티브를 못 주니까 계속 인력 이탈만 생기고, 이런 상황에서 더 이상 연구소를 유지하기 힘들다는 판단입니다."

"그렇게 하시면 우리는 제약 회사가 아닌 유통 회사로 전락하고 말 것입니다."

"상관없어요. 검은 고양이든 흰 고양이든 쥐만 잘 잡으면 되니까!"

더 이상 대화를 이어 가 봐야 의미가 없다고 판단한 두 사람은 알았다는 말과 함께 대표실을 나왔고 방금 있었던 일을 내부 직원들에게 그대로 공유했다. 그리고 얼마 안 있어 후배를 포함한 상당수가 다른 제약 회사로 이직을 했다고 한다.

후배도 나중에 안 사실이지만, 연구소장과 자신을 부르기 전에 대표는 영업부의 간부들로부터 상당한 수준의 항의성 의견을 들었다고 한다. "우리가 제약 회사입니까? 왜 가망도 없는 일에 무리하게 투자를 하고 계십니까? 영업해서 번 돈이 전부 연구소로 흘러들어 간다고 해서 영업 사원들 사이에 불만의 목소리가 팽배합니다. 결단을 내리셔야 할 때입니다"라고 집단 탄원의 목소리를 낸 것이다. 그리고 대표는 신약 개발이 아닌 제약 유통으로 회사의 정체성에 가닥을 잡은 모양이었다.

경영진이 정체성에 혼란을 느끼고 있는 사이, 영업 쪽에서도 대거 이탈이 발생했고 연구소 쪽에서도 집단적으로 사표가 올라오기 시작했다. 그러면서 회사는 알맹이는 비고 껍데기만 남게 되었다. 결국 특별한 사명감 없이 사업체를 물려받아 회사의 생명을 유지해 가던 대표는 다른 제약 회사에 회사를 매각했다.

문제는 어디서부터 시작된 것일까? 후배의 이야기를 듣고 나름대로 분석을 해 보았다.

첫째, 전략이 제대로 수립되지 못했다. 신약 개발을 통해 국민의 건강 증진에 기여한다는 슬로건은 의미 있고 가치 있는 명분임에는 분명하다. 하지만 신약 개발은 천문학적인 돈이 들어가는 대규모 투자 산업이다. 성공하면 대박이지만 언제 성공할지 모르는

로또와도 같은 것이다. 수백억 대 규모의 중견 기업이 덤벼들기에는 감당이 안 되는 사업이다. 아무리 든든한 캐시카우Cash Cow, 확실히 돈벌이가 되는 수익 창출원을 뜻한다를 가지고 있다 해도, 처음부터 너무 무모하게 새로운 사업에 손을 댄 것이 문제였다. 소규모 제약 벤처에 투자하거나 대학 연구소와 제휴하면서 부드럽게 이륙할 수 있는 방법을 택했어야 했다. 전략 자체가 잘못 수립되었다.

둘째, 현실감이 전혀 느껴지지 않은 비전이었다. 10년 후를 내다보는 비전치고는 '대한민국 1등 제약 회사'라는 구호는 현실성이 없어 보인다. 겨우 1000억도 안 되는 매출 구조에 제약 유통 분야의 한정된 경험을 가지고 제약 회사 1등이 되겠다고 부르짖는 건 누가 보아도 허황된 슬로건이다. 반드시 이루겠다는 결의가 보이지 않는다. 비전에는 5년 후, 10년 후, 20년 후 반드시 달성하겠다는 강한 목표 의식이 담겨 있어야 한다. 현실감이 전혀 느껴지지 않는 비전은 사람들에게 '지키지 못할 약속이니, 그냥 한 귀로 듣고 한 귀로 흘리세요'라는 공허한 메시지만 전할 뿐이다.

셋째, 핵심 가치 설정에 문제가 있었다. 핵심 가치는 비전 실현을 위해 필요한 항목들로 구성되어야 한다. 그리고 일단 결정하면 다소 무리가 따르더라도 저돌적으로 추진해야 한다. 블루제약의 경우, 유통이 회사의 캐시카우를 담당하는 상황에서 그 분야에 필요한 핵심 역량이 전혀 언급되지 않았다. 이에 회사를 지탱하고 있는 영업부 직원들은 강한 소외감을 느꼈을 것이다. 결국 영업부 인력의 집단 반발로 대표는 다시 노선을 바꾸었다. 처음부터 핵심 역량의 설정이 미흡했다. 또한 불안한 상황을 타개하기 위해 연구소 인력을 대거 내보내려 한 조치는 '인재 육성'이라는 키워드에 완전히 반하는 행동이었다. 이는 우리 회사에 걸려 있는 구호는 그저 장식품이라는 인식만 심어 주었을 것이며, 이후 조직 관리에 큰 장애물이 되었을 것이다.

업의 본질 파악이 최우선이다

비전 체계를 생각할 때, 가장 먼저 고려해야 하는 대목은 전략이다. 그리고 정확한 전략을 수립하기 위해서는 우리 업이 가지고 있는 특징을 정확히 파악하고 있어야 한다. 다시 한번 권오현 전 삼성전자 회장의 《초격차》의 내용을 인용해 본다.

자신이 경영하는 회사의 정확한 업의 본질을 먼저 파악해야 한다. 레스토랑을 운영한다면 그 업의 본질은 맛있는 음식을 제공하는 것이다. 그런데 레스토랑을 운영하는 사람이 인테리어에만 신경을 쓰면 어떻게 될까? 업의 본질을 잘 모르니까 전략을 잘못 짜는 형국이 된다. 그렇다면 제조업은 어떤 전략을 실천해야 할까? 제조업은 무조건 실력을 '절대치'로 가져가야 한다. 기술이 절대적 우위에 있어야 한다는 말이다. 세계 최고 수준의 제품만이 살아남을 수 있다. 국내 최고를 넘어 세계 최고 수준에 도달하지 않으면 결국 도태된다. 지금과 같은 글로벌 경제 체제에서는 세계 1등, 그것도 압도적 1등의 실력이 아니면 안 된다.

절대적인 실력을 갖추기 위해서는 핵심 가치를 찾아야 한다. 이것이 올바른 비전 체계를 구성할 것이다. 폼 나는 슬로건이나 남이 보기에 멋있어 보이는 구호는 회장실이나 응접실의 벽면을 차지하고서 방문객들의 눈을 즐겁게 해 주는 소품에 불과하다. 비전 체계도가 그런 소품이나 장식품의 용도로서 제대로 된 역할을 수행하고 있다고 말할 수도 있다. 그러나 우리 직원들의 가슴을 뛰게 하고, 회사의 미래를 향해 모두의 생각과 의지를 모으기 위한 목적으로 비전 체계를 생각했던 것이 아닌가? 비전 체계를 생각하게 된 본래의 목적이 거기에 있었다면 과감하게 형식에서 탈피할 필요가 있다. 좀 더 실효적이고 실증적인 가치 체계를 짤 필요가 있다. 새로운 비전으로 업의 판도를 바꾸어 보겠다는 야심을 가지고 실행에 옮길 때 직원들의 마음도 움직인다.

여기에 더하여 끈기와 집념이 있어야 한다. 바보스러울 정도의 고집이 있어야 한다. 이를 다른 말로 하면, '일관성'이다. '학습과 성장'을 핵심 가치로 설정했다면, 해외 바이어가 방문하여 가격 상담을 요청했을 때 해당되는 사원을 학습의 장소로 보내야 한다. 말로는 '학습과 성장'을 조직이 지켜야 할 가장 중요한 가치관으로 설정해 두고서, 막상 교육을 위해 작업장을 벗어나려고 하면 이를 용납하지 않는 곳이 의외로 많다. 학습을 위해 사무실을 벗어나거나 회의에 불참할 때 상사가 어떻게 반응하는지를 보면 그 회사의 문화를 알 수 있다. '학습과 성장'이라는 우리 회사의 핵심 가치가 구호에 그치는 슬로건인지, 아니면 모두가 따르는 절대적 행동 규범인지는 명확해진다. 흔들리지 않는 일관성과 바보스러울 정도의 우직함이 스며들 때, 비로소 문화는 자연스럽게 형성된다. 그것이 바로 조직 문화라는 신비스러운 '마법 지팡이'가 생겨나는 탄생의 과정이다.

아래의 데이터는 취업 포털 잡코리아와 공동으로 실시한 설문 조사의 결과다. 어떤 요소가 지속 성장에 영향을 미치는지를 알아보는 것이 목적이었다. 지난 3년간 회사가 지속적인 성장을 하고 있다고 답한 집단과, 회사의 실적이 크게 나아지지 않고 있다고 답한 집단으로 나누어 결과 데이터를 분석해 보았다. 다음의 그래프에서 먹색은 실적 향상 집단의 응답 데이터, 갈색은 실적 답보 집단의 응답 데이터를 나타낸 것이다. 데이터에서 각 그래프의 높낮이는 별로 의미가 없다. 두 그래프 사이에 차이가 크다는 것에 대한 분석이 중요하다. 왜냐하면 그 요소가 바로 가장 크게 영향을 미치는 핵심 가치이기 때문이다.

지속 성장에 영향을 미치는 요소에 대한 응답

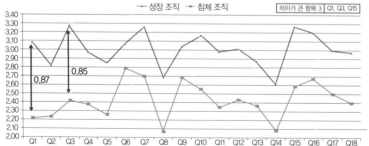

두 그래프의 차이가 크게 나타난 질문의 내용은 다음과 같다. 오른쪽에 표시된 수치는 좋은 실적을 유지하고 있다고 답한 기업과 그렇지 않은 기업 사이에 발생하는 인식의 차이를 나타낸다.

Q1. 조직의 미래 모습에 대한 이미지 전달이나 공유는 충분하였는가? (0.87)

Q3. 의사 결정 과정에 있어서 우리 부서장(또는 팀장)의 소통하고자 하는 노력은? (0.85)

Q15. 고객을 이해하고 그들의 니즈를 충족시키기 위해 충분히 노력하고 있는가? (0.68)

그래프에서도 나타나듯이 조직 실적에 가장 크게 영향을 미치는 요소는 Q1의 '조직의 미래 모습에 대한 이미지 전달이나 공유의 정도'에 있는 것으로 판명이 났다. 지금까지 줄곧 강조해 왔던 내용이 경영의 현장에서도 성과와 직접적인 상관관계가 있음을 드러내는 매우 의미 있는 결과다.

다음의 데이터는 Q1의 응답 내용을 따로 떼어내서 좀 더 세부적으로 분석한 결과다. 보는 바와 같이 성장 조직과 침체 조직에 근무하는 사람들 사이에서 조직의 미래 모습에 대한 이미지 전달과 공유에 대한 침투 정도가 무려 다섯 배나 차이가 났다.

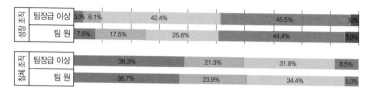

1. 미래 모습을 공유한다는 응답은 성장 조직이 침체 조직에 비해 5배 더 높은 것으로 나타났다.
2. 반면 공유하지 않고 있다는 부정적 응답은 성장 조직에 비해
   침체 조직이 팀장급은 6배, 팀원은 2.5배 더 높은 것으로 나타났다.

- 팀장급 이상의 응답 (성장 조직 vs 침체 조직)

매우 낮았다(3.0% vs 38.3%), 낮은 편이었다(6.1% vs 21.3%), 보통이었다(42.4% vs 31.9%), 높은 편이었다(45.5% vs 8.5%), 매우 높았다(3.0% vs 0%)

- 팀 구성원의 응답 (성장 조직 vs 침체 조직)

매우 낮았다(7.5% vs 36.7%), 낮은 편이었다(17.5% vs 23.9%), 보통이었다(25.6% vs 34.4%), 높은 편이었다(44.4% vs 5.0%), 매우 높았다(5.0% vs 0%)

도표에서도 드러나듯이 조직의 위아래 구성원들의 인식 통일은 조직이 원하는 방향으로 나아가는 데 가장 중요한 요소다. 미래 모습에 대해 구성원들이 같은 그림을 그리지 못하는 조직은 생명력을 상실한 좀비 집단에 가깝다. 선장은 오른쪽을 향해 노를 저으라고 외치는데, 선원들은 왼쪽을 향해 노를 저어 가는 것과

다를 바 없다. 우리의 조직이 어떤 모습이 되기를 바라는지에 대해 먼저 확실히 규정하고, 조직의 모든 구성원과 공감대를 형성해야 한다. 거기에서 압도적인 경쟁력도 탄생하는 것이다.

2
공유 가치에는
신비함이 있다

2세 경영자에 대한 편견

개인이든 조직이든 가치관은 참 중요하다. 가치관은 예기치 않게 찾아오는 시련이나 어려움을 이기는 데 강력한 방파제 역할을 해 주기 때문이다. 또한 목표를 향해 걸어가는 데 있어서도 흔들리지 않고 앞으로 나아가게 해 주는 등대의 역할까지 해 준다. 소위 성공했다고 인정받는 사람들과 대화를 하고 있노라면 가치관이 생활 속에서 얼마만큼 중요한 역할을 하고 있는가를 느낄 때가 많다. 인생이라는 마라톤의 종착역에 다다르기까지 가치관의 체화가 그들의 인생에 얼마나 큰 역할을 했는지를 느낄 때가 한두 번이 아니었다. 반대로 가치관이 잘못 형성되었을 때, 공들여 쌓은 탑이 순식간에 무너져 내리는 안타까운 경우도 수 없이 목격했다.

얼마 전, 'NCC^{Next CEO Club}'라는 2세 경영자 과정에 등록한 수강생들과 식사하는 자리가 있었다. 본격적으로 강의를 시작하기에 앞서 수강생들끼리 서로 얼굴을 익히라는 취지로 만든 상견례 성격의 자리였다. 한 가지 인상 깊었던 점은 그 어느 누구도 평탄한 성장기를 겪지 않았다는 점이었다. 그 자리에서도, '금수저를 쥐고 태어난 2세들은 잘난 아버지 덕에 아무 걱정 없는 인생을 걸어 왔을 거야!'라고 인식할 수도 있는 사회적 편견을 완전히 무색하게 만드는 인생 스토리가 이어졌다.

"저희 아버지는 항상 용돈을 30% 부족하게 주셨어요. 갖고 싶은 물건을 산다든지, 하고 싶은 무언가를 하기에는 항상 부족했지요. 그러다 보니 아르바이트를 하지 않을 수가 없었어요. 지금 생각해 보면 웃음이 나와요. 기사 딸린 자가용을 타고 다니면서 용돈을 벌기 위해 아르바이트를 해야 했던 상황이라니……."

"그 정도면 그래도 나은 편이에요. 저는 아예 용돈을 한 푼도 받지 못했어요. 본인이 쓸 돈은 본인이 벌어야 한다면서 아버지가 직접 아르바이트 할 곳까지 소개해 주는 일도 있었어요."

"저희는 물류업을 하고 있는데요, 대학 4년 내내 물류 창고에서 아르바이트를 했어요. 현장 일을 하면서 회사가 돌아가는 기본적인 시스템을 알아야 한다며 그곳에 저를 박아 둔 거예요. 기본적으로 약골이다 보니 정말 힘들었어요. 한 가지 기억에 남는 건, 직원들이 처음에는 사장 아들인지 모르고 가깝게 대하다가 나중에

제 신분을 알고부터는 태도가 바뀌었다는 거예요. 왠지 모르게 거리감을 갖고 저를 대하는 모습을 보면서 처음으로 보이지 않는 벽이 있음을 알게 되었지요."

계속해서 재미있는 이야기가 이어졌다. 사장인 아버지를 두고서도 주유소 아르바이트로 용돈을 벌었다는 이야기부터 시작해서, 가출해서 거리를 전전했다는 이야기 등등 고정관념을 깨뜨리는 자기소개의 연속이었다. 그러나 그들은 항상 마지막에는 이런 멘트로 자기소개를 마무리했다. "금전적인 도움은 오히려 부모님보다도 같이 일하는 동료나 선후배들로부터 더 많이 받았다고 생각해요. 아버지에게서 물려받은 건 세상을 살아가는 지혜였던 것 같아요. 지금 생각해 보면, 그게 더 값진 유산이었던 것 같네요." 정말 건전한 사고를 가진 'Next CEO'가 아닐 수 없다. 이야기를 들으면서 오전에 방문했던 회사의 2세 경영인이 떠올랐다. 지금 여기에 있는 친구들과는 너무 대조되는 인물이었기 때문이다.

자동차 부품을 만드는 작은 중소기업의 사장실에서 오고 간 이야기다. 참고로 그곳의 대표는 작고한 선친의 뒤를 이어 최고 경영자가 된 지 3년째가 되는 청년이었다.

"저희도 내년부터는 주 52시간제를 시행해야 하는데 어떤 식의 조직 구조가 효율적일까요?"

"시간이 아닌 일의 결과로 승부를 걸겠다는 책임 의식을 심어 주어야 합니다."

"신 대표님도 아시다시피 인간은 기본적으로 나태하고 게으른 종족이잖아요. 시간 통제 없이 각자의 자율 재량에 업무를 맡긴다는 것이 가능한 일인가요? 지금도 틈만 나면 회사 일은 뒷전이고 온통 개인 업무만 보는 사람들로 회사 분위기가 엉망인데요. 생각 같아서는 전부 해고하고 새로 세팅하고 싶어요. 내 돈 주면서 부리는데 마음대로 일도 못 시킨다니까요."

순간 귀를 의심했다. 30대 초반의 젊은 청년에게서 나올 수 있는 표현이 아니었기 때문이다. '내 돈 주면서 부린다'? 정말 오랜만에 들어 봤다. 저런 종류의 표현을 다시 듣는 것이 거의 10년은 된 것 같다. 10년 전, 어느 중견 기업의 회장실에서 처음 마주한 말이다. 인사차 들러 60대 중반의 회장님께 "모처럼 온 김에 인적 자원 Human Resources, HR 담당 임원하고 명함이라도 교환하고 갔으면 합니다. 회장님께서 소개 좀 시켜 주시면 감사하겠습니다"라고 요청한 적이 있었다. 그런데 그런 나의 요청에 "신 사장, 필요한 것 있으면 나한테 말하세요. 구태여 아랫것들 만나지 않아도 됩니다. 주는 돈만큼만 일하는 친구들이 뭘 알겠습니까"라는 답변이 돌아왔다. 순간 나는 상당히 놀랐다. 그 순간의 기억은 아직도 나의 뇌리 속에 강한 인상으로 남아 있다.

그래도 60대 중반의 회장님은 연세가 있는 분이라 그러려니 하면서 이해하고 넘어갈 수도 있는데, 지금 내 눈앞에 있는 이 친구는 '뭐지?' 하는 생각이 들었다. 이런 사고의 틀은 도대체 어디서 생긴 것인지가 궁금했다. 궁금증은 이내 해소되었다. "돌아가신 선친이 저에게 '절대 직원을 믿지 말아라. 그들은 자기 변명만 일삼는 사람들이다. 네 눈으로 보지 않고 그들의 말만 믿고 실행에 옮기는 일은 절대로 있어서는 안 된다'고 신신당부하셨지요. 사장이 된 지 3년째입니다만, 시간이 흐를수록 선친이 무슨 의미로 그런 말씀을 하셨는지 알게 되는 것 같아요"라며 말을 이어갔다. 그의 말을 들으며 이 친구의 의식이 이렇게 형성된 이유를 어렴풋이 짐작할 수 있었다. 선친의 잘못된 경영 철학과 기업 이념을 그대로 물려받은 것이다.

'강남 하동관' 스토리

아버지의 유산은 그대로 아들의 정체성이 되고 가치관이 된다. 유산의 내용은 사람들의 사랑을 받게 해 주는 황금 열쇠가 되기도 하고 사람들과의 사이를 가로막는 큰 장벽이 되기도 한다. 아버지께서 남겨 주신 훌륭한 유산 덕분에 고객들의 사랑을 듬뿍 받고 있는 식당 한 곳을 소개해 볼까 한다. '하동관'이라는 식당으로 나의 전작《그들은 무엇에 집중하는가》에 이미 소개된 적이 있는데, 이해를 돕는 차원에서 다시 인용해 본다.

　강남의 삼성동을 대표하는 식당 중에 '하동관'이라는 식당이 있다. 원래 하동관은 종로에서 해방 전부터 영업을 했던 유명한 곰탕 전문점이다. 자녀들 중 한 분이 20년 전에 이곳 강남으로 내려왔고, 지금의 자리에 '하동관 강남 분점'이라는 이름으로 새롭게 연 가게가 강남 하동관의 시작이다. 지금은 그 분의 따님이 가게를 운영하고 있다. 이른바 3세 경영인 셈이다. 이 가게는 맛도 탁월하지만, 허영만 화백의 만화《식객》에 이곳 강남 하동관 창업주의 얼굴과 이 분의 경영 철학이 소개되면서부터 유명세를 타기 시작했다. 같은 동네에 있으면서도 잘 알지 못했던 이곳 식당을 알게 된 것도《식객》이라는 만화 덕분이었다.

곰탕 이외에 다른 메뉴는 없다. 1인분 가격이 1만 3000원으로 주변 시세에 비해 거의 두 배가 더 비싼데도 점심시간이면 10분 이상 줄을 서서 기다려야 한다. 심지어 이런 가격대에도 불구하고 계산은 들어가는 입구에서 선불로 해야 한다. 또한 추가 반찬이나 물은 전부 셀프서비스로 운영된다. 요즘 유행하는 가성비(가격 대비 성능) 측면에서 보면 이해가 가지 않는 현상이지만 그래도 이곳은 줄을 서서 먹어야 하는 인기 식당 중 하나다. 비싼 가격에 심지어 셀프서비스로 식사를 해야 하는 이곳을 사람들은 왜 즐겨 찾는 것일까? 물론 맛에 경쟁력도 있지만 이곳이 가지고 있는 감성 스토리도 한 몫을 하고 있지 않나 하는 생각을 해 본다.

감성 스토리는 강남 하동관만이 가지고 있는 독특한 경영 철학과 관련된 이야기다. 식당 입구의 오른쪽에 커다란 안내문이 하나 걸려 있는데, 강남 하동관을 창업하신 분이 쓰신 글이라고 한다.

"저희 식당의 폐점 시간은 오후 4시입니다. 혹시 준비한 음식이 빨리 떨어지는 경우는 문을 더 일찍 닫을 수도 있으니 양해바랍니다." 이 문구에는 다음과 같은 해설이 이어진다. "어린 시절, 식당을 하시는 부모님 때문에 저희 형제들은 항상 부모 없는 고아처럼 생활을 했습니다. 우리 자식들은 나처럼 키우지 말아야겠다는 생각에 가족 식사 전에 식당 문을 닫는 것입니다. 가족들과의 저녁 식사는 식당에서 같이 일하는 모든 직원에게도 적용됩니다. 저녁 시간에는 음식도 없지만 일하는 사람도 없습니다. 그래서 저녁 장사를 할 수가 없습니다. 그리고 폐점 시간이 빠른 이유가 하나 더 있습니다. 저희는 최대한 신선한 음식을 제공하기 위해 아침에 그날 팔 분량만 준비합니다. 그래서 빨리 소진되면 4시 전이라도 문을 닫습니다."

아버지의 정신을 이어받아 지금의 젊은 사장도 그대로 저 규칙을 준수하고 있다고 한다. '그렇다면 이 곳에서 일하고 계시는 분들은 어떤 생각을 가지고 있을까?' 하는 궁금증이 일었다. 식당에 계신 분들은 일하는 시간에 비례해서 돈을 받는 시급제를 주로 적용 받기 때문이다. '일찍 문을 닫는다'는 사장의 개인적인 가치철학 때문에 일하는 종업원들이 손해를 보지는 않을까? 상황에 따라서는 누구의 이익은 누구의 손해로 이어지는 제로섬 게임의 사회 현상이 한둘이 아니기 때문이다. 그리고 또 하나, '밖에 걸려 있는 저 스토리가 혹시나 사람들의 감성을 자극하기 위해 만든 거짓 문구는 아닐까? 나 또한 거짓으로 만든 이야기를 순진하게 믿고 주변에 홍보해 주고 있는 건 아닐까?' 하는 걱정도 들었다.

다행히 강남 하동관은 내가 일하는 사무실과 가까워 어렵지 않게 그곳에서 일하는 분들을 만날 수가 있었다. 어느 날, 저녁식사를 하러 들어 간 식당에서 마침 하동관에서 일하는 분과 만났다. "식당 문을 일찍 닫는 것에 대해 어떻게 생각하세요? 수입이 적어서 불만이 많으실 것 같은데요?"라는 말로 운을 떼어 보았다. "아니요! 전혀 그런 불만은 없습니다. 비슷한 규모의 다른 식당보다는 수입이 조금 적기는 하지만 신선한 음식으로 손님들을 기쁘게 하고 일찍 퇴근해서 내 생활을 즐길 수 있다는 점에서 모두가 만족해하고 있습니다"라는 답변이 돌아왔다.

지금의 사장이 지키려 하는 경영 철학을 100% 이해하고 공감해서 이런 답변을 주고 있는 것인지, 아니면 그냥 인사치레로 답하는 것인지는 알 수가 없다. 그러나 말하는 눈빛에서 적어도 그들의 사장이 실천하려고 하는 신념에 충분히 공감하고 있음을 느낄 수가 있었다. 식당이 추구하는 경영 철학과 자신들의 가치관이 일치하는 것 같이 보였다. 하동관의 경영 방침은 시간이 흘러도 절대 변하지 않는 확고한 신념으로 자리잡을 듯해 보인다. 창업주의 가치관은 그곳에서 일하는 구성원들을 하나로 묶는 위대한 철학이 되어 세대를 넘어가면서 더욱 빛나는 가치관으로 남을 것이다. 비록 작은 식당의 사례지만, 조직이 가지고 있는 공유 가치는 규모를 떠나 모두를 움직이는 강력한 힘이 된다는 사실에는 틀림이 없어 보인다.

아래에 있는 그림은 글로벌 전략 컨설팅 기업 맥킨지에서 제시하고 있는 조직 문화의 일곱 가지 요소를 재구성해 본 것이다. 맥킨지 홈페이지에 실려 있는 일곱 가지 요소는 '관리 스타일-시스템-구조-전략-핵심 역량-구성원-공유 가치'다. 맥킨지는 이상의 일곱 가지 요소를 진단해 보면 조직의 잠재적 성장을 가늠해 볼 수 있다고 말했다. 여기서 한 가지 눈에 띄는 부분이 있다. 그들은 각각의 요소에 대해 우선순위는 따로 언급하지 않았지만, 공유 가치는 모든 요소의 한가운데에 위치하여 중심적인 연결 고리로 작용해야 한다고 말했다.

맥킨지 7S 모델

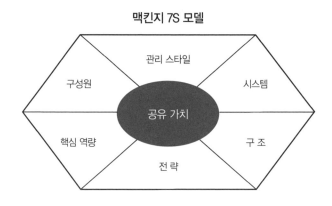

그들이 말하는 공유 가치는 '사명-비전-핵심 가치MVC'를 말하는 것이라고 생각한다. 그것이 중심에서 다른 요소들을 서로 이어주는 연결 고리의 역할을 하는 것이다. 우리 조직은 어디를 향하고 있으며, 무엇을 하는 조직인지에 대한 내용이 조직 구성원들의 머리와 가슴 속에 명확히 파고들어 있어야 한다. 비전 체계도가 있는 기업과 없는 기업의 차이는 단순히 종이 한 장의 차이가 아니다. 기업의 영혼이 있느냐 없느냐의 문제이며, 이는 사람과 좀비의 차이와 비할 수 있을 정도다.

좋은 사람을 키워 좋은 세상을 만들겠다는 꿈

뚜렷한 가치관과 신념으로 자신이 이끄는 조직을 대한민국 최고의 인적 자원 개발Human Resources Development, HRD 기관으로 성장·발전시킨 분이 있다. 성장에는 주변 사람들이 너도나도 앞다투어 도움을 주고자 하는 자발적 도움이 크게 작용했는데, 그분의 숭고한 가치관 때문이었다. 강남 하동관의 사례가 자신의 가치철학을 내부 구성원들에게 전파한 경우라면, 이번의 경우는 사회적으로 영향력이 강한 오피니언 리더들에게 전파한 경우다. 사회적 영향력이 강한 리더들을 대상으로 자신의 신념을 설파하여

장만기 회장(왼쪽)과 장 회장 주관으로 40년을 이어오고 있는 경영자 조찬회(오른쪽)

대한민국 전체에 영향을 미치게 한 분의 이야기라고 말할 수도 있다. 자신이 믿고 있는 가치관을 전파하기 위해 편안한 삶을 포기하고 일생을 바쳐 대한민국 HRD의 역사를 써 내려간, 바로 우리나라 기업 교육의 효시인 인간개발연구원의 창업자 장만기 회장의 이야기다.

때로는 한 사람의 작은 날갯짓이 거대한 바람이 되어 세상을 바꾸기도 한다. 40여 년 전 인간개발연구원의 장만기 회장은 "좋은 사람을 키워 내면서 이 사람들로 하여금 좋은 세상을 만들게 한다"는 신념으로 기업의 경영자 교육에 심혈을 기울여 국가 경제 발전에 일조했다. 오직 인간의 잠재력을 믿으며 '잘 할 수 있다'는 가능성의 씨앗을 뿌리내리게 했다. 지금은 노환으로 병원에 입원해 계시지만 비교적 건강 상태가 양호했던 5월의 어느 봄날, 그를 만나 인터뷰를 한 적이 있었다. 그분이 일군 가치철학이 어떻게 조직의 심장에서 그 역할을 하고 있는지 알아보기 위해서였다.

빼곡히 꽂힌 책, 수많은 표창장 사이에 인상 좋은 외국인의 모습이 담긴 액자가 눈에 들어왔다. 장만기 회장은 사진 속 인물이 폴 마이어Paul J. Meyer 회장이라고 소개했다. "폴 마이어는 세계적인 리더십 전문가로 손꼽히는 분으로 리더십, 성공, 동기부여 등 자기계발 방법을 제시해 인간 개발에 헌신한 교육자입니다. 인간개발연구원을 설립하는 데에 단초를 제공한 분이시죠. 미국 출장 길에 우연히 만나게 된 그는 제 삶에 많은 영향을 주었습니다." 회사를 운영하기 전, 〈경영자 개발을 위한 성취동기에 관한 연구〉라는 주제로 석사 학위 논문을 쓰고 교수로 활동하던 장 회장은 마이어의 저서를 보면서 그의 생각과 행보에 많은 영감을 받았다고 한다. 그리고 그와의 만남이 사업이나 가치철학의 확립 등에 확고한 지침이 되었노라고 술회했다.

사업 실패 후 삶의 방향을 두고 고뇌하던 장만기 회장에게 어느 날 문득 기회가 찾아왔다. 마이어 회장이 본인이 개발한 인간개발 프로그램을 한국에 도입해 보면 어떻겠느냐고 제안한 것이다. 장만기 회장은 장고 끝에 제안을 받아들였다. 이어 이 프로그램을 발판으로 1974년 사회 각계 각층 리더들을 교육하는 인간개발연구원의 문을 열었다. 하지만 예상치 못한 몇몇 문제가 발생했고, 이를 계기로 그는 한국식 인재 육성 방법을 연구하며 자신만의 인간 교육 프로그램을 개발해 나갔다.

그런데 왜 하필 경영자 교육에 나선 것일까 궁금했다. 왜 하필 최고 경영자 교육이었느냐는 질문에 장만기 회장은 "1970년대 우리가 가진 재산이라고는 '사람'밖에 없었고, 그래서 '사람'이 강해져야 한다고 생각했습니다. 그러기 위해서는 나라의 뼈대를 세우는 기업의 경영자들을 교육하고 그들과 함께 학습하는 것이 파급효과가 클 것이라고 생각했지요. 그들을 통해 조금 더 좋은 세상, 조금 더 강한 나라를 만들어야겠다는 생각을 한 것이지요"라고 답해 주었다. 그는 "당시 '인간 개발'이라는 낯선 단어를 사람들에게 이해시키기란 결코 쉽지 않았습니다"라며 말을 이어갔다. "인간 개발은 좋은 사람 만들기 운동이라 할 수 있습니다. 사람을 개발해야 세상이 좋아진다고 믿었습니다. 그래서 인간개발연구원의 캐치프레이즈 또한 '좋은 사람이 좋은 세상을 만든다Better people, better world'라고 지었고요. 한평생 이 말을 신념 삼아 좋은 사람을 키워 좋은 세상을 만들기 위해 노력해 왔어요"라고 말했다. 순간 옛일들이 떠오르기라도 한 듯 얼굴에 미소를 지어 보이기도 했다.

기업 경영자 교육을 고민하던 중, 장 회장은 '사람은 누구나 성공한 사람들의 이야기를 듣고 싶어 한다'는 사실을 문득 깨닫게 되었다고 한다. 그래서 새벽 기도회에서 우연히 힌트를 얻어 '경영자 조찬회' 형태로 교육을 시작해 보기로 한 것이다. 이를 계기로 국내 유일무이한 경제인들의 조찬 모임인 '목요 인간개발연구회'가 태동했다. 언제쯤이었느냐는 질문에 1979년도부터였다고 말씀하신다. 매주 목요일 아침 시작하는 조찬 모임에서 사람들은 강연을 듣고 토론과 대화의 장을 만들어 나갔다. 놀라운 사실은 1979년 12·12 사태가 발발한 당일에도 연구회 모임이 있었다는 것이다. 조찬회는 단 한 주도 멈춘 적이 없었다. 그렇게 40년간 꾸준하게 진행된 목요 인간개발연구회는 명실상부 국내 최초이자 최고의 조찬 모임이며 인간개발연구원의 상징으로서 많은 역사를 써 내려갔다.

강연자로 무대에 오른 이들의 이름만 봐도 그 무게와 영향력을 짐작할 수 있다. 김대중 전 대통령을 필두로 김영삼 전 대통령, 그리고 정주영, 김우중, 구자경 등 대기업 총수들은 물론이거니와 전·현직 국무총리나 부총리 등 이름만 들어도 아는 한국 현대사의 주역들을 모두 무대에 세웠다. 이처럼 대단한 인사들을 섭외하고 이들의 지혜를 나눌 수 있었던 것은 모두 장 회장의 집념과 무관하지 않다. 매주 주제를 정하고 강연자를 찾아 섭외하는 일, 그리고 그들의 이야기에 귀를 기울이는 일 등 모든 것이 그의 손을 거쳐 완성됐기 때문이다.

장 회장의 수많은 과업 중 '장성아카데미'는 단연 으뜸이다. 장성아카데미는 지방자치 시대를 열게 하고 평생교육이라는 개념을 우리 사회에 뿌리내리게 했다. 이러한 혁신적 시작은 이랬다. 인간개발연구원에서 11년간 회원으로 활동했던 김흥식 사장이 장성군수에 당선되었는데, 그는 지역 군민들의 계몽을 위해 무언가를 해 보았으면 하는 바람을 가지고 있었으나 함께 했던 공무원이나 지방 유지들이 잘 협조해 주지 않아서 고민에 싸여 있었다고 한다. 그러던 와중에 장 회장에게 상담을 요청했다는 것이다. 김흥식 군수는 오랜 지인인 장만기 회장과 고민을 나누면서 '우선은 공무원을 대상으로 교육을 하면 어떨까'라는 결론에 다다랐고, 장만기 회장에게 인간개발연구회처럼 매주 군청 직원들과 군민들이 참여할 수 있는 프로그램을 진행해 줄 것을 요청한 것이다.

일단 말은 꺼냈지만, 전라도 장성에서 아카데미를 매주 개최한다는 것은 결코 쉬운 일이 아니었기에 김흥식 군수는 선뜻 아카데미 운영에 대해 결정을 내리지 못했다. 그때 장 회장이 "스스로 가치 있는 일이라고 생각한다면 목숨을 걸고 관철해 보십시오. 좋은 일을 할 때는 반드시 장애물들이 있습니다. 끝까지 물러서지 않고 해 보겠다는 확고한 의지가 있다면 혼신을 다해 돕겠습니다"라고 용기를 북돋았다고 한다.

그렇게 시작된 장성아카데미는 대성공이었다. 장 회장이 심혈을 기울여 만든 프로그램은 김흥식 군수가 연임하는 11년 동안 정부가 모범 지자체에 주는 상을 대부분 휩쓸었다. 무엇보다 장성군의 변화는 드라마틱했다. 대기업들이 장성에 들어오기 시작했고 나노 산업 단지도 생겼다. 어디 이뿐이랴. 장성아카데미를 벤치마킹한 지자체 강좌가 전국적으로 180여 개가 생겼고 일본과 중국에도 알려져 두 나라의 지도자들이 단체로 견학을 오기도 했다. 장성아카데미는 매주 목요일 오후 공무원과 주민들의 의식을 깨우며 지자체 교육의 새 역사를 22년 동안 써 내려가고 있다. 장만기 회장과 김흥식 군수는 그야말로 장성아카데미를 통해 '세상을 바꾸는 것은 사람이고 사람을 바꾸는 것은 교육'임을 증명해 낸 것이다.

나보다는 내가 대하는 사람들이 우선

40여 년 이상을 인간 교육에 힘써 온 장 회장은 "이제야 산업의 시대가 가고 인간의 시대가 도래하고 있습니다. 인간이 가지고 있는 잠재력을 개발해 나가는 사회가 되어야 합니다. 그러기 위해서는 인간성 회복이 우선입니다"라고 목소리를 높였다. 그는 "지금 우리가 해야 할 일은 인간성을 회복하는 일입니다. 사실 우리는 지난 50년이라는 짧은 시간에 높은 수치의 경제성장을 기록했지만 안타깝게도 비인간화도 같이 경험하고 있습니다. 물질만 중시하며 인간이 지닌 가치를 가볍게 여기게 된 것이지요. 인간성을 회복하는 힘은 바로 사람, 즉 우리에게 있다는 것을 기억하십시오. 본인 스스로가 얼마나 귀한 존재인지를 깨닫고 가능성을 발견하는 것이 무엇보다 중요합니다"라고 말을 이어 갔다. 또한 인간의 가능성을 발견하기 위해서는 제대로 된 가정교육, 학교교육, 사회교육을 받는 것이 중요하다고 힘주어 말했다. 그는 지금까지 인간교육에 앞장서 온 인간개발연구원 또한 여전히 해야 할 일이 많다며 웃어 보였다. 지난 43년간 인간개발연구원을 운영하며 진행한 다양한 프로그램을 콘텐츠화하고, 인간개발연구원 또한 세계적인 연구원으로 도약시키고 싶다는 소망을 내비치기도 했다.

자신이 걸어온 삶의 자국을 통해 인간의 잠재력과 가능성을 끊임없이 증명한 장만기 회장은 그의 저서 《아름다운 사람, 당신이 희망입니다》에서도 사람의 가능성을 응원하고 있었다. "인간 안에 잠재되어 있는 많은 것을 너무 쉽게 포기해 버리는 사람들이 있다. 우리는 자신이 얼마나 소중한 존재인지 스스로 알아야 한다. 자신의 가능성을 믿어야 한다. 자기 자신이 자본이다"라는 말로 사람에 대한 잠재력과 가능성의 중요함을 설파하는 역할을 수십 년간 해 왔고, 지금도 하고 있다.

'미래는 사람에 달려 있다'는 믿음으로 사람의 가슴속에 가능성을 심어 주고 잠재력을 깨우쳐 준 장 회장의 철학과 신념을 따르는 이들이 지금도 부지기수다. 지난 달, 그분이 만든 경영자 조찬 모임의 2,000회를 기념하는 행사가 있었다. 앞에서도 소개했듯이 1979년 시작한 조찬 모임이 40년 동안 이어지고 있는 것이다. 이런 감동의 현장을 공유하기 위하여 사회 각계각층의 리더들이 인산인해를 이루며 이른 아침부터 호텔로 모여들었다. 모두가 이름만 들어도 알 만한 리더들이고 유명 인사들이다. 오시는 분들 모두 행사장에 들어서면서 한 마디씩 하시는 장면이 인상적이었다. "회장님은 좀 어떠시냐?"는 질문이다. 아마도 노환으로 병원에 입원해 계신 장만기 회장을 걱정해서 던지는 질문일 것이다. 그 눈빛에서 진심으로 장 회장의 건강을 걱정하는 마음이 담겨 있음이 느껴졌다.

사람들이 장 회장을 얼마나 존경하고 따르는지는 지난봄에 운영했던 최고 경영자 과정에서도 충분히 경험했다. 지난봄에 나는 인간개발연구원과 함께 기업인들을 대상으로 한 최고 경영자 과정을 공동으로 개설하여 운영했다. 나 또한 평소에 이 분을 존경하고 인간개발연구원이 가지고 있는 경영자 교육 프로그램을 흠모하고 있었던 터라, 공동으로 최고 경영자 교육을 해 보면 좋겠다는 생각을 한 것이다. 시중에 이미 최고 경영자를 대상으로 하는 수많은 교육과정이 있어서 약간의 두려움도 있었지만, 다른 교육과정에서는 맛볼 수 없는 차별성이 있다면 충분히 승산이 있는 게임이라고 생각했다. 그리고 연구원이 가지고 있는 커리큘럼의 힘을 믿었고, 그분의 브랜드 파워를 믿었다. 안 되더라도, 평소 존경하고 있었던 회장님의 가치철학을 전파하고자 시도했다고 위안삼는 것만으로도 충분하다고 생각했다.

강좌가 시작되고 강의를 듣기 위해 오신 분들이 하나같이 입구에 들어서면서 하는 말이 있었다. "회장님 건강은 좀 어떻습니까? 아직도 병원에 계시나요? 큰일이네요. 내일이라도 병문안 가서 인사를 드려도 괜찮을까요?"라는 질문이다. 그리고 강의 시작 전에도 그분이 어떤 정신으로 인간개발연구원을 설립했고, 우리나라의 경영인 교육을 위해 얼마나 헌신하셨는지를 마치 자신의 이야기인 것처럼 소개했다. 끝맺음은 모두가 한결같았다. "이런 훌륭하신 분이 있었기에 건전한 경영자 정신이 무엇인지에 대한 인식이 전파되었습니다."

"향기는 소문 없이 퍼진다"는 말이 생각났다. 역시 사람에 대한 존경심은 억지로 만들어지는 것이 아니라는 생각이 들었다. 그분의 사고와 행동이 사람들로 하여금 자연스럽게 존경심을 불러일으키는 것이다. 그렇게 생겨난 존경심을 바탕으로 발현된 행동에는 그 어떤 대가도 없다. 그럼에도 마음이 가서 행동으로 이어지는 것이다. 훌륭한 인품의 회장님이 지닌 가치관이 공유된 덕분에 우리는 지혜로운 저명인사 모두를 강사군으로 영입할 수 있었다.

그분을 따르는 다른 수많은 사람이 그랬듯, 나 또한 그분의 가치관에 저절로 고개를 숙이게 된 작은 에피소드가 있다. 앞서 소개한 인터뷰의 말미에 개인적인 질문을 던졌을 때다. 마침 지금의 회사를 설립한 초기 시점이었기에, 기업을 새로 시작할 때 어떤

가치관으로 무장해야 하고, 무엇을 우리 연구소의 중심에 두어야
할지에 대해 조언을 요청했다.

"회장님, 앞으로 새롭게 시작하는 제가 명심해야 할 것이 무엇
일까요?"
"사회에 보탬이 되는 일이 무엇인지를 생각하고 행동으로 옮기
세요. 신 사장보다는 신 사장께서 대하는 사람들을 먼저 떠올리고
그 사람들에게 어떤 이익을 줄 것인지를 먼저 생각하세요. 그리고
신 사장이 하는 일이 사회에 어떤 보탬을 줄 수 있는지를 항상 고
민해야 합니다. 절대 자신의 이익을 먼저 생각하지 말기 바라요."

정말 감사하고 소중한 말씀이었다. 그때 들었던 그분의 말씀은
이후 우리 연구소의 사명이 되고 가치관이 되어 지금까지 이어지
고 있다. 그때 그분이 해 주신 조언은 사업을 하면서 그리고 사람
들을 만나면서 중요한 의사 결정의 기준이 되어 항상 나를 지켜
주고 있다.
사회에 보탬이 되는 일을 먼저 생가하고 실천한다는 것은 쉬워
보이지만 결코 쉬운 일이 아니다. 이는 고객을 상대하면서 수도
없이 경험한 사실이다. 아무런 가치관이나 철학 없이 그저 돈을
벌기 위한 목적 그 자체에 모든 것을 두고 직원들을 다그치는 회
사가 적지 않다. 무엇을 위해서 우리가 이 일을 하고 있는지, 우리
가 취급하는 물건이나 서비스가 사람들에게 어떤 도움이 되는지

는 별로 중요하게 생각하지 않는다. 혹시라도 직원들이 고객들의 이익이나 사회적 공헌에 대한 의견을 꺼내기라도 하면 쓸데없는 생각하지 말라고 면박을 준다. 우리가 취급하는 서비스나 물건이 고객에게 어떤 도움이 되는지에 대한 질문에는 일절 관심도 없고, 오로지 매출만 부르짖는다. 조직의 사명이나 가치관 같은 것은 중요하게 생각하지 않는다. 하지만 이런 조직이 오래가는 것을 나는 한 번도 보지 못했다. 겉으로는 멀쩡한 것처럼 보이지만 속으로는 곪고 썩어서, 시간의 문제일 뿐 결국은 쓰러지고 마는 기업을 부지기수로 목격했다. 그 이유에 대해 누가 물어본다면 "건전한 철학이 없었기 때문이다"라고 말해 주고 싶다.

그 집단에 흐르는 보이지 않는 신념이나 가치관, 나는 이것이 바로 맥킨지가 제시한 7S모델의 한가운데 위치한 공유 가치라고 생각한다. 그렇다면 이 공유 가치는 최초에 어떤 방식으로 형성이 되는 것일까? 대부분 창업주의 경영 철학이 그대로 녹아들어서 만들어진 것이다. 이런 연유로 경영자는 무엇을 어떻게 만들어서 조직에 남겨 줄 것인가를 중요하게 고민해야 한다. 단기적인 관점의 유산을 물려줄 것인가? 장기적인 관점에서 지속적인 성장을 이어가는 데 도움이 될 만한 가치 있는 무언가를 남겨 줄 것인가? 내부 사람들의 정신세계를 움직인 하동관의 창업주나, 외부 사람들의 정신세계를 움직인 장만기 회장이 남긴 신념은 조직 구성원 모두의 정신세계를 지배하는 공유 가치가 될 것이다. 물론 훌륭한 유산을 넘겨받고도 엉뚱한 행동으로 조직을 부끄럽게 만드는 예외도 있긴 하다. 그래도 아름다운 가치철학이 담긴 지혜의 주머니는 그 어떤 무엇보다도 값나가는 우리 조직의 가장 큰 자산이 될 것이다. 그리고 이 자산은 구성원들의 심장을 뛰게 해 조직 성장의 든든한 원동력이 될 것이다.

3
최대한 진실하게
동료를 대하자

모두가 싫어하는 직장인의 모습

지난해, 현대모비스 사보 팀이 자사 임직원 521명을 대상으로 한 재미있는 설문 결과를 언론에 발표한 적이 있다. '현대모비스인ㅅ 이 생각하는 워스트 직장인과 바람직한 모습'이라는 제목을 달고 실시한 설문이었는데, 그중 모두가 싫어하는 워스트 직장인의 모습이 흥미롭다.

자기 말만 하고 말이 너무 많은 사람, 근무시간에 다른 일을 하며 뺀질거리는 사람, 그리고 예의 없는 사람이 3대 '꼴불견'으로 꼽혔다고 한다. 개인적으로는 100% 공감이 가는 설문 결과라고 생각한다. 여기에 솔직하지 않은 사람, 특히 동료들에게 거짓말하는 사람도 넣어보고 싶다. 정말 최악의 직장인이다. 여러 회사를 상대하다 보면 이런 최악의 인물을 가끔 마주하곤 하는데, 다음의 경우가 그런 상황이다.

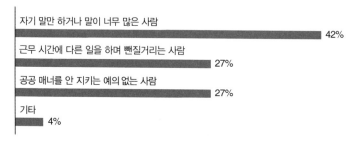

Q1. 우리 조직의 워스트 직장인의 모습은?

자기 말만 하거나 말이 너무 많은 사람 42%
근무 시간에 다른 일을 하며 빼질거리는 사람 27%
공공 매너를 안 지키는 예의 없는 사람 27%
기타 4%

피부 미용 기기를 제조·판매하는 더마테크(가명)에서 있었던 일이다. 간부들을 대상으로 한 조직 문화 강의가 끝나고 휴게실에 앉아 있는데, 나를 강연장으로 초대한 인사 임원이 조용히 옆으로 다가와 고민을 이야기하기 시작했다. 영업부 직원들과 저녁 식사를 하는 자리에서 "K 과장이 동료들의 수주 기회를 훔쳐 가는 바람에 부서 직원들의 불만이 높다"는 소리를 듣게 되었다는 것이다. 나는 당연히 인사 라인에서 고민하기보다는 영업 본부장에게 알리고 조처를 취하는 것이 마땅하다는 취지의 말을 건넸다. 그랬더니, "당연히 영업 본부장에게 이런 상황을 전달했지요. 그런데 그건 K 과장의 높은 실적에 대해 다른 직원들이 질투가 나서 만든 거짓말이라고 한 마디로 일축해 버리는 거예요"라는 대답이 돌아왔다.

강한 말투로 K 과장에 대한 신뢰를 보이는 영업 본부장의 태도에 더 이상 말을 꺼내지 못하고 사무실을 나왔다는 것이다. 이어, "신 대표님도 아시다시피 우리 회사는 영업 부서가 제일 힘이 있는 조직이다 보니 영업 본부장의 입김이 매우 강합니다. 사장님 다음으로 권위가 있는 자리다 보니 그분이 그렇게 생각하면 달리 취할 방도가 없는 거예요. 그렇다고 이대로 방치해 두었다간 조직 문화가 이상해질 것 같고 어떻게 하면 좋을지 고민이 됩니다"라는 말로 내 의견을 구했다. 억지를 부려서라도 본부장과 팀장을 설득하여 무언가 조치를 취할 수는 있겠으나, 모두가 납득할 만한 합리적인 해결책이 없는지를 내게 묻는 것이었다. 영업부에 있는 사람이라면 한 번쯤은 경험해 볼 법한 이야기다. 내 옆자리에 앉아 있는 동료의 이야기일 수도 있고, 나와 같이 일하는 후배나 부하 직원에게 가끔 발생하는 일일 수도 있다.

영업은 크게 인바운드와 아웃바운드 방식으로 나뉜다. 인바운드는 고객이 알아서 우리를 찾아오게 해 우리가 취급하는 상품이나 서비스에 대한 구매를 안내하는 방식을 말한다. 반면, 아웃바운드는 우리 쪽에서 잠재 고객을 발굴하고 연락해서 구매 의사를 타진하는 방식을 일컫는다. 당연히 아웃바운드가 훨씬 힘들다. 인바운드는 어느 정도 구매 의사가 있는 고객과 접촉하기 때문에 시간이 문제지, 구매 조건을 조금만 충족시켜주면 계약으로 연계될 확률이 매우 높다. 그에 비해 아웃바운드는 잠재 고객 발굴에서부터 고객을 만나고 구매를 제안하기까지 넘어야 할 산이 한둘이 아니다.

더마테크도 마찬가지 상황이었다. 피부 미용 기기를 취급하는 이 회사의 주요 고객은 성형외과 병원인데, 아웃바운드와 인바운드의 영업 비율이 대략 7대3에 이를 정도로 영업의 대부분을 아웃바운드에 의존하고 있었다. 30%에 해당하는 인바운드 영업은 담당 팀장이 상황을 봐 가면서 팀원들에게 적절히 분배하는 시스템을 가동하고 있었다. 그런데 K 과장이 인바운드 고객의 전화나 문의가 자기 지인의 소개로 넘어 온 것이라고 주장한다는 것이다. 워낙 강하게 주장하기도 하고 뚜렷하게 K 과장의 주장이 거짓말이라는 증거도 없고 해서 그의 요구를 들어주는 경우가 많았다는 것이다. 결국 이렇게 걸려든 병원들 중에 꽤 큰 병원 몇 군데가 K 과장의 고객이 되면서 내부에 이런저런 불만의 목소리가 불거진 것이다.

비슷한 상황을 나도 경험한 적이 있다. 오래전, 조직 관리를 전문으로 하는 외국 컨설팅 기업의 한국 대표를 맡고 있을 때다. 우리 또한 더마테크처럼 영업의 대부분을 아웃바운드에 의존하고 있었다. 그럼에도 영업과 전혀 관계가 없는 20~30%의 고객으로부터 전화나 메일로 주문이 들어오곤 했다. 주로 네이버 검색을 통해 유입된 고객이었다. 이런 경우, 담당 팀장이 안건을 분석하고 적절한 팀원을 선정하여 담당자로 지정해 주는 것이 관례였다. 보통은 잠재 고객의 회사 위치와 구매 내용이 주된 기준이었다. 문의해 온 고객이 일면식이 없는 사람인 경우, 위와 같은 기준으로 처리하는 것이 일반적인 수순이다. 하지만 영업부 구성원 중에 한

번이라도 연락을 취해 본 이력이 있거나, 연결점이 있는 지인이 있을 경우는 예외로 취급했다. 인바운드가 아닌 아웃바운드로 인식되어 연락이 닿는 그 직원의 고객으로 기록되는 것이다.

이와 같은 영업 관리 시스템을 교묘히 이용하는 직원이 있었다. 영업 부서의 P 과장이 그랬는데, 외부에서 걸려 오는 인바운드 전화의 거의 대부분에 자신의 이름을 걸어 놓은 것이다. 시간이 없어 미처 기록하지는 못했지만 오래전에 방문한 적이 있다며 자신의 고객이라고 주장하는 경우가 많았다. 또는 아는 지인이 소개해 우리 회사에 전화를 했는데 자신의 이름을 말하지 않아서 인바운드 처리가 되었다는 말도 자주 꺼냈다. 결과적으로 P 과장은 높은 실적을 기록하며 인사고과도 잘 받았다. 뿐만 아니라 연말 성과급도 두둑하게 챙기는 등 한동안 스타플레이어로서 나의 관심과 신임을 독차지하는 모습을 유지했다.

그러나 세상의 이치가 그렇듯 남을 속이는 행위는 오래가지 못했다. "고객을 속일 수는 있어도 동료를 속일 수는 없으며, 동료를 속일 수는 있어도 자신을 속일 수는 없다"는 말처럼 결국 이런 상황이 2~3년 이어지자 내부에서 강한 문제 제기가 일어난 것이다. 어느 날, 담당 팀장이 나를 찾아왔다. "사장님, P 과장 때문에 다른 직원들의 사기가 말이 아닙니다. 불공정한 경쟁으로 월등히 앞서가고 있는 P 과장을 모두가 싫어하고 있습니다. 거기에 더해, 이런 P 과장을 칭찬하고 편애하시는 사장님 때문에 내부에서 말이 많습니다"라는 말을 시작으로 담당 팀장은 그간 있었던 일을 털어놓기 시작했다.

담당 팀장도 처음에는 P 과장이 자신의 실력으로 높은 실적을 내고 있다고 믿고 있었다고 한다. 워낙 친화력이 좋아서 HR 담당자들과 친분도 잘 쌓았고, 그런 인맥이 작용해서 결과로 이어지는 것이라고 믿고 있었다. 그러나 시간이 가면서 같이 일하는 직원들로부터 진실의 목소리를 조금씩 듣게 되었다고 한다. 그리고 P 과장의 제안이 결과로 이어지는 과정을 추적하게 되었다고 한다. P 과장에 대해 우리가 문제의식을 느낀 건 부당한 실적 때문만이 아니었다. 인바운드의 경우 처음부터 강한 니즈를 가지고 걸려 오는 전화가 거의 대부분이다. 이런 상황에서는 누가 대응을 하든 좋은 결과로 이어질 가능성이 매우 높다. 군이 P 과장이 아니어도 상관없다. 그래서 이런 경우는 경험 축적을 위해 들어온 지 얼마 지나지 않은 신입들에게 기회를 주는 경우가 많은데, 결과적으로 이런 신입 육성의 기회를 P 과장이 가로챈다는 것이 더 큰 문제라고 나는 인식했다.

무엇이 문제인지를 모를 때는 문제를 찾는 데 신중한 태도로 직원들과 함께 많은 시간을 들여야 한다. 하지만 일단 무엇이 문제인지 밝혀지면 조처는 최대한 신속히 취해야 한다. 이는 조직 관리의 기본이다. 나는 일단 경영 회의를 통해 지금까지 밝혀진 그의 거짓 행동을 공유했다. 그리고 경영진 모두의 동의를 얻어 경고와 함께 3개월 감봉이라는 인사상의 불이익을 주기로 결정했다. 조용히 불러 주의를 줄 수도 있었으나 다소 센 조처를 취한 데는 이유가 있었다. 첫 번째는 그간의 행동을 보았을 때, 말로 주의를 줄 경우 결코 반성하지 않을 것 같았기 때문이다. 두 번째 이유는 조직 내 다른 구성원들에게 보내는 일종의 메시지 차원에서였다. 이런 중대한 문제를 가볍게 처리할 경우, 자칫 '우리 회사는 결과만 좋으면 만사 오케이야. 과정은 필요 없어. 수단과 방법을 가리지 말고 실적만 높이면 돼!'라는 잘못된 인식을 심어줄 것 같아 두려웠다.

구글이 신입 사원에게 요구하는 것

회사의 조처가 부당하다고 느꼈는지 P 과장은 사직서를 제출했다. 그런데 회사를 떠나고 또 한번 그에 대한 안 좋은 소문이 들려왔다. 회사 디비^{DB}에 등록되어 있는 고객 정보를 그대로 가지고 나갔다는 것이다. 새로 이직한 회사에서 우리의 고객에게 메일을 보내고 연락을 하는 행동이 포착되었기 때문이다. 우리는 당연히 그런 행동을 중단할 것을 요구했고, 그 이후로는 더 이상 우리 고객에게 연락을 취하지 않는 듯해 보였다. 적어도 표면적으로는 말이다. 성인학습이론에 따르면, 다 큰 성인은 행동이나 습관이 변하지 않는다고 한다. P 과장을 보면서 다시 한번 그 이론의 신빙성이 높다고 믿게 되었다. 지금은 어디서 무엇을 하는지 전혀 알 길이 없지만, 십중팔구 과거 보였던 행동 패턴을 그대로 반복하고 있지 않을까 상상해 본다.

이상의 이야기를 나에게 상담을 요청해 온 더마테크의 인사 책임자에게 들려주었다. 고개를 끄덕이며 좋은 힌트를 주어 고맙다는 말로 답례를 대신했다. 그 후로 문제의 영업 사원이 어떤 조처를 받았는지 따로 알아보지는 않았다. 오랜 시간 관계를 맺어 온 회사였다면 좀 더 구체적으로 묻고 전후 사정을 파악한 후에 조언을 해 주었겠지만, 더마테크와 그 정도로 가까운 사이는 아니었기에 내가 할 수 있는 역할도 여기까지가 최선이었다.

P 과장에 얽힌 사건은 스스로를 돌아보고 많은 것을 반성케 했다. 문제의 원인을 곰곰이 생각해 보았다. P 과장은 어떻게 그렇게도 오랜 시간 아무렇지도 않게 조직을 속이고 동료를 속이는 행동을 해 올 수 있었을까? 이 사건을 계기로 나는 좀 더 강도 높게 조직 윤리를 설정해 나가기로 했다. 다양한 조처 중에서 크게 효과를 본 구체적인 두 가지를 소개해 보고자 한다.

구성원의 행동과 관련해서는 크게 두 단계로 나누어서 공유 가치 설정의 가이드라인을 생각해 보아야 한다. 1단계는 입사 시점이다. 신입이든 경력이든 새로운 곳으로 출근하는 사람들에게 회사가 그 조직이 중요하게 여기는 것이 무엇인지를 확실히 인지시켜 주어야 한다. 알을 깨고 세상에 나온 병아리들이 최초로 마주하는 형상을 어미로 인식하고 모든 것을 흉내 내는 것과 같은 이치다. 신입이든 경력이든 반드시 OJT^{On the Job Training, 직속 상사가 개별 지도하고 교육하는 직장 내 훈련을 말한다} 기간을 설정해 두는 것이 좋다. 그리고 이 기간 동안 What과 How에 대해 철저히 교육을 시켜야 한다. 우리 조직은 궁극적으로 무엇을 추구하는 조직인지What, 그리고 조직이 원하는 인재상은 어떤 것이고 어떤 방법을 통해 그 비전을 실현해 가기를 원하는지를How 가급적 입사 초기에 확실히 각인시켜 주는 것이 좋다.

간혹 바쁜 현업을 돕는다는 명분 하에 신입 교육을 포기하는 회사가 눈에 띄는데, 정말 근시안적인 생각이다. 이는 당장 바쁜 일손을 돕게 할 수 있을지는 몰라도 생각 없이 일만 하는 기계를 만드는 것과 다를 바 없다. 입사한 직원은 영문도 모른 채 일만 하다 회사를 떠난다. 결국 직원의 생명은 단기간에 끝나고 또 다시 충원을 해야 하는 상황으로 몰리기 쉽다. 악순환의 반복이다.

What과 How에 대한 교육은 입사한 직원들이 자신은 어떤 사람이고 어떤 가치관을 가지고 있는지를 동료들에게 솔직하게 들려주게끔 하는 작업과 병행하면 효과가 극대화된다. 이 때 사용하는 것이 '솔직함 카드Candor Card'인데, 우리가 주로 사용하는 카드의 샘플을 소개해 보면 다음과 같다.

구글이 처음 입사하는 직원들에게 요구하는 것은 단 한가지라고 합니다.

"Radical Candor"
"최대한 솔직하게 동료를 대하라"

우리는 많은 어려움을 극복해 가야 합니다.
그러기 위해서는 서로 간의 팀워크가 절대적으로 중요합니다.
동료에 대한 애정을 높이기 위해서는
동료에 대해 좀더 깊은 이해가 필요합니다.

이 내용을 가지고 '① 성장 배경, ② 지금까지 살면서 가장 행복했던 시절과 힘들었던 시절, ③ 이곳에서 이루고 싶은 자신의 꿈, ④ 최종적으로 이루고 싶은 인생의 꿈'에 대해 담당 팀장이 새로 입사한 신입 사원을 인터뷰하여 모두가 모인 자리에서 발표한다. 한 가지 특이한 것이 있다면 자신이 자기소개를 하지 않는다는 것이다. 팀장이 새로 입사한 신규 직원을 인터뷰하고 신규 직원은 자신의 팀장을 포함해 팀원들을 모두 인터뷰한다. 그리고 신규 직원 환영식에서 이를 발표케 한다. 여기에는 효과가 훨씬 극대화되는 이점이 있다.

《실리콘밸리의 팀장들Radical Candor》을 쓴 킴 스콧Kim Scott은 "관계는 모든 일의 핵심이다. 관계는 상사가 세 가지 책임을 완수할 수 있는지를 결정한다"고 말했다. 그가 말한 세 가지 책임은 아래와 같다.

1 모든 직원이 올바른 방향으로 나아가도록 피드백(칭찬과 지적)을 주고받는 문화 구축하기
2 피로와 권태를 이기고 팀 결속력을 높이기 위해 동기를 부여하는 법 알아내기
3 협력하여 목표 달성하기

그는 책에서 개인적 관심과 직접적 대립을 연결하면 '완전한 솔직함'이 모습을 드러낸다고 말했다. 완전한 솔직함의 상태가 될

때, 신뢰를 구축하고 의사소통의 문을 열어젖힘으로써 공동의 목표를 달성할 수 있다는 것이다. 많은 이가 경영 딜레마를 드러내는 것을 두려워하는데 완전한 솔직함은 이를 직접적으로 해결해 준다고도 말했다. 직원들이 리더를 신뢰하고 리더가 자신들에게 관심을 갖고 있다고 믿을 때, 직원들은 다음과 같은 행동을 보인다는 것이다.

1 당신의 칭찬과 지적을 받아들이고 그에 따라 행동한다.
2 당신이 잘하거나 잘못하고 있는 일에 대해 솔직한 의견을 제시한다.
3 서로 똑같은 행동에 참여한다. 즉, 바위를 계속해서 밀어 올리는 에너지를 다른 곳에 낭비하지 않는다.
4 팀 내에서 자기 역할을 받아들인다.
5 성과 달성에 집중한다.

나 역시 현장에서 일하면서 이와 비슷한 상황을 많이 경험했다. 상호 신뢰가 밑바탕에 깔려 있는 조직과 불신의 그림자가 조직 전체를 덮고 있는 기업은 들어가는 입구에서부터 분위기가 달랐다. 신뢰로 뭉친 조직은 자유로움이 느껴진다. 회의나 토론에서 특별한 격식을 차리지도 않는다. 직급을 따지지 않고 필요할 때마다 필요한 사람에게 달려가 자료를 요청하고 의견을 구한다. 겉으로 봐서는 누가 상사고 누가 부하 직원인지 구분이 가지 않는다.

그만큼 의견 교환이나 대화 방법이 자유롭고 활발하다는 증거다. 반면, 불신 조직은 경직되어 있다. 특정한 말을 했을 때, 상대방이 어떤 반응을 보이고 어떤 행동을 보일지를 걱정한다. 그러다 보니 격식을 갖춰야 하고 사소한 문제도 공식적인 회의 시간을 정해 놓고 의견을 교환한다. 한 시간이면 끝날 일이 1주일이 가는 경우도 다반사다.

이런 신뢰의 문제는 우선 자신을 드러내 놓고 도움을 요청하는 것으로부터 시작되어야 하는데, 가장 좋은 타이밍이 바로 입사 직후다. 입사한 날부터 모두에게 각자의 진솔한 개인 사정을 말하고 모두로부터 청취하게 할 수 있다면, 인간적인 신뢰가 한결 깊어지는 효과가 있다.

모두가 속고 있다

여기까지는 새로 입사한 신규 직원들의 관점에서 서술해 보았다. 다음은 기존 직원들의 관점에서 필요한 내용을 몇 가지 소개해 보고자 한다.

앞서 소개한 P 과장의 사례를 들어 이야기해 보자. P 과장은 자신이 유치하지도 않은 고객을 마치 자신의 노력으로 관계를 맺은 것처럼 영업 디비에 입력했다. 담장자의 말에 의존할 수밖에 없는 관리자는 그의 말을 믿었고, 실적이 늘어남에 따라 그에 상응하는 칭찬과 보상이 이루어졌다. 그러나 P 과장의 비양심적인 행동은 상사는 속일 수 있었으나 동료까지 속일 수는 없었다. 바로 옆자리에 앉아 있던 후배가 P 과장의 인바운드성 통화 내용을 몇 차례 듣게 되면서 이후의 그의 행적이 전부 노출된 것이다.

같이 일하는 동료들이 하나둘씩 이런 사실을 알게 되면서 구성원들이 P 과장을 멀리하게 되었다. 하지만 P 과장은 전혀 개의치 않았다. 결과만 좋으면 수단과 방법은 어떻든 문제될 게 없다고 스스로 생각하고 있었던 것이다. 이 상황에서 조직이 아무런 손을 쓰지 않는다면 다른 구성원들에게 잘못된 메시지를 던질 수가 있다. '뭐지? P 과장의 행동을 그대로 두는 거야? 수단과 방법을 가리지 않고 개인 실적만 채우면 된다는 말인가? 거짓말을 해서라도 계약만 따내면 된다는 건가?'라고 생각할 수 있다.

이런 식으로 기업의 분위기가 흘러가기를 바라는 사람은 아무도 없을 것이다. 썩은 사과 같은 조직 문화가 형성되는 데는 크게 두 가지 배경 요인이 작용하고 있다. 첫 번째가 관리자들의 인지 부조화cognitive dissonance 심리이고, 두 번째가 그들이 가진 구성원들에게 대한 개인별 편향 의식이다.

첫 번째로 언급한 인지 부조화란 개인이 믿는 것과 실제로 보는 것 사이에 차이가 발생할 때 나타나는 심리 상태다. 이 불일치가 불편하기에 이 불일치를 제거하려는 심리를 보이는 것이다. 자신의 태도와 일치하지 않는 과제에 참여하면 태도를 바꿔 행동과 일치하는 방향으로 변하는 것이다.

더마테크의 상황을 예로 들어보자. 문제는 제품 판매 실적이 압도적으로 높았던 K 과장과, 그를 감싸고 도는 영업 본부장에게서 비롯되었다. 내가 인사 책임자에게 들은 바로는 더마테크의 인재상은 '정직'이었다. 기업이 구성원들에게 요구하는 인재상이 곧 기업의 핵심 가치이기 때문에 당연히 핵심 가치 중 하나에 '정직'이라는 단어가 들어가 있었을 것이다. 본부장의 입장에서 정직이라는 핵심 가치를 모를 리가 없었으나, 알면서도 K 과장의 행동을 옹호하는 발언을 했다는 것은 자신의 태도와 상대의 행동이 불일치하는 불편한 상황에서 상대의 행동을 지적하기보다 자신의 태도를 바꾸는 심리가 작용한 것으로 판단된다. 높은 매출 실적으로 영업부에 큰 공헌을 하고 있는 K 과장의 행동은 본부장으로 하여금 '인바운드 고객을 가져가는 행위 자체는 회사에서 요구하는 정직이라는 기준에 어긋나는 행위가 아니'라는 인지 부조화 제거 심리를 발생케 한 것이다. 이렇게 생각하는 이유는 최초 K 과장의 문제가 불거졌을 때, 이를 상담하러 찾아간 인사 임원에게 "지금처럼 불경기에 K 과장처럼 높은 실적을 올리는 직원을 찾기가 쉽지 않다. 회사에 큰 피해만 끼치지 않는다면 문제될 것이 없다"고 말했다는 대목에서 유추해 보는 것이다.

두 번째는 관리자들의 편향된 호감도와 관련된 대목이다. 이를 전문용어로 '후광효과Halo Effect'라고 하는데, 어떤 대상이나 사람에 대한 편애가 그 대상이나 사람의 구체적인 특성을 평가하는 데 영향을 미치는 현상을 말한다. 우리 회사의 경우 담당 팀장으로부터 P 과장의 정직하지 못한 행동에 대한 이야기를 들었을 때만 해도, 나는 그의 말을 믿지 않았다. 지금까지 나에게 보인 P 과장의 태도나 행동을 보았을 때, 전혀 그럴 사람이라고 생각되지 않았기 때문이다. 경력직으로 우리 회사에 들어온 P 과장은 정말 부지런했고 사교성이 좋았다. 항상 웃는 얼굴이었으며 특히 인사성이 밝았다. 언제나 환한 미소를 보이며 밝은 모습으로 아침 인사를 하는 P 과장을 나는 입사 첫날부터 마음에 들어했다. 이렇게 형성된 P 과장에 대한 개인적 선호도는 다른 영역에까지 영향을 미쳤다. 그의 모든 것이 다 마음에 들었던 것이다. 내가 알고 지내던 많은 우량 고객을, 특별히 담당자가 지명되지 않은 상황에서는 그에게 소개해 주기도 했다. 지금 생각해 보면 후광효과 때문에 불공정한 처신을 한 것 같아 많이 후회가 된다.

우리나라 직장인이 느끼는 인사고과의 현주소

이와 같이 조직의 관리자들은 속고 있다. 위에서는 절대 현장에서 일어나는 일을 객관적인 눈으로 평가할 수 없다. 왜곡된 정보와 잘못된 편향이 반영돼 사실과 다른 내용으로 상황을 인식하고 있는 경우가 태반이다. 직원 모두가 아는 사실인데 조직의 상층부에 위치한 경영자들만 모르고 있는 것이다. 오래전에 조사한 자료를 근거로 왜 이렇게 생각하는지를 설명해 보고자 한다.

다음의 통계를 보자.

설문 목적: 인사 평가 승진과 보상 제도에 대한 실태 조사

설문 방법: SGI 등록회원

설문 기간: 2019/01/05~01/15

응답자 수: 회답 1,090명, 유효 응답 921명

Q12. 상사의 고과 능력에 대해 당신이 느끼는 신뢰는 어느 정도입니까?

상사의 고과 능력을 묻는 질문에 대한 답은 '불신 53% vs 신뢰 23%'였다. 이 수치가 바로 우리나라 직장인들이 체감하는 인사고과 공정성의 현주소다. 앞에서 주장했듯이 인지 부조화와 후광효과 때문에 잘못된 정보가 위로 올라가고 있는 것이 원인일 것이다. 리더들의 잘못된 판단으로 현장의 불신이 높아만 가는 것이다. 이런 상황에서는 인사의 모든 영역에서 신뢰도를 높일 수가 없다.

어떤 방식으로 접근해야 고과 결과를 납득시킬 수 있을까? 다음에 제시한 조사에서 그 힌트를 찾아보고자 한다. 승진자 선정 시 중요하게 고려해야 할 사항을 묻는 질문(Q1)은 어디까지나 승진의 수용도를 높이기 위한 방법을 찾기 위하여 고안한 것이다. 인사에 있는 사람이라면 다 아는 사실이지만, 고과에는 크게 실적 고과와 행동 고과(역량 고과)가 있다. 단기 매출을 평가하는 실적 고과는 성과급이나 인센티브와 같은 금전적 보상과 연동하는 것

이 좋다. 반면, 업무에 임하는 자세나 조직에 대한 기본적인 입장을 평가하는 행동 고과나 역량 고과는 승진·승격과 연동하는 것이 바람직하다. 결과에서 흥미로운 점은 승진자 선정의 고려 사항으로 '인사고과'보다 '경영진과의 친밀도'가 더 높은 순위로 나타났다는 사실이다. 웃고 넘어가기에는 개운치가 않은 대목이다.

전체적으로는 동료 평가에 대한 신뢰도가 가장 높게 나왔다. 동료 평가에 대한 높은 기대감은 관리자급이나 비관리자급이나 마찬가지인 것으로 나타났다. 그러나 비중에 있어서는 약간의 차이가 감지되었다. 양쪽의 입장을 비교해 보았을 때, 관리자들은 일반 직원들보다 인사고과와 근속 연수, 잠재 능력을 더 비중 있게 생각하는 것으로 보인다. 한편, 일반 직원들은 관리자들에 비해 동료 평가를 훨씬 더 신뢰하고 있었다. 앞에서도 언급했듯이 현장의 사정을 상사들은 잘 모른다고 판단하는 듯하다.

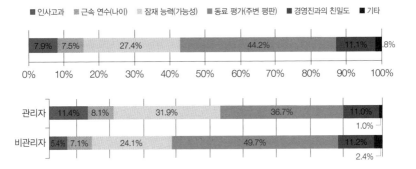

Q1. 귀하는 승진자 선정에 있어서 가장 중요하게
고려해야 할 것은 무엇이라고 생각하십니까?(복수 응답)

■ 인사고과　■ 근속 연수(나이)　■ 잠재 능력(가능성)　■ 동료 평가(주변 평판)　■ 경영진과의 친밀도　■ 기타

다음의 질문(Q2)은 리더 선발을 위한 평가 방식에 대해 단도직입적으로 물어본 것이다. 여기서도 직장인 대부분은 상사와 동료, 부하가 포함된 360도 평가가 가장 정확하다고 답했다. 특이한 점은 각 평가 방안에 대해 지위에 따라 입장 차가 존재한다는 사실이다. 일반 직원에게서는 전체의 절반이 넘는 53.1%가 부하까지 포함된다면 평가를 좀 더 신뢰하고 있는 것으로 드러났다. 반면 관리자에게서는 부하보다는 동료나 상사 위주의 다면 평가로도 충분하다는 의견이 많이 나왔다. 하지만 어느 지위에 있든 리더의 행동이나 역량에 대한 평가는 상사와 부하를 포함한 전체적이고도 포괄적인 평가 방식을 더 신뢰하고 있는 것으로 드러났다.

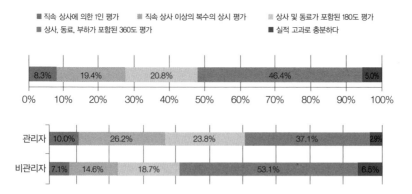

Q2. 리더(관리자)의 행동, 역량을 파악하기 위한 평가로
어떤 방식이 효과가 있다고 생각하십니까?

■ 직속 상사에 의한 1인 평가　　■ 직속 상사 이상의 복수의 상시 평가　　□ 상사 및 동료가 포함된 180도 평가
■ 상사, 동료, 부하가 포함된 360도 평가　　■ 실적 고과로 충분하다

8.3%	19.4%	20.8%	46.4%	5.0%

관리자　10.0%　26.2%　23.8%　37.1%　2.9%
비관리자　7.1%　14.6%　18.7%　53.1%　6.5%

선불리 밖으로 꺼내 놓을 수 없지만 누구나 중요하다는 것을 알고 있는 것이 동료에 대한 평가다. 이런 본심을 앞서 살펴본 자

료들이 잘 대변해 준다. 동료의 평가를 의식하는 역사적 일화도 있다. 인류 역사상 위대한 예술가 중 한 명으로 추앙받는 부오나로티 미켈란젤로Buonarroti Michelangelo는 1508년 교황의 명을 받아 로마의 시스티나 성당의 천장에 그 유명한 〈천지창조The Creation of Adam〉를 그리게 된다. 구석구석 육안으로 보이지 않는 곳에도 온갖 정성을 쏟아 가며 그림에 집중한 나머지 목과 눈에 심한 통증을 느끼게 된다. 이를 불쌍히 여긴 친구가 이렇게 말했다고 한다. "친구, 보이지 않는 곳은 대충해도 아무도 모른다네. 그런 곳은 적당히 색만 칠해도 되지 않겠나?" 친구의 유혹에 미켈란젤로는 이렇게 말했다고 한다. "방문객을 속일 수는 있어도 동료는 속일 수가 없네. 동료를 속일 수는 있어도 자신을 속일 수는 없다네." 원래 이는 하나님에 대한 미켈란젤로의 신앙심을 부각시키고자 전해오는 일화지만 방문객보다는 동료, 동료보다도 자기 자신에게 떳떳함을 강조한 내용으로 이해할 수도 있다.

능력이 부족하여 팀원들에게 피해를 끼치는 사람들이 더러 있다. 그런데 이런 사람들은 대부분 다른 영역에서 피나는 노력을 한다. 스스로 부족한 능력을 채우기 위하여 다른 영역에서 팀에 공헌할 무언가를 찾는 경향이 강하다는 것이다. 이들은 조직에 도움이 되는 사람들이다. 반면, 팀 공헌은 안중에도 없고 오히려 팀 내 분위기를 엉망으로 만드는 사람들이 있다. 일명 '카더라' 통신을 퍼트리며 조직 내의 신뢰 관계를 허물어뜨리는 데 앞장서는 사람들이다. 사물을 항상 부정적으로 바라보는 삐딱한 시선을 가지고 있다. 그러다 보니 긍정적 뉴스보다는 부정적 뉴스를 먼저 접하게 되고, 또 그런 안 좋은 소식을 주변에 퍼뜨리는 것을 좋아하는 경향이 있다. 이들은 조직을 서서히 망가뜨리는 인물들이다.

이보다도 더 최악의 인물이 있다. 동료의 성과는 가로채고 자신의 실수는 다른 사람의 탓으로 돌리는 사람들이다. 부정적 뉴스를 전파해 조직을 서서히 망가뜨리는 인물을 암세포에 비유한다면, 방금 소개한 인물 유형은 독 사과에 비유할 수 있다. 단기간에 조직을 회복 불능의 상태로 만들어 버리기 때문이다. 이런 상태를 방지하기 위해서라도 조직은 구성원들의 됨됨이를 정확히 파악할 수 있는 시스템을 가지고 있어야 한다. 물론 제도 마련 이전에 같이 일하는 동료들을 항상 진실하게 대하는 문화가 선행된다면 더할 나위 없이 좋을 것이다.

※주의: 부하로부터의 부정적인 평가 결과에 마음의 상처를 크게 입는 경우가 많다. 이는 고과 결과에 승복하지 못하고 큰 반발을 불러오기 쉽다. 따라서 360도 평가를 실시할 때는 그 결과를 바로 보상이나 승진·승격에 적용해서는 안 된다. 부정적인 평가를 받은 당사자가 충분이 수긍하고 납득할 수 있도록 전문가에게 멘토링을 받는 시간을 주어야 한다. 결과는 그 이후에 적용해야 한다. 360도 평가는 훌륭한 리더를 만들고자 하는 '육성' 쪽에 더 무게를 두어야 한다.

4
원팀의 조직 구조로
승부하자

잘되는 모임의 특징

2019년에 출간한《조직 문화 핀포인트》중 〈진정한 조직의 보물〉
코너에서 "구성원을 즐겁게 해 주고 조직의 분위기를 밝게 해 주
는 직원이야말로 조직의 보물이다"라는 취지의 글을 썼다. 그 글
에서 실제로 내가 총무를 맡고 있는 모임에서 총무의 역할로 인해
회원들의 참여율이 얼마만큼 변하는지를 조사한 자료를 실었다.
그리고 내가 일반 회원으로 속한 모임에서 나는 그 모임에 어떤
매력을 느껴서 참석하는지에 대해서도 느낀 대로 적어 보았다. 그
내용은 다음과 같다.

   총무로 있는 모임에서는 단체 문자보다는 개별적으로 연락을 취

했을 때가 회원들의 참여율이 훨씬 높게 나왔다. 마찬가지로 내가 멤버로 속한 모임에서도 총무가 얼마나 부지런하게 회원들을 대하느냐가 모임 활성화에 중요한 역할을 하는 것으로 파악되었다.

• 현재 총무를 맡고 있는 모임의 연락 방법에 따른 참석률 현황

모임 분류	연락 방법		
	단체 문자	개별 문자	개별 전화
A(50명)	24%(12명)	44%(22명)	70%(35명)
B(30명)	23%(7명)	47%(14명)	77%(23명)
C(25명)	24%(6명)	52%(13명)	80%(20명)

• 일반 회원으로서 참여하고 있는 모임에 대한 소속감의 정도

참여 정도	주요 이유
C(적극적인 참여)	회장의 인품과 총무의 헌신적 봉사에 대한 보답
D(적극적인 참여)	회원들과 만나면 많은 것을 배우고 즐겁기 때문
E(소극적인 참여)	모임에 대한 집행부의 애정이 느껴지지 않아서
F(거의 나가지 않음)	집행부가 바뀌면서 회원 상호 연락의 루트가 단절

표에서도 나와 있듯이 단순히 모임을 알리는 행위 하나만으로는 회원들의 마음을 전혀 움직이지 못한다. 문자를 받는 사람 입장에서 본다면 웹에서 보내는 단체 문자의 수신은 'One of Them(그들 중 한 명)'이라는 인식이 강하기 때문에 특별한 구속력을 만들지 못한다. 그러나 개별 문자에 대한 수신은 '나'에 대한 존재감을 느끼게 만드는 묘한 마력을 가지고 있다. 거기에 더하여 수화기 저편에서 들려오는 'We want you(우리는 당신을 원합니다)'라는 총무의 목소리는 이 조직에 있어서 나라는 사람에 대한 존재감이 작지 않다는 특별한 의미를 만들어 준다. 참석하지 않으면

안 되는 강한 구속력을 갖게 만드는 것이다. "내가 그의 이름을 불러 주기 전에는/ 그는 다만/ 하나의 몸짓에 지나지 않았다.// 내가 그의 이름을 불렀을 때/ 그는 나에게로 와서/ 꽃이 되었다"는 김춘수 시인의 말처럼 누군가 나의 이름을 부르면서 다가올 때, 보답하지 않을 수 없는 강한 관계 형성이 일어나는 것이다.

정리하자면, '모임 활성화=회장의 인품+총무의 부지런함'의 방정식에 있다고 볼 수 있다. 그런데 이 공식이 비단 외부 활동에만 국한된 것은 아니다. 이 공식은 내부에서도 그대로 적용이 된다. 멤버들의 활동이 적극적인 조직의 내부를 살짝 들여다보면, 거기에는 감초 같은 직원이 항상 존재하고 있기 때문이다. 우리가 여기서 감초 역할을 하는 직원에게 주목해야 하는 이유는 그가 눈에 띄는 성과를 내는 건 아니지만 주변의 동료들이 성과를 낼 수 있게 끔 조직의 분위기를 한결 업그레이드해 주고 있기 때문이다. 내부에 생기가 돌고 서로가 서로를 감싸 주는 뜨거운 동료애를 가지고 있는 조직을 들여다보면 그 안에는 이런 감초 역할을 하는 누군가가 꼭 존재하고 있음을 발견하게 된다.

나는《조직 문화 핀포인트》에서 어떤 조직이 탁월한 조직인지, 어떤 인물들이 이런 조직을 만드는지에 대해 약 300페이지에 달하는 분량으로 다양한 사례를 제시했다. 그런데 유독 '총무의 역할' 부분에서 가장 많은 피드백을 받았다. "우리 조직이 왜 이 모양인지 이제야 이유를 알겠어요", "본인이 없는 자리에서 총무로 임명이 되었다고 나 몰라라 하네요. 조직이 죽어 가고 있어요"와 같이 문제를 인식하는 응답도 있었지만, "역시 우리 총무는 최고인 것 같아요. 우리 조직이 왜 이렇게 잘 되는지 이제야 이유를 알 것 같아요", "작가님 글을 읽고 오늘 우리 동호회 총무님께 맥주 한잔 대접했어요. 늦었지만 고마운 마음이 막 생기더라고요"와 같이 새삼 총무를 다시 보게 되었다는 감사의 코멘트도 많이 받았다.

총무의 역할이 조직 활성화에 얼마나 중대한 영향을 미치는지를 요즘 다시 실감하고 있다. 최근에 최고 경영자 과정 두 개를 이수했는데, 두 과정에서 모임 활성화의 대조적인 모습을 경험했기 때문이다. 두 개 과정을 편의상 각각 A, B라고 하자. 두 과정 모두 회원수는 40명 정도로 비슷하다. 양쪽 모두 모임을 이끄는 회장의 나이도 비슷하고 회사 규모나 모임을 이끌어 가는 정신적 자세에도 큰 차이가 없다. 그러나 회원들의 참석율은 차이가 크다. A 모임은 사람들의 참석율이 80%대 이하로 떨어진 적이 없는 반면에, B 모임은 모임이 결성된 지 2년밖에 안 된 시점인데도 갈수록 참여율이 떨어지고 있는 상황이다. 현재는 30%대 이하로 떨어졌다. 각 모임이 정반대의 모습인 요인으로 두 가지를 꼽고자 한다. 첫 번째는 회장의 용병술이고, 두 번째는 총무의 친화력과 부지런함이다.

• 회장의 용병술 회장은 회원들의 합의 추대로 결정된다. 여기에는 여러 가지 사항이 고려된다. 회장의 나이, 재력과 같은 개인적 영역은 물론이거니와 운영하는 사업체의 규모나 사업 영역, 사

회적 공헌과 같은 공적 영역도 포함된다. A, B 모임 각각은 리더로서의 대외적 이미지를 최우선 순위로 고려하여 가장 적합하다고 여겨지는 인물을 회장으로 선출했다. 여기까지는 두 분의 조건에 딱히 차이가 있어 보이지는 않는다. 차이는 집행부 인선에서 나타났다. 무엇보다도 총무를 지명하는 모습이 조직 관리를 전문으로 하는 내 눈에는 상당히 인상 깊게 들어왔다.

B 모임의 회장은 모임의 구성원 중 누군가가 추천하는 인물을 총무로 지명했다. 크게 고민한 흔적은 보이지 않았다. 추천한 인물에 신뢰가 있었는지는 모르겠지만 추천을 받은 뒤 바로 그 자리에서 총무를 지명했는데 여기서 악수惡手를 둔 것이다. 반면, A 모임의 회장은 총무 지명에 상당히 신중한 자세를 보였다. "생각하고 있는 인물이 몇 명 있는데 시간을 두고 지켜본 후에 결정하도록 하겠습니다"라는 말과 함께 총무 지명 시기를 다소 늦춘 것이다. 시간을 두고 지켜보는 동안 여러 사람의 의견도 들으면서 다양한 각도에서 관찰하는 것 같았다. 이 모습이 회원들의 눈에는 참 존경스럽게 보였다. 모두가 '봉사직으로 맡아 주신 것만 해도 감사한데 모임 활성화를 위해서 저렇게까지 진지하게 고민하시는구나' 하고 생각하게 된 것이다.

• 총무의 친화력과 부지런함 이렇게 선발된 각 A, B 모임의 총무는 출발선에서부터 다른 모습을 보여 주었다. 별 고민 없이 선발된 B 모임의 총무는 약간 과묵한 성격이었다. 심성이 착한 친구로 보이긴 했지만 행동 특징 자체가 본인이 나서서 일을 처리하는

스타일은 아닌 것 같았다. 그보다는 주어진 일을 따라가는 성향인 듯해 보였다. 그러다 보니 사람들이 그를 상대하는 데 문제를 느끼기 시작했다. 총무는 먼저 다가가서 회원들과 유대감을 높이는 데 앞장서야 하는데, 본인 스스로가 장벽을 하나씩 쌓고 있었던 것이다. 시간이 갈수록 B 모임의 결속력은 약해져만 갔고 회원 모두가 참석하고 싶은 마음이 들지 않는 상황으로 몰렸다. 침몰하는 모임으로 전락해 가기 시작한 것이다.

이에 반해, A 모임의 총무는 완전히 대조적인 성격의 친구였다. 총무로서 갖춰야 하는 친화력과 부지런함은 물론이거니와, 큰 틀에서 회원 개개인을 볼 줄 아는 전략적 사고도 갖추고 있었다. 예를 들면 이런 것이다. 단톡방에 회원들의 모임 참석 여부를 물어보는 전체 투표가 올라온 적이 있었는데, 전체 의견을 구하는 동시에 모임에 영향을 미칠 만한 주요 인물들에게도 별도로 전화를 건다. "박 대표님, 회원들이 대표님 이번에 참석하느냐 불참하느냐 물어보고 난리가 아니네요. 대표님이 빠지시면 상당히 많은 수가 불참할 것 같아요. 바쁘시겠지만 이번에 꼭 참석해 주시면 감사하겠습니다"라고 상대방을 특별하게 대우하는 것이다.

그렇다고 회원 모두에게 이런 식의 개별적인 관심을 주는 것은 아니다. 회사 업무도 아니고 봉사로 하는 일에 그렇게까지 시간을 투자하는 것도 무리가 있기 때문이다. 단지 인기가 많은 몇 명을 특별 관리하는 것이다. 특별한 영향력을 가진 소수만 잘 관리하면 나머지는 따라오게 되어 있다는 조직 관리의 비법을 이 친구는 이미 터득하고 있었다. 물론 친화력과 부지런함은 물어볼 것도 없다. 항상 본인이 먼저 전화하고, 항상 본인이 먼저 다가간다. 여기에 더하여 회원들의 비즈니스 홍보도 열심이다. 누가 어떤 일을 하는지 주기적으로 정보를 발신한다. 회원 간 비즈니스를 연결해 상호 이익이 일어날 수 있게끔 최선을 다하는 모습에 모두가 감탄을 쏟아 낸다. 정말 대단한 총무다.

우리 조직에 도움이 되는 사람은 누구?

앞에서 언급한 총무 지명과 비슷한 상황이 조직에서도 종종 발생한다. 오래전에 같이 일하던 동료 중에 개인적 업무 성과는 탁월한데 동료들 사이에서 별로 인기가 없었던 직원과, 개인적 업무 성과는 별로인데 동료들 사이에 매우 인기가 높았던 직원이 있었다. 편의상 전자를 A 대리, 후자를 B 대리라고 하자. 둘은 입사 동기였고 실제는 어떠했는지 모르지만 겉으로는 둘은 매우 친한 관계였다.

컨설턴트가 갖춰야 하는 역량 중에 가장 중요한 요소가 논리적 사고다. 그런데 B 대리는 논리적 사고가 상당히 결여되어 있었던 관계로, 조직의 매니저들이 같이 일하는 것을 상당히 꺼려하는 경향이 있었다. 반면, A 대리는 논리적 사고가 매우 뛰어났다. 논리적 사고는 일을 하면서 고객을 설득하는 데 상당한 도움이 된다. 예컨대 신규 프로젝트를 제안하는 데 논리적 사고를 효과적으로 발휘하면 수주로 이어지는 경향이 강하다. 담당 매니저의 입장에서 논리적 사고를 하는 친구가 매출에 큰 도움이 되기 때문에 다른 팀에 빼앗기지 않으려고 기를 쓰고 노력한다. A 대리는 동료들 사이에서 인기는 별로였으나 고객들의 반응이 좋아, 매니저들은 고객 제안의 상황에서 A 대리를 투입하는 것을 상당히 선호했다.

업무 역량만 고려한다면, A 대리는 조직에 없어서는 안 되는 직원이고 B 대리는 아무런 도움이 안 되는 직원일 수도 있다. 그러나 업무적 역량 외에도 우리는 행동적 역량을 매우 중요하게 생각했다. 여기서 말하는 행동적 역량이란 조직 내 동료들에게 미치는 긍정적 영향력을 말한다. A 대리는 업무적 역량은 뛰어났지만 동료들과 사이가 별로 좋지 않았다. 사회인으로서 갖춰야 하는 기본적인 매너에 조금 문제가 있었기 때문이다. 선후배들과 이야기를 하면서도 컴퓨터를 켜 놓고 자기 일을 보거나 휴대전화를 만지작거리는 행동이 동료들의 눈에 건방지게 보였던 것이다. 회의 장면에서도 마찬가지였다. 속칭 '딴짓거리'가 종종 눈에 들어왔다. 사람들이 좋아할 리가 없었다. 우리가 만든 평가 기준안으로 본다면 주변 사람들에게 부정적 영향을 매우 강하게 미쳤다고 말할 수 있다.

반면, B 대리는 정반대의 영향력을 행사했다. 업무적 역량은 다소 미진했지만 무엇보다도 예의가 바르고 사람들을 대하는 자세가 진지했다. 아무리 어린 후배라 할지라도 정성을 다해서 대하는 모습이 생활화되어 있었다. 모두가 그를 좋아했고 무슨 일이 있으면 항상 그에게 달려가 상담을 요청했다. 또 별의별 일에 관여한다 싶을 정도로 무엇이든 동료들의 어려움을 해결해 주려 노력했다. 그런 그에게 사람들은 '오지라퍼'라는 별명을 붙여 주었다. 오지랖 넓고 퍼 주기 좋아하는 사람이라는 뜻이라고 한다.

당시 A 대리와 B 대리가 속한 팀에는 인원이 10여 명 정도 있었는데, 업무가 재편되면서 타 부서와 통폐합을 해야 하는 상황이 발생했다. 나는 이 둘을 책임지고 있는 팀장을 불러 둘 중에 한 명은 데리고 있고 다른 한 명은 다른 데로 보내야 한다고 말하면서 누구를 남기고 싶냐고 물어보았다. 질문을 던지면서도 결론은 정해졌다고 생각했다. 당연히 업무 역량이 뛰어난 A 대리를 선택할 거라고 생각했고, '그렇다면 B는 어디로 보내지?' 하는 고민을 하면서 담당 팀장의 의견을 물었던 것이다. 그런데 의외의 답변이 돌아왔다. 팀장은 "둘 중 한 명만 고르라고 하신다면 B 대리와 함께 하겠습니다. 실력은 노력의 여부에 따라서 보완 가능한 영역이지만 인성은 바뀔 수 없는 영역이기 때문입니다"라고 말하며 그간 있었던 여러 가지 에피소드를 들려주었다.

조직론을 이야기하면서 "누구와 일하시겠습니까?"라는 질문을 자주 던진다. 그리고 "조직에는 네 가지 부류의 사람들이 있습니다. ① 업무 실력도 뛰어나고 인성도 좋은 사람, ② 업무 실력은 뛰어난데 인성은 불편한 사람, ③ 업무 실력은 다소 떨어지는데 인성은 훌륭한 사람, ④ 업무 실력도 떨어지고 인성도 불편한 사람이 있습니다. 만일 2번과 3번 중에 한 명을 고르라고 한다면 누굴 택하시겠습니까?"라고 보기를 준다.

1번과 4번은 고민의 대상이 못 된다. 문제는 2번과 3번이다. 조직이 처한 상황이 변수로 작용하긴 하지만 이런 질문을 받는 관리자들의 의견은 대충 3 대7로 나뉜다. 2번과 비교하여 3번의 선호도가 압도적으로 높은 이유는 B 대리를 선택하겠다고 답한 우리 회사 담당 팀장이 말한 선택 이유와 다르지 않다. 조직의 실적이나 전체적인 역량 향상을 위해서는 당연히 2번에 해당하는 선수가 많아야 한다. 그러나 모든 일은 혼자서 하는 것이 아니다. 팀플레이로 풀어야 하는 일이 대부분이고, 여기서 가장 필요로 하는 것이 팀워크다. 아무리 개인 역량이 뛰어나도 팀워크에 도움을 주지 못하는 선수는 오히려 방해만 될 뿐이다. 반대로 개인 역량은 다소 떨어지더라도 같이 플레이하는 팀원들의 사기 진작이나 분위기 증진에 도움이 되는 선수는 드러나지 않는 보석과도 같은 존재다. 무슨 일이 있더라도 함께해야 한다.

실제로 이런 상황을 나는 상당히 많이 경험한다. 우리의 일은 관리자나 리더와의 토론이나 상담이 필수 불가결한 요소이기 때문이다. 나는 본론에 들어가기 전에 상호 신뢰와 친근감을 형성하기 위해 개인적인 질문을 던지는 것을 좋아한다. 주로 여기서 일하면서 가장 어려운 고비는 언제였는지, 그 고비를 어떻게 넘길 수 있었는지 등을 자주 묻는다. 나오는 답변은 거의 두 가지 단어로 나뉜다. 첫 번째는 '가족'이라는 단어, 다른 하나는 '친한 동료'라는 단어다. 그런데 그들이 말하는 친한 동료는 대부분 비슷한 시기에 같이 들어온 입사 동기를 말하는 경우가 많았다.

대부분의 직장인은 힘들고 고달프고 슬럼프에 빠질 때, '동기' 라는 이름의 친한 동료들로부터 따뜻한 위로와 위안을 받고 다시 힘을 내서 앞으로 나아가는 경우가 많다. 나도 그랬고, 나의 친구들도 그랬으며, 나의 선배·후배들 역시 그랬다. 친한 동료가 입사 동기면 좋겠지만 아니어도 상관은 없다. 정신적인 교감과 유대 관계가 깊은 사람들이 내 옆에 있다는 사실이 중요하다. 동기가 되었든, 친한 선후배가 되었든 친한 동료가 있고 없고가 조직 생활에 중대한 영향을 미친다는 사실은 틀림이 없어 보인다. 그중에서도 동기는 경쟁 구도와는 별개로 상당히 소중한 존재로 인식되는 경향이 강했다.

지금은 수시 채용 문화로 많이 넘어가면서 동기라는 개념이 희박해졌지만, 예전에는 거의 대부분의 기업들이 공채 시스템으로 신입 사원을 채용하곤 했다. 1년에 한 번, 공식적으로 입사한 직원들을 대상으로 짧게는 1주일, 길게는 1년에 걸쳐 조직 생활에 필요한 다양한 교육을 이수하게 했다. 처음 사회생활을 하면서 만난 사람들이고 같은 회사에 입사한 식구라는 개념이 강하다 보니 그들 간에 느끼는 동지 의식은 남다를 수밖에 없었다. 이런 끈끈한 동기 문화는 현업에 배치된 후에 큰 힘을 발휘한다. 조직 생활을 하면서 겪게 되는 여러 가지 어려운 상황이나 좌절의 순간에 그래도 가장 큰 힘이 되고 위로가 되어 주는 이가 바로 동기들이기 때문이다. 어려운 신입 시절을 같이 보낸 동병상련同病相憐의 마음을 그대로 간직하고 있어서인지는 몰라도, 서로의 응원과 격려는 남

다른 것이 사실이다.

　이런 동기 문화를 가리켜 '패거리 문화', '군대 문화'라 칭하면서 청산의 대상이 되어야 한다고 목소리를 높이는 이들도 많다. 그러나 나는 개인적으로 동기 문화가 부정적 측면보다는 긍정적 측면이 훨씬 많다고 생각하는 사람이다. 이유는 앞에서도 언급했듯이 어려운 고비에서 친한 사람의 존재 여부는 개인의 조직 생활에 큰 영향을 미치는데, 이때의 친한 사람 상당수가 같은 시기에 입사한 동기인 경우가 많기 때문이다. 일종의 '사회적 자본의 힘'으로 어려운 시기를 넘기는 것이다.

　경제학 용어 중에 '사회적 자본Social Capital'이라는 단어가 있다. 한경닷컴의 경제 용어 사전에서는 사회적 자본을 다음과 같이 정의 내리고 있다. "사람들 사이의 협력을 가능케하는 구성원들의 공유된 제도, 규범, 네트워크, 신뢰 등의 일체의 사회적 자산을 포괄하여 지칭하는 것. 그중에서도 사회적 신뢰가 사회적 자본의 핵심이다. 물질적 자본, 인적 자본에 뒤이어 경제성장의 중요한 요소로 손꼽히고 있다. 사회적 자본이 잘 확충된 나라일수록 국민 간의 신뢰가 높고 이를 보장하는 법·제도가 잘 구축돼 있어 거래 비용이 적고 효율성은 높다. 따라서 생산성이 올라가고 국민 소득은 높아지게 마련이다."

　사회학자 로버트 퍼트넘Robert Putnam은 《나 홀로 볼링Bowling Alone》이라는 책에서 사람과 사람의 유대감이 사회 활동에 어떤 영향을 미치는지를 이야기했다. 그는 책에서 사회적 자본은 인간과 인간을 이어 주는 일종의 '접착제'와 같은 것이라고 설명했다. 인간과 인간 사이에 끈끈한 유대감을 형성해 집단과 조직, 사회가 더욱 효율적으로 기능하도록 도와주는 역할을 한다는 것이다.

사회적 자본의 힘

사회적 유대감이 높다는 말은 동료들 사이에 친밀도가 높다는 것을 의미하는데, 그런 조직일수록 조직에 대한 신뢰감이나 심리적 안정감도 강한 것으로 나타났다. 수준 높은 사회적 자본은 팀이나 조직 내 사람들의 보편적인 행동이나 인식에 긍정적인 영향을 미친다. 수준 높은 사회적 자본을 갖춘 조직의 구성원들은 회사나 리더에 대한 생각뿐만 아니라, 자신들이 하는 일에 대해서도 유대감을 느낀다.

퍼트넘은 사회적 자본을 강화하기 위해서는 결속bonding과 연계bridging가 필요하다고 말했다. 나는 여기에 제3의 사회적 자본인 신뢰를 더하고자 한다. 신뢰는 직원들이 기업에 가지는 믿음이다. 자신이 속한 조직이 옳은 일을 하고 있으며 헌신할 만한 가치가 있다는 믿음을 말한다. 또한 신뢰는 자신이 속한 팀을 넘어 다른 팀과도 공감할 수 있다는 것에 대한 믿음이다. 이는 회사와 리더에 대한 감정적 투자다. 로버트 브루스 쇼Robert Bruce Shaw가 쓴 《익스트림 팀Extreme Teams》이라는 책에서는 사회적 자본의 세 가지 구성 요소를 다음과 같이 설명한다.

- 동료 팀원들과의 결속　지속적인 관계는 사람을 중심으로 하는 직장 생활에서도 필요하다. 그중 가장 중요한 것은 팀원들 간의 관계다. 팀원들과 협동하는 능력이 뛰어나면 개인이 혼자 성취할 수 있는 것보다 훨씬 더 큰 것을 성취할 수 있다. 하지만 이는 단순히 서로 좋아하는 감정과는 다르다. 결속은 조직 내에서 공통의 목표를 가진 사람들이 느끼는 유대감이다.

- 다른 팀과의 유대　인간관계를 잘 맺는다는 것은 팀원들이 다른 팀과도 생산적으로 협업할 수 있다는 의미이기도 하다. 그러려면 다른 팀 구성원들과 단순히 알고 지내는 것 이상의 관계가 필요하다. 개인적으로 잘 아는 것은 물론이거니와 인간관계를 맺고 유지하는 데에도 투자를 해야 한다. 같은 팀원들 간의 관계에 초점을 둔 자료는 매우 많다. 하지만 다른 팀 구성원들과의 관계 수준도 조직의 성공에 중요한 역할을 한다는 사실을 명심해야 한다.

- 회사와 리더에 대한 신뢰　이는 직원과 조직 간의 유대감이다. 이 유대감의 가장 긍정적인 형태는 회사와 리더가 가치관과 신념을 직원들과 공유한다고 믿는 것이다. 이런 믿음이 생기면 기업이 추구하는 명분에 직원들이 감정적으로 투자한다.

이런 사회적 자본 형성에 지대한 영향을 미치는 인물이 있다.

바로 '친한 사람'이다. 구체적으로 말하면 위에서 언급한 우리 조직의 B 대리와 같은 인물이 여러 명 있어야 한다. 나와 친한 사람이 내가 속한 조직에 어느 정도 있는지의 여부는 조직의 사회적 자본, 즉 구성원들의 팀워크 형성에 지대한 영향을 미친다. 팀워크가 있고 없고는 조직 목표 달성에 매우 중요한 요소이며, 이런 팀워크는 친한 동료가 많으면 많을수록 쉽게 형성된다. 뿐만 아니라 일하는 사람들의 심리적 안정감이나 일에 대한 자신감의 형성에도 큰 영향을 미친다. 사회생활의 모든 결과가 심리적인 것과 밀접한 관련이 있음은 이미 많은 연구에서 입증되었다.

연초에 조직 문화 개선 강연회에 참석한 사람들을 대상으로 설문 조사를 한 적이 있다. '조직 내 친한 사람의 존재 여부가 나의 조직 생활에 미치는 영향'에 대해 알아보기로 마음먹고 주최측에 부탁하여 강연회의 만족도를 물어보는 질문지의 끝자락에 친한 친구와 관련된 질문 하나를 살짝 집어넣어 본 것이다. 응답자는 총 132명이었고 설문의 결과는 다음과 같았다.

조직 내 친한 사람이 없다고 답한 경우, 자신의 조직에 신뢰감을 느끼고 있다고 답한 사람은 21명, 자신의 업무에 자신감을 느낀다고 답한 사람은 8명, 심리적 안정감을 느낀다고 답한 사람은 9명이었다. 친한 사람이 한 명 있다고 답한 사람의 경우, 각각 28, 21, 17명이었으며 친한 사람이 두 명 있다고 말한 사람의 경우는 35, 38, 41명이었다. 친한 사람이 세 명 이상이라고 말한 사람의 경우는 48, 65, 65명의 순으로 나타났다. 이를 백분율로 나타내 그

	0명	1명	2명	3명 이상	합계
조직 신뢰도	15.9%	21.2%	26.5%	36.4%	100.0%
업무 자신감	6.1%	15.9%	28.8%	49.2%	100.0%
심리적 안정	6.8%	12.9%	31.1%	49.2%	100.0%

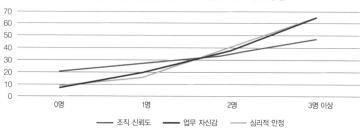

친한 사람의 존재 여부가 조직생활에 미치는 영향

그래프를 보면서 얼른 눈에 들어오는 특이점이 세 가지가 있다. 첫 번째는 조직에 느끼는 심리적 안정감과 업무에 느끼는 자신감이 거의 같은 비율로 움직이고 있다는 점이고, 두 번째는 조직 신뢰도에 비해 이 둘의 영향력은 친한 사람이 증가할수록 더욱 더 강하게 작용한다는 점이다. 그리고 마지막으로 조직 내 친한 사람의 존재 여부는 조직 신뢰도에도, 업무에 대한 자신감에도, 심리적 안정감에도 상당히 큰 도움이 된다는 사실이었다. 친한 사람의 존재 여부는 개인에게도 도움이 되지만 조직 활성화에도 큰 도움이 된다는 사실을 눈여겨볼 필요가 있는 대목이다. 우리 조직이 B 대리에게 붙여 준 '오지라퍼'라는 별명은 어찌 보면 명예로운 훈장과도 같은 것이다. '조직원 모두가 사랑하는 오지라퍼 B 대리여, 항상 우리 곁에서 우리에게 즐거움을 주고, 우리의 결속력을 다져주는 촉매제의 역할을 해 주세요'라는 의미를 담고 있기 때문이다.

조직의 결속력을 다져 주는 사회적 자본은 팀이 직면한 어려움을 극복하는 데도 큰 도움을 준다. 구성원 간의 유대감 덕분에 개인의 성공은 물론, 팀의 성공을 위해 팀원들이 더 헌신적으로 노력하기 때문이다. '내'가 아닌 '우리'라는 의식을 가지고 있기 때문에 뒤처진 팀원이 있으면 그를 끌어올리기 위해 노력하고, 곤경에 처한 팀원이 있으면 있는 힘을 다해 그를 도우려 한다. 왜냐하면 '우리는 원팀'이라는 의식이 강하기 때문이다. 이와 반대로 사회적 자본이 부족한 팀은 역경이 찾아왔을 때 무너지고 만다. 그들의 관계에 '접착제'가 없기 때문이다. 어차피 각자의 개인플레이에 의존한 채 조직이 움직여 왔기 때문에 내부 구성원 누군가가 역경에 처한다 한들 크게 관심이 없기 때문이다. '그건 너의 일이고, 나는 내 일만 하면 되니까 나를 귀찮게 하지 마!'와 같은 심리가 작용하고 있는 것일 수도 있다.

　　여론조사 기관인 갤럽Gallup이 얼마 전 '효율적인 조직이란 어떤 특징이 있는가?'라는 주제로 흥미로운 설문 조사를 진행했다. 〈친한 친구의 존재 여부가 조직 구성원에게 미치는 영향〉이라는 제목의 설문이었다. 발표에 따르면 구성원이 팀에 헌신하고 일에 몰두하는 정도는 직장 내에 친한 친구가 있다고 가정할 때 더욱 높은 것으로 나타났다. 직장에 절친한 친구가 있는 사람은 대부분 자신이 하는 일과 회사를 더 긍정적으로 생각한다는 것이다. 직장 내 절친한 친구가 있는 사람들의 답변은 다음과 같았다.

- 지난 7일간 업무에서 칭찬을 듣거나 인정을 받은 사람은 평균보다 43% 더 많았다.
- 기업의 사명使命 덕분에 자신이 하는 일이 더욱 중요하게 느껴진다고 응답한 사람이 27% 더 많았다.
- 조직에서 자신의 의견을 중요하게 여긴다고 생각하는 사람이 27% 더 많았다.
- 직장에서 매일 최선을 다할 기회가 주어진다고 생각하는 사람이 21% 더 많았다.

갤럽의 조사는 시사하는 바가 매우 크다. 직장 내 친한 친구의 존재 여부는 심리적으로 상당한 영향을 미친다는 것이다. 심리적 문제는 사회생활, 조직 생활에 매우 중요한 영향을 미친다. 똑같은 학교를 졸업하고, 똑같은 자격증을 가지고, 똑같은 업무 역량을 보유하고 있다 하더라도 심리적으로 느끼는 자신감의 비중에 따라 결과는 전혀 다르게 나타나기 때문이다. 2018년에 출간한 나의 전작 《그들은 무엇에 집중하는가》에 관련 에피소드를 소개하긴 했듯이, 나는 익히 조직 내 심리적 자신감이 개인의 경력 형성에 얼마나 중요한 영향을 미치는지를 이미 경험한 적이 있다.

직장 동료 중에 정말 괜찮은 친구가 하나 있었다. 정말 똑똑하고 성실하고 예절 바른 친구였는데, 이상하게도 우리 부서를 이끌던 부장 앞에만 서면 주눅이 들어 제대로 의사 표현을 하지 못하는 것이었다. 부장이 부임하고 얼마 안 있어 그 친구가 업무상 큰 실수를 한 적이 있었는데, 그 이후로 부장은 그 친구를 조금 부족한 친구, 일명 '고문관'이란 이름으로 낙인을 찍었다.

"너답지 않게 왜 그래?"라는 질문에, "신 선배, 나도 모르겠어요. 근데 이상하게도 부장님 앞에만 서면 처음에 저질렀던 실수가 생각이 나서 나도 모르게 주눅이 들고, 또 실수를 할까 봐 두려운 생각에 또 실수를 하게 되네요"라는 답이 돌아왔다.

그러던 친구가 부장이 바뀌자 완전히 새로운 사람으로 다시 태어났다. 새로운 부장이 부임하고 얼마 안 있어 어느 까다로운 고객에 대한 신규 프로젝트가 떨어졌는데, 그 업무를 그 친구가 맡았던 것이다. 그리고 그 친구는 원래 가지고 있던 실력으로 멋있게 일을 처리했고, 이를 계기로 부장은 이사로 승진했다. 새로 부임한 부장에게 그 친구는 '고문관'이 아닌 '영웅'이 된 것이다. 그때 그 친구가 한 말이다. "지금의 부장님이 부임하고 얼마 안 있어 아주 사소한 일로 저에게 칭찬을 해 주셨는데 그 일 이후로 자신감이 붙더라고요." 이 정도로 심리적 자신감은 조직 생활과 밀접한 관계를 가지고 있는 것이다.

탁월한 조직을 만드는 데는 여러 가지 요소가 있겠지만 성장하는 조직에서 무엇보다 앞서는 것이 있다면, 그들은 자신과 조직을 하나로 생각하는 '원팀' 의식이 매우 강하다는 점이다. 원팀을 만들기 위해 그들이 중요하게 생각하는 요소가 세 가지 있다.

첫째, 그들은 각자 가지고 있는 탁월한 능력보다도 모두와 조화를 이루는 것을 우선시한다. 아무리 똑똑한 팀원이라도 조화로움을 깨뜨리는 행위를 하는 친구는 조용히 조직에서 방출한다.

둘째, 그들은 팀이 목표를 달성하는 데 필요한 개인의 장점을 중요하게 여긴다. 단점이 없는 인간이 어디 있겠는가? 중요한 것은 무엇이 먼저 눈에 들어 오느냐의 문제인데, 그들은 항상 동료의 장점만을 생각하며 장점을 극대화하기 위해서 필요한 것이 무엇인지만을 생각한다.

셋째, 팀 문화에 잘 어울리고 팀을 발전시킬 수 있는 팀원을 뽑는다. 보통의 팀은 팀원을 뽑을 때 주로 과거의 경력이나 기술적인 측면만을 기준으로 한다. 하지만 원팀의 문화를 강조하는 조직은 경력보다는 자신들이 중요하게 생각하는 가치관이나 신념에 어느 정도 동조해 주느냐를 우선시한다.

이런 문화를 만드는 데는 친한 동료가 많으면 많을수록 큰 도움이 된다. 이런 이유 때문에 조직은 내부의 친밀감 형성을 위해 각별히 신경을 써야 하는 것이다. 친한 동료들의 도움으로 사회적 자본을 강화하고 원팀의 조직 문화를 만들어야 한다. 그리고 이런 모든 문화는 리더들이 앞장서서 만들어 주어야 한다.

5

동일한 행동 양식으로
움직여야 한다

주재원 관리의 현실적 어려움

인기 웹툰 〈이끼〉를 원작으로 한 영화 〈이끼〉는 전직 형사 출신인 천용덕이 지배하는 어느 작은 산골 마을에서 벌어지는 사건에 관한 이야기다. 바깥세상과 단절된 마을에서 이장 천용덕은 작은 왕국의 군주와 같은 생활을 하며 탈세, 탈법, 심지어 살인까지 저지르며 부를 축적해 간다. 그러던 어느 날, 마을에 외부인 해국(박해일 분)이 들어오면서 하나둘씩 진실의 문이 열리고, 결국 천용덕의 자살로 영화는 끝을 맺는다. 영화에서 이장 천용덕이 마을 사람들을 지배하고 다스리는 장면들이 꽤나 인상적으로 묘사된다. "가벼운 도둑은 겉을 훔치지만, 진짜 악마는 마음을 훔친다!"라는 천용덕의 대사처럼 그는 마을 주민들의 정신세계를 지배하며 그 누구의 간섭도 받지 않는, 자신의 왕국을 만들어 간다.

이장 천용덕이 처음부터 악마와 같은 생각을 가지고 마을을 지배한 건 아니다. 처음에는 세상에서 죄를 짓고 버림받은 이들을 위한 갱생 프로그램의 일환으로 마을을 만들어 그들과 생활했다. 하지만 바깥세상과 단절된 시골 마을에서 이장인 천용덕의 말과 행동은 따르지 않으면 안 되는 기준이 되고 규칙이 되어 간다. 그러면서 사람들은 그를 신적인 존재로 떠받들게 된다. 자신의 말과 행동이 법이 되고 진리가 되는 세상에서, 그는 작은 왕국의 왕으로 대접받게 된 것이다.

영화 〈이끼〉의 스토리를 가끔 현장에서 목격할 때가 있다. 같은 회사 사람이라 하더라도 분위기가 사뭇 다른 사람들이 있다. 이럴 때면 꼭 그곳의 책임자에게서 원인을 찾아볼 수가 있었다. 그들에게는 크게 두 가지 공통점이 있다. 첫 번째는 조직을 위해서 온몸을 던지는 강렬한 충성심의 소유자라는 것이다. 마치 영화 〈이끼〉의 주인공인 이장 천용덕에게서 풍겨져 나오는 그런 느낌, 마을의 평화를 위해서는 살인도 서슴지 않는 절대 제왕의 분위기를 풍기는 사람들이 많았다. 두 번째는 그런 사람들의 경우, 대개 오랜 기간 그곳의 책임자로 있는 경우가 많았다. 시간이 흐르면서 의도했든 의도하지 않았든, 그만의 작은 왕국을 만든 것이다.

그러나 규모가 크든 작든 간에 조직은 하나가 되어야 한다. 본사 중심의 경영 철학으로 단일 대오를 구축해야 한다. 독립된 공간에서 생활한다고 해서 본사의 경영 원칙이나 지시를 거스르는 행동을 모르는 척 그냥 내버려둬서는 안 된다는 말이다. 나는 '조직이란 무엇인가?'에 대한 질문을 받을 때면 항상 다음과 같이 답한다. "조직이란 공동의 목표를 가지고 같은 곳을 바라보며 같이 걸어가는 공동체 집단입니다." 즉 같은 목표를 실현하기 위해 같은 길을 걸어가는 사람들의 모임을 의미한다. 물론 걸어가는 길의 종류는 다를 수 있다. 누구는 경사가 완만한 오솔길을 선호할 수도 있고, 누구는 가파르지만 빨리 도달할 수 있는 지름길을 선호할 수도 있다. 그러나 목표 지점을 향해 걸어가는 사람들의 머릿속에 들어 있는 생각은 같아야 한다. 왜 저 목표점에 도달해야 하는지에 대한 목표 의식은 동일해야 한다는 것이다. 또한 그러한 목표를 실현하기 위해 요구되는 상위 수준의 행동 양식도 동일해야 한다. 조직 전체적으로는 투명 경영을 외치고 있는데 하부 조직에서는 비밀 경영을 유지하면 안 된다는 것이다. 아무리 멀리 떨어져 있다 해도 행동 양식은 모두 동일하게 적용되어야 한다.

그러나 물리적 거리는 행동 양식의 변이를 낳는 경우가 많다. 어느 중견 전자 기기 회사에서 있었던 일이다. 중국에 현지법인을 설립하며 의욕적으로 중국 비즈니스를 벌이던 이 회사에 갑자기 대형 사건이 발생했다. 현지 공장에서 근무하던 중국인 여직원이 스스로 목숨을 끊는 사건이 발생한 것이다. 다행히도 이 사건은 신변을 비관한 중국 직원의 단순 자살 사건으로 결론이 내려지면서 일단락되었다. 하지만 사건이 발생하고 현지 파견 직원 일부가 서울로 돌아오면서 그들의 입을 통해 현지 공장의 감춰진 진실이 드러나기 시작했다. 서울에 가족이 있는 한국인 주재원의 문란한 사생활이 현지 여직원의 죽음과 관련이 있다는 소문이 돌기 시작한 것이다.

테라전자(가명)가 중국에 공장을 설립하고 본격적으로 생산 활동을 시작한 건 2000년 중반으로 거슬러 올라간다. 높아져만 가는 국내 인건비 부담으로 생산 시설을 중국으로 옮긴 것이다. 공장이 가동되고 그곳에서 생산된 제품이 국내로 들어오면서 회사에 활기가 돌기 시작했다. 저렴한 인건비 덕분에 제품 판매 단가를 낮춰 경쟁사에 대한 가격 경쟁력을 갖게 된 것이다. 더불어 영업 사원들의 활동량도 늘었다. 이는 고객 증가로 이어졌고 매출 증대에도 큰 도움이 되었다. 성공 사례가 생기자 다른 제품의 생산 라인도 모두 중국으로 이전하기로 결정되었다. 그러면서 중국으로 떠나야 하는 한국인 관리자의 수도 증가하기 시작했다. 생산 기반을 옮긴다는 것은 단순히 기계의 이전만을 의미하지 않는다. 사람의 이전도 포함하고 있는 것이다.

하지만 중국으로의 부임을 흔쾌히 받아들이는 직원은 많지 않았다. 어느 기업이나 안고 있는 고민인데, 모두가 우리보다 잘 사는 나라로 부임하기를 희망하기 때문이다. 미주 지역이나 유럽 희망자는 많아도, 중국이나 동남아 지역으로 부임해 가기를 바라는 사람은 많지 않다. 지금은 중국의 많은 지역이 상당히 근대화된 덕분에 생활하는 데 불편함이 크지 않지만 당시만 해도 많은 부분에서 불편함을 감수해야만 했다. 이런 문제는 중국을 떠나 베트남으로 생산 기반을 옮기는 최근의 상황에서도 거의 비슷하게 나타난다. 요즘처럼 베트남으로의 진출이 러시를 이루고 있는 상황에서, 주재원 문제는 모든 한국 기업이 안고 있는 가장 큰 고민거리다. 공장을 움직이는 데 필요한 사람에 대한 고민과 걱정은 지역만 다를 뿐 여전한 과제로 남아 있는 것이다.

상황이 이렇다 보니 초기에 진출했던 주재원들은 돌아올 수 없게 되었다. 그들을 대신해서 국내의 다른 직원들을 투입해야 하는데 교체할 인력을 찾을 수가 없게 된 것이다. 내심 지원자를 기대했던 회사의 인력 정책에 제동이 걸렸다. 자발적으로 지원하는 사람도 없을 뿐만 아니라 심지어는 주재원 발령을 내려는 회사의 명령을 공개적으로 거부하는 사태도 발생했다. 회사는 심각한 고민에 빠졌다. 어느 정도 예상은 하고 있었지만 현장에 대한 거부감이 생각보다도 컸기 때문이다.

통상 주재원 임기는 3년 전후가 가장 많다. 짧으면 2년 길어야 4년 정도의 임기로 주재원을 선발하는 것이 일반적이다. 임기가 2~3년 정도인 기업의 경우 재임시키는 경우도 종종 있으나, 4년 정도의 임기에서 연임시키는 기업은 거의 없다. 따라서 어쩔 수 없는 상황에서도 6년을 넘지 않는다는 공식이 성립된다. 여기서 한 가지 궁금증이 생긴다. 현지 전문가가 된 주재원의 활용과 관련된 부분이다. 모처럼 현지 전문가로 육성된 주재원의 임기를 늘려서 더 큰 활약을 하게끔 유도하는 것이 기업에게는 더 큰 도움이 되지 않느냐는 것이다. 틀린 말은 아니지만 기업이 주재원의 임기를 최장 5~6년 내로 묶어 두는 데는 여러 가지 이유가 있다. 그중에서도 가장 큰 이유는 '공평한 기회 제공'과 '대체 인력의 부재'라는 현실적 이유가 크다.

첫 번째, '공평한 기회 제공'은 우리보다 잘사는 선진국이나 영미권 국가로 떠나는 주재원을 두고 하는 말이다. 누구나 원하기 때문에 기다리는 사람이 많다. 경쟁도 치열하다. 이런 상황이다 보니 조직은 특정 소수에게 기회를 계속해서 줄 수가 없는 것이다. 주재원의 임기를 연장한다는 것은 모두가 납득할 만한 분명한 이유와 명분이 있지 않는 한 불가능하다. 누구든 2~3년의 임기가 끝나면 본국으로 돌아가야 한다고 생각하고 있다. 한 가지 문제가 있다면, 돌아가야 하는 주재원과 돌아가지 않고 현지에 남으려고 하는 가족 사이에 적지 않은 문제가 발생한다는 것이다.

두 번째, '대체 인력의 부족'은 앞서 소개한 '공평한 기회 제공'과 달리, 주로 우리보다 못 사는 후진국이나 개발도상국으로 인력을 파견해야 하는 주재원 정책에서 발생한다. 후진국은 아무래도 인기도가 떨어지다 보니 현지 주재원으로 가기를 바라는 사람이 적을 수밖에 없고, 임기를 마치고 돌아오는 사람을 대신해서 현지 업무를 맡아 줄 후임자를 구하기도 쉽지 않다. 심각한 대체 인력의 부족 현상이 발생하는 것이다. 본인이야 선진국이든 후진국이든 회사가 명령하는 거라 어쩔 수 없이 받아들인다 해도 가족이 동의해 주지 않아 주재원 발령을 거부하는 경우도 많다. 그러다 보니 가족 없이 혼자서 떠나는 경우가 생긴다. 이는 불행의 씨앗이 될 수 있다.

　주재원의 임기와 관련하여 단기 정책을 고집하는 이유가 하나
더 있다. 혹시나 생길지 모르는 부정부패를 차단하기 위해서다. 선
진국이든 후진국이든 해외의 현지법인은 어찌 보면 독립된 작은
섬과도 같다. 아무리 본국에서 모든 상황을 통제하고 관리한다 하
더라도 현지에서 돌아가는 사정은 현지의 주재원이 제일 잘 알 수
밖에 없다. 따라서 오랜 기간 근무할 경우 주재원이 불량한 마음을
먹고 부정을 저지르거나 현지인들과 결탁하여 음모를 꾸미는 최악
의 상황이 발생할 수 있다. 또한 그런 상황이 발생하면 속수무책으
로 당할 수밖에 없고 본국에서 상황을 파악하는 데도 상당한 시간
이 걸린다. 이런 상황을 사전에 예방하기 위하여 오랜 기간 주재원
을 파견하는 것을 꺼리는 것이다. 아무리 깨끗한 물이라도 오랜 시
간 고여 있다 보면 썩을 수밖에 없다는 교훈을 참고하는 것이다.

공장장이 만든 작은 왕국

테라전자의 경우도 다르지 않았다. 2000년 초반의 중국, 그것도 북
경이나 상해와 같은 대도시가 아닌 지방의 작은 도시로 파견되는 것
을 내부에서 희망하는 사람들이 거의 없었다. 사업 초기에 건너간
선발대를 대체할 후임자 선정이 난항을 겪으면서 회사의 주재원 정
책에 빨간불이 들어왔다. 1차 선발대의 임기가 끝난 지 한참되었는
데도 후임자에 대한 말이 없자, 주재원들 사이에서 불만의 목소리

가 터져 나왔다. 회사에서도 뾰족한 방안이 없었다. 할 수 있는 말이라곤 "여러분이 모처럼 쌓은 전문성을 중간에 버리기에는 너무 아까워서 조금 더 활용하기로 했습니다"뿐이었다. 2년 임기가 4년이 되고, 다시 6년이 되고, 그리고 10년이 되어 가려는 시점에 사건·사고가 연속해서 발생한 것이다.

테라전자 중국 법인장(그곳에서는 '총경리'라는 호칭을 쓰고 있었다)인 박동엽(가명) 전무를 만나게 된 건 현지 직원의 자살 사건이 발생하고도 1년이라는 시간이 지난 후였다. 움직임이 심상치 않다는 본사 경영진의 판단으로 중국 법인에 대한 조직 진단을 의뢰해 온 것이다. 현지에 도착한 후, 나는 곧장 공장으로 달려가 그곳의 총경리인 박동엽 전무를 만났다. 그와의 첫 대면은 지금도 생생하게 기억난다. "먼 길 오시느라 수고 많으셨습니다. 본사에서 연락을 받고 기다리고 있었습니다. 조사해 보시면 아시겠지만 이곳은 아무런 문제가 없는 곳입니다"라는 말을 던지며 깊게 담배 연기를 내뿜는 그의 모습이 참으로 인상적이었다.

현장 조사 방식은 개별 인터뷰를 채택했다. 그곳에 파견 나와 있는 주재원들 중에서 직급, 성별, 체재 기간 등을 고려해 10명 정도를 인터뷰하기로 했다. 동시에 한국어를 할 수 있는 조선족도 여러 명 인터뷰했다. 다행히도 그곳에는 한국어를 할 수 있는 조선족 직원이 생각보다 많았다. 이유를 물어보니, 본사에서 지원하는 주재원이 극히 적다 보니 향후 그들의 역할을 대신할 목적으로 조선족을 적극적으로 채용했다는 것이다. 이런 일을 할 때면 항상 느끼는 것이 두 가지가 있다. 하나는 '비밀이 많은 조직일수록 내부인을 신뢰하지 않는다'는 것이고, 나머지 하나는 '세상에 비밀은 없다'는 것이다.

주재원들의 생각은 크게 두 가지로 나뉘었다. 본사에 대한 서운함, 그리고 현지 중국인 직원들에 대한 불신이었다.

"부모님도 편찮으시고, 아이들 교육도 걱정되고 해서 본국으로 돌아가고 싶다고 말한 지가 3년이 넘었는데도 아무런 회신이 없어요. 지금은 포기하고 있습니다."

"지난번 본사에서 성과급 잔치가 있었어요. 우리보다 두 배를 더 많이 받더라고요. 고생은 우리가 더 많이 하고 있는데. 당장 그만두겠다는 말이 목까지 차오르더라고요."

"여기 중국인들은 그냥 돈 받고 일만 하는 친구들이에요. 아무 생각도 없는 친구들입니다. 아무런 기대도 없습니다."

"이곳 주변에 우리와 같은 공장이 한두 개가 아닙니다. 아무리 정성 들여 관계를 다져 놓아도 1, 2천 원 더 준다고 하면 바로 떠나 버려요. 심지어는 아침에 정상적으로 일하다가 점심 먹고 그만두는 경우도 있어요."

"본사에서는 우리가 관리 능력이 떨어져서 직원 이직이 심하다고 합니다. 웃음만 나옵니다. 자기들이 직접 와서 한번 해 보라고 말하고 싶어요."

다음은 현지에서 채용된 조선족 직원들이 들려준 말이다.

"한국에서 온 주재원들은 자기들끼리만 놀아요. 밥을 먹는 것도 그렇고, 취미 생활도 그렇고, 우리는 절대 상대를 안 해줘요."

"우리를 너무 하찮게 대합니다. 뭔가 의견을 말할라치면 토 달지 말고 시키는 것만 잘하라고 합니다. 이곳에서 생각하는 건 금기예요."

"그전에도 주재원들 때문에 불미스러운 일이 몇 번 있었지요. 그럴 때마다 총경리는 무조건 한국인 주재원들 편만 드는 거예요. 총경리가 덮어 줘서 묻힌 사건도 엄청 많습니다."

내가 외부인이라는 이유가 크게 작용해서일까? 사람들은 비교적 진솔하게 속내를 이야기해 주었다. 그러면서 알려지지 않았던 많은 비밀을 알게 되었다. 그리고 문제의 본질이 무엇인지도 알게 되었다. 그러는 과정에서 어디서부터 어디까지 보고서에 담아야 할지 깊은 고민에 빠졌다. 그리고 마지막 날 총경리 박동엽 전무를 만났다.

"총경리 님은 모두의 사장이 아니라 주재원들의 사장이라고 말하더군요. 주재원들 일이라면 발 벗고 나서는데 일반 직원들 일에는 전혀 관심을 갖지 않는다는 말들을 많이 합니다."

"가급적 한국인 직원들 챙겨 주려고 노력한 것들이 자칫 그렇게 비춰질 수도 있었겠지요. 하지만 주재원들 위주의 회사 운영은 틀리지 않았다고 생각합니다. 저는 그들을 관리하고 그들은 현지 직원들을 관리하고, 이것이 바로 조직 관리의 원칙이지 않겠습니까.”

“하지만 총경리 님은 모두의 사장이지 않습니까? 국적을 떠나서 직원 하나하나 모두 총경리 님이 책임져야 할 사람들이지 않을까요?”

“이곳 주재원들은 불쌍한 친구들입니다. 본사에서는 너희들은 모두 현지 전문가이기 때문에 이곳에서는 없어서는 안 되는 소중한 존재라는 말을 합니다. 하지만 이곳에 있는 사람들은 그렇게 생각하지 않습니다. 모두 본인들을 이곳에 잡아 두려고 만든 달콤한 거짓말이라고 생각합니다. 그런 그들을 위해 발 벗고 나서는 게 잘못입니까?”

3박 4일의 출장이 끝나고 서울로 돌아왔다. 그곳에서 있었던 일들을 정리하고 보고서를 만드는 데 1주일이 주어졌다. 거기서 있었던 일들을 어떤 식으로 표현하느냐에 따라 파장이 크게 달라질 것 같았다. 심한 고민과 스트레스에 몸살을 앓고 있던 도중에 그곳의 총경리 박동엽 전무가 해고되었다는 소식이 들려왔다. 이유를 물어보니 “회삿돈을 몰래 빼돌려서 별도의 사업을 하고 있었답니다. 내부 직원의 투서로 발각이 되었고요. 형사 고발 대신 본인 확인 작업을 거쳐 해고 처리로 일단락하기로 했습니다”라는 전언이 들어왔다. 그리고 “거기 공장은 중국 업체에 매각하기로 결정했습니다. 인건비 부담이 계속 늘어나서요. 대신 베트남 이전을 검토 중에 있어요. 대표님 고생 많으셨는데 보고회는 없이 보고서만 받는 걸로 대신하겠습니다"라는 답변이 돌아왔다.

가까운 이웃과 멀리 사는 친척

정도의 차이는 있겠지만 이와 비슷한 상황에 직면한 기업이 적지가 않다. 그런 기업들이 갖고 있는 공통점이 하나 있는데, 한 사람이 너무 오랫동안 책임자로 있다는 점이다. 본사가 서울에 있는 경우 대체 인력을 구하는 것은 어렵지 않다. 구인 공고를 내면 좋은 스펙을 가진 훌륭한 인재들이 구름처럼 몰려든다. 그러나 지방 사업장은 상황이 정반대다. 아무리 인지도가 높은 회사라도 사람 구하기가 쉽지가 않다. 상황이 이렇다 보니 지방 사업장의 책임자를 바꾸는 일은 쉽지가 않다. 5년, 10년, 심지어 20년 동안 그곳의 책임자로 계속해서 근무하고 있는 사람도 있다. 중간 관리자도 마찬가지다. 처음에는 서울 본사에서 일일이 채용 시스템을 관리하지만 어느 시점부터는 지방 사업장이나 공장에서 자체적으로 인력을 구하도록 둔다. "현장에서 필요한 인력을 현장에서 채용하는 게 당연하지 않겠습니까?"라는 현장의 목소리가 일리가 있어 보이기 때문이다.

그러나 우리가 한 가지 간과하고 있는 것이 있다. 아무리 어렵더라도 조직은 지역별 격차가 없어야 한다. 같은 목적지를 향해서 같은 배에 탑승한 사람들이기 때문이다. 바라보는 방향도 같아야 할 뿐만 아니라 내부의 모든 정보도 공유되어야 한다. 그래야 위기가 닥쳤을 때 이겨 나갈 수가 있다. "멀리 가려면 같이 가라"라는 말처럼 구성원들의 의식과 생각의 깊이를 비슷한 수준으로 맞춰 주어야 한다. 그래야 멀리 갈 수 있다. 다음은 2019년 어느 기업에서 일하는 사람들을 상대로, '사업부별 조직 문화의 차이'에 대해 조사한 자료다.

200명 정도의 A 사업부와 100명 정도의 B 사업부는 서울에서 생활하는 사람들이다. 그러나 200명 정도의 C 사업부는 지방의 산업 단지에 위치해 있다. 일을 하면서 서울에 거주하는 A와 B 사업부에 대해서는 별다른 문화 차이를 느끼지 못했다. 반면, 지방에 따로 떨어져 있는 C 사업부는 일을 하는 내내 뭔가가 이상하다는 생각이 떠나지 않았다. 그래서 개인적인 시간을 들여 내부를 진단해 봤다.

"Q1. 우리 상사는 조직 내 위계질서와 권위가 무너지지 않도록 일을 진행하고 있습니까?", "Q10. 우리 조직은 아이디어나 개선 과제의 개발에 직원들의 참여를 독려하고 있습니까?"라는 질문에는 서울과 지방이라는 주거 위치에 대한 영향이 거의 없었다. 참고로 이 조직은 조직 내 위계질서나 직원들의 참여를 상당히 중요시 여기는 편이다. 데이터만 두고 본다면 조직이 강조하는 방침은 서울이든 지방이든 지역에 관계없이 잘 전파되어 있음을 알 수가 있다. 반면, 가장 큰 격차를 보여 주는 항목은 "Q3. 우리 상사는 팀의 화합이나 직원 복지를 중시한 긍정적 환경 만들기에 노력하고 있습니까?"라는 질문이었다.

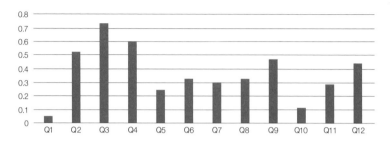

조직 문화에 대한 사업부별 응답의 차이

격차가 큰 그래프를 볼 때, 우리가 신경 써서 봐야 하는 대목이 있다. '전혀 아니다'와 '매우 그렇다'와 같은 극단적 목소리가 차지하는 비율이 어느 정도인가다. 이에 해당하는 이들은 생각이 확고해서 조직에 미치는 영향력이 상당하기 때문이다. 소극적으로 의견을 피력하는 일반적인 사람들과는 다르게 이들은 적극적으로 자신들의 의견을 내기 때문이다. 그래서 서울과 지방에 위치한 각 사업부의 답변을 자세히 살펴봤다.

서울에 위치한 A 사업부와 지방에 위치한 C 사업부의 초긍정과 초부정의 격차는 여러모로 신경을 쓰게 만드는 대목이다. C 사업부에서는 조직 내 긍정적 환경 만들기와 관련하여 '전혀 아니다'라는 초부정 의견이 A 사업부보다 2.5배가 더 많았고, 이에 비해 '매우 그렇다'와 같은 초긍정 의견은 A 사업부의 3분의 1밖에 되지 않았는데, 이는 경영진이 전혀 다른 회사들과 비교할 때나 나올 법한 결과이기 때문이다.

Q3. 우리 상사는 팀의 화합이나 직원 복지를 중시한 긍정적 환경 만들기에 노력하고 있습니까?

A와 B 사업부가 비슷한 결과를 내고 있기 때문에 C 사업부에 집중하여 이 문제를 풀어 보기로 했다. 분위기를 좀 더 정확히 파악하기 위하여 팀장과 팀원으로 나누어서 문항을 비교해 보기로 했다. 서울에 위치한 A와 B 사업부의 경우는 리더십 학습 개방에 대한 질문에서 관리자와 일반 직원 사이에 큰 차이를 발견하지 못했다. 모두가 비슷한 선상에서 학습과 성장의 노력을 하고 있다고 답했다. 그러나 산업 단지에 위치한 C 사업부에서는 관리자와 비관리자 사이에서 상당한 격차가 발견되었다. 표만 가지고 판단해 보면, 'Q3. 긍정 환경'에 대해 관리자들은 전혀 문제가 없다고 인식하고 있는 것이다. 'Q10. 직원 참여'에 있어서도 문제없다고 생각하는 팀장들에 비해 팀원들은 전혀 다른 생각을 하고 있는 것으로 나타났다. Q10은 서울의 A, B 사업부와 지방의 C 사업부 사이에 가장 격차가 없는 것으로 나타난 항목이다. 조직 전체적인 관점에서 드러나고 있는 서울과 지방의 차이는 어찌 보면 C 사업부 내 팀장과 팀원 간의 인식의 차이에서 비롯된 것일 수 있다. C 사업부는 팀장은 팀장끼리 팀원은 팀원끼리 서로 다른 생각을 하고

다른 곳을 바라보고 있는 모습을 하고 있는 것이다. 즉, 한 지붕 아래에 두 가족이 생활하고 있는 것이다.

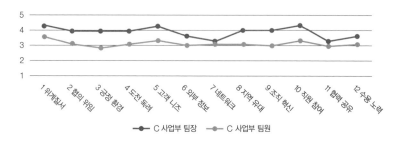

조직 문화에 관한 C 사업부 내 답변 비교

이런 문제가 생기면 제일 먼저 의심해 봐야 하는 것이 있다. 바로 조직장의 리더십이다. 리더가 어떤 성향이며 어떤 가치관을 가지고 있느냐에 따라 조직의 모습도 전혀 다른 색깔을 띠기 때문이다. 최고 책임자가 어떤 성향의 사람이며 어떤 가치관을 가지고 있느냐는 그곳에서 일하는 사람들의 행동반경을 결정해 주는 기준이 된다. 이런 관점에서, 그곳을 드나드는 동안 몇 번인가 이상한 느낌을 받은 적이 있다. 그중에서도 의아한 점이 두 가지 있었다. 첫 번째는 '식사'와 관련된 부분이고, 두 번째는 외부인을 대하는 '태도'와 관련된 부분이다.

고인 물은 썩기 마련이다

점심시간에 C 사업장을 방문한 적이 몇 번 있었다. 그곳의 구내식당은 정리 정돈이 정말 잘 되어 있었을 뿐만 아니라 식사의 질도 상당히 높았다. 내가 경험했던 구내식당들 중에서 상위권에 들 정도로 훌륭했다. 그래서일까? 일이 있어 방문할 때에는 항상 점심을 끼고 미팅을 했다. 오전에 미팅을 하고 점심을 먹든지, 조금 일찍 가서 점심을 먹고 오후 미팅을 하든지 하는 방식이었다. 이렇게 여러 번 점심의 기회를 가지면서 한 가지 이상한 점을 발견하게 되었다. 그곳의 간부들은 항상 자기들끼리 밥을 먹는 것이었다. 구내식당에서 목격할 수 있는 보통의 장면은 사장과 직원들, 간부와 직원들이 어우러져 웃고 떠들면서 밥을 먹는 모습이다. 이렇게 같이 밥을 먹으면서 우리는 같은 지붕 아래 같은 밥을 먹는 식구食口라는 생각을 자연스럽게 갖게 되는 것이다. 그래서 나는 "밥은 혼자 먹지 말아라. 동료와 같이 먹든지, 친해질 필요가 있다고 생각하는 사람들과 같이 먹어야 한다"라는 말을 항상 하고 다닌다.

그러나 어찌 된 영문인지 이 회사의 분위기는 이런 나의 기대와는 조금 달랐다. 서너 번 구내식당을 방문하면서 한 번도 공장장의 모습을 보지 못했다. 간부들도 마찬가지였다. 일반 직원들과 섞여서 밥을 먹는 장면 또한 단 한 번도 목격하지 못했다. 삼삼오오 자기들끼리 모여 앉아 밥을 먹는다. 심지어 혼자서 밥을 먹는 간부도 가끔 목격했다. 아주 오래전에 중국에서 경험한 테라전자의 이미지가 겹치면서 불길한 예감이 뇌리를 스치고 지나갔다. 그곳에서야 말이 잘 통하지 않아서 그랬다지만 이곳의 직원들은 동일한 문화와 생활양식을 공유하는 같은 한국인인데 왜 이런 현상이 발생하나 의구심이 들었다.

두 번째로 의아한 점은 외부인을 대하는 공장장의 '태도'였다. 조직에서 전체 직원을 대상으로 한 교육은 정말 중요한 과제 중 하나다. 내용도 중요하지만, 무엇보다도 전체 직원을 대상으로 한다는 것은 여간 신경 쓰이는 일이 아니기 때문이다. 특히 공장의 경우, 생산 현장에서 모두가 손을 놓아야 하는 상황이다 보니 생산 일정 문제부터 시작하여 혹시나 잘못된 메시지를 전달하면 어쩌나 걱정하지 않을 수가 없다. 그러다 보니 어느 공장이건 강연 전에 나를 면밀하게 인터뷰한다. 어떤 내용이고, 어떤 말을 할 것이고, 내가 어떤 사람인지에 대해 '정밀 조사'를 거친 후 현장 투입을 허가하는 것이다. 그런데 이 조직의 경우, 일하는 내내 한 번도 공장장의 얼굴을 본 적이 없다. 그저 나를 담당한 직원으로부터 전해 들은 이야기가 전부였다.

전해 들은 바에 따르면 이곳의 공장장은 부임해 온 지 10년 정도 되었으며, 집은 서울에 있으나 생활은 주로 이곳에서 한다고 했다. 주말에도 항상 공장에 출근해서 일을 보는 타입으로 성실하고 책임감이 남달라서 본사로부터의 신뢰감은 매우 높다고 한다. "같이 일하는 사람들의 평은 어떤가요?"라는 질문에는 "워낙 기준점이 높으셔서 팀장들이 많이 힘들어 해요"라는 조심스러운 답변이 돌아왔다. 경험에 따르면 이런 분들은 금욕적인 생활을 하면서 성과의 기준을 항상 높게 설정하고 있는 경우가 많았다. 주변으로부터 존경을 받기는 하지만, 관계가 편하지 않다 보니 항상 긴장하고 지내야 하는 힘든 생활을 감수해야만 한다.

이런저런 좋지 않은 예감으로 걱정이 되긴 했으나 나는 별다른 코멘트 없이 그 회사에 대한 업무를 종료했다. 공장이 걱정된다고 해서 단지 감感으로 주의를 당부하는 것도 과하다는 생각이 들었기 때문이다. 앞서 열거한 설문 결과들은 의뢰를 받고 분석한 것이 아니다. 본사와 지방 공장 사이에 어떤 문화 차이가 있는지를 알기 위해 지극히 개인적인 입장에서 조사해 본 것이다. 따라서 이것을 가지고 공식적으로 문서화해서 보고한다는 것도 맞지가 않았다. 그래서 설문을 잊고 지냈는데, 얼마 전 그곳에서 알게 된 직원을 통해서 놀라운 이야기를 하나 듣게 되었다. 간부의 폭언에 앙심을 품은 직원 하나가 공장에 불을 질러 공장이 한 달 동안 멈춰 서게 되었다는 것이다. 천문학적인 피해액도 문제지만, 회사의 대외 이미지가 크게 실추되는 바람에 받아 놓은 주문의 절반이 취소되었다는 것이다.

경영학 법칙 중에 '하인리히 법칙Heinrich's Law'이 있다. 대형 사고가 발생하기 전에는 그와 관련된 수많은 경미한 사고와 징후가 반드시 존재한다는 것을 밝힌 법칙이다. '1:30:300의 법칙'이라고도 불린다. 사고가 나서 중상자가 1명 나오면 그전에 같은 원인으로 발생한 경상자가 30명, 같은 원인으로 부상을 당할 뻔한 잠재적 부상자가 300명 있었다는 의미로, 산업재해 통계를 분석하여 제시된 법칙이다. 큰 사고는 우연히, 또는 어느 순간 갑작스럽게 발생하는 것이 아니라 그 이전에 반드시 경미한 사고들이 반복

되는 과정 속에서 발생한다는 사실이 데이터로 입증된 것이다.

오래전에 경험한 테라전자 중국 법인의 사건과 2019년에 있었던 어느 생산 공장의 화재 사건 사이에는 공통점이 하나 있다. 본사의 영향력이 잘 미치지 않았다는 점이다. 거기에는 오랜 시간 장기 집권을 이어가고 있는 '군주'가 있었고, 그를 둘러싼 간부들이 있었고, 그들과는 융화되지 못하고 겉도는 일반 직원들이 있었다. 그리고 이런 신호들이 발산하는 경고음을 무시한 본사 경영진의 안이한 태도가 결국 큰 화를 불러일으켰다는 생각이 든다. 상황이 어려워 순환 근무제를 도입할 수 없었다 하여도, 중앙 통제 시스템이 제대로 작동했더라면 일이 이렇게까지 커지지는 않았을 것이다. 보이지 않을수록 시스템에 의한 통제나 관리가 더 철저히 기능해야 한다는 경영의 기본 원칙을 간과한 책임이 크다고 생각한다.

굳이 하인리히 법칙을 인용하지 않더라도 "고인 물은 썩을 수밖에 없다"는 만고불변의 진리를 떠올리면 금방 알 수 있는 사실이었다. 영화 〈이끼〉에서 마을 이장 천영덕이 이런 말을 한다. "내 덕에 땅에 발 딛고 사는 주제에, 칼 들고 사람 죽이는 신神도 있나? 왜? 니는 신이 될라 캤나? 나는 인간이 될라 캤다. 나는 사람 목줄 이래 딱 쥐고 흔들 줄 안다 아이가!" 어느 조직이든 통제 없는 장기 집권은 경계할 필요가 있다. 조금이나마 내가 경험한 사태가 다시 발생하지 않기를 바라는 마음을 담아 무소불위의 권세로 부락을 지배한 마을 이장 천용덕의 대사를 인용해 보았다.

2 공정한 구조

인간의 잣대는 항상 이중적이다. 나는 내가 내는 실적보다 더 높게 인정받고 싶고, 나보다 떨어지는 동료는 나보다 더 낮은 대우를 받아야 한다고 생각하는 것이 당연한 심리다. 이런 기본적인 심리를 무시하고 모든 직원을 똑같이 평가하고 똑같이 대우한다면, 조직은 파국으로 치달아 대재앙으로 끝날 것이다.

미국 로체스터대학교University of Rochester 사회심리학과 교수인 에드워드 데시Edward L. Deci는 《마음의 작동법(Why We Do What We Do)》에서 이렇게 말했다. "보상을 주면서 또 하나 유의해야 할 점은 공정성이다. 사람들은 보상이 기여에 상응하기를 바란다. 즉 주변의 다른 사람들이 받는 것과 비교해 공정하기를 바란다. 조직에 큰 기여를 한 사람이 더 많이 보상받아야 공정하다. 그런데 자칫 잘못하면 보상은 더 많이 일하고 더 크게 기여하라는 통제적인 동기부여로 받아들여질 수도 있다. 보상을 줄 때는 동기부여 전략이 아니라는 것을 분명히 하고, 그저 업무 환경의 한 가지 요소로만 활용해야 공정성을 기할 수 있다. 그렇게 하면 보상의 부정적인 효과는 한결 줄어들 것이다."

6
마음의 작동법을
이해하자

죄수의 딜레마

경제 용어 중에 '죄수의 딜레마Prisoner's dilemma'라는 단어가 있다. 죄수의 딜레마란 두 사람의 협력적인 선택이 둘 모두에게 최선의 선택임에도 불구하고 자신의 이익만을 고려한 선택으로 인해 자신뿐만 아니라 상대방에게도 나쁜 결과를 야기하는 현상을 일컫는다. 1992년 프린스턴대학교Princeton University의 수학자 앨버트 터커Albert W. Tucker가 게임이론Theory of games을 설명하는 강연에서 이를 유죄 인정에 대해 협상을 벌이는 두 죄수의 상황에 적용하면서 세상에 널리 알려졌다. 터커가 말한 상황은 다음과 같다. "두 명의 조직원이 체포되었다. 이 범죄자들은 각각 독방에 수감되었다. 경찰로서는 두 명의 공범을 기소하기 위한 증거가 부족한 상황이다. 이러한 상황에서 경찰은 이들에게서 자백을 받아 범죄를 입증할 계획을 세우고 각 범죄자들을 대상으로 심문한다. 이때 경찰은 두 공범에게 동일한 제안을 한다. 다른 한 명의 공범에 대해 자백을 하면 자백한 그 사람은 석방하는 반면, 다른 공범은 징역 3년을 받게 된다는 것이다. 이는 상대편 공범이 자백할 경우에도 마찬가지다. 즉, 누구든 자백을 하면 자백을 한 그 사람은 석방되지만 상대편 공범은 3년의 징역을 받는다. 그러나 두 공범이 모두 자백하면 각각 징역 2년을 받으며, 둘 다 자백하지 않고 묵비권을 행사하면 각각 징역 6개월을 받게 된다. 당신이 만약 두 공범 중에 한 사람이라면 어떠한 선택을 할 것인가? 상대방이 당신을 배신하지 않고 또한 자백하지 않을 것이라는 강한 믿음을 가지고 있다면 당신은 묵비권을 행사할 가능성이 높다. 또한 상대편 공범도 당신을 믿고 당신과 동일한 선택을 한다면 서로에게 최선인 결과(즉, 징역 6개월)를 얻을 것이다.(한국심리학회 심리학 용어 사전 참조)"

죄수의 딜레마와 비슷한 상황을 얼마 전에 목격했다. 어느 작은 중소기업에서 있었던 일이다. 신년도 복리 후생 항목과 비용을 설정하는 과정에서 기존 부서 단위로 지급하던 회식 비용을 개인별 복지 카드에 넣어서 차등 지급하기로 결정하면서 문제가 불거졌다. 다음은 상담을 요청한 알파테크의 박문수 사장(가명)과 나눈 대화 내용을 요약해 본 것이다.

"저희는 그동안 직원 1인당 연간 50만 원의 회식비를 책정하고 있었습니다. 팀의 인원이 5명인 경우 연간 회식 비용은 250만 원, 10명인 경우 500만 원 내에서 저녁식사가 이루어진 셈이지요. 그동안 아무 문제없이 잘 지내 왔던 시스템인데 요즘 갑자기 저의 머리를 아프게 하는 문제로 급부상하고 있습니다."

"대부분의 회사가 다 그렇게 하고 있는데요. 무슨 문제가……?"

"1년 전에 어느 글로벌 기업에서 팀장 한 명이 스카우트되어 들어왔는데요, 자기 팀은 새로운 관점에서 회식비를 책정하고 싶다고 요청해서 들어준 적이 있습니다. 당시에는 별로 중요치 않다고 생각을 했지요."

"그런데요?"

"1인당 50만 원으로 책정된 회식비를 각자의 재량으로 돌린 겁니다. 부서 회식비로 쓰든, 쓰지 않든, 한정을 두지 않고 사용 용도를 각자에게 맡긴 거지요. 다른 부서는 부서장이 제출한 영수증을 가지고 후정산을 하는데, 이 부서는 1인당 50만 원을 급여에 포함해서 지불하고 부서 회식에서는 개인별로 각출해서 회식비를 지불하는 형태를 취한 거지요."

"그것 참 재밌네요. 마치 조삼모사朝三暮四와도 같은 조직 운영 방식이네요."

"그런데 체감온도가 달랐나 봅니다. 본인 호주머니에서 돈이 나가는 듯한 느낌이다 보니 모두 회식 참여를 꺼려하고요, 가끔은 저에게서 법인 카드를 가져가기도 하더군요. 방식만 다를 뿐 회식비는 지불하고 있는데 회식은 없는, 그런 팀 운영으로 변해 버리더군요. 다른 팀들도 그렇게 운영하게 해 달라고 요청이 오는데 제가 보기에는 영 아닌 것 같고……. 어떡하면 좋겠습니까?"

자초지종을 들은 후, 이 회사가 직원 각자에게 회식비를 지급하는 이유를 물어보았다. "당연히 부서 내의 친목을 강화하기 위한 것이지요. 비용 부담 없이 저녁식사하면서 서로 간에 마음에 담아 둔 이야기도 좀 하고 서로 간의 오해도 풀고하는 그런 자리를 만들라는 취지이지 않겠습니까?" 하는 답변이 돌아왔다. 이야기를 들어보니 문제의 원인은 간단했다. 회식비로 돈이 나온다고는 하나, 사람들은 그 돈을 회식비로 인식하지 않고 있는 것이다. 급여가 조금 늘어났다고 느끼거나 급여 외에 별도로 지급된 '사이드 머니' 정도로 인식하는 듯해 보였다.

조직 행동Organizational Behavior을 공부한 사람이라면 누구나 알 만한 상식과도 같은 이야기다. 같은 돈이라도 회사에서 직접 지불하는 돈은 회삿돈으로 인식되지만, 일단 그 돈이 내 호주머니를 거쳐 나가게 되면 내 돈으로 인식되는 현상이다. 그리고 또 하나, 회삿돈에 대한 값어치는 작게 인식되지만, 내가 지불하는 돈에 대한 값어치는 엄청 크게 인식되는 현상이 더해진다. 다음은 예전에 내가 일본계 조직 개발 컨설팅 기업의 최고 경영자로 있었을 때의 경험이다.

조삼모사

우리는 가끔 아르바이트생들을 불러 조직 심리와 관련한 여러 가지 실험을 하곤 했는데, 아주 오래전에 알파테크에서 있었던 일과 매우 유사한 실험을 한 적이 있다. 3일에 걸쳐 4명의 대학생을 불러 오전에 서류 작업을 맡기고 점심을 먹으러 간 적이 있었는데, 매일 점심 식대의 지불 방식을 다르게 해 보았다. 1일 차는 각자 원하는 것을 먹게 하고 각자 영수증을 가지고 오면 회사에서 정산해 주는 방식을 택했다. 2일 차는 각자에게 7,000원을 미리 지급한 후에 각자 계산하게 했고, 3일 차에는 회사가 나중에 계산할 테니 각자 알아서 먹고 싶은 것을 먹고 돌아오라는 지시를 내렸다. 당연히 이것이 일종의 실험이라는 사실은 말하지 않았다. 결과가 어떻게 나왔을 것 같은가? 우리 예상은 틀리지 않았다.

학생들이 1일 차에 쓴 평균 금액은 7,500원이었고, 2일 차에 쓴 평균 금액은 6,000원이었다. 그리고 3일 차에 쓴 평균 금액은 9,000원이었다. 본인의 호주머니에서 나간 돈이 가장 적었고, 회사 카드로 지불한 돈이 가장 높았다. 7,000원이라는 식대를 회사에서 지불하긴 했지만, 점심을 먹고 내는 돈은 회사에서 지불하는 돈이 아니라 본인 돈으로 지불하는 점심값이라는 생각이 작용한 듯해 보였다. 물론 회사에서 받은 돈과 식대로 지불할 돈의 차액에 대한 기대감도 있었을 것이다.

유사한 실험이 하나 더 있다. 다른 학생들을 대상으로 한 실험이었는데, 한번은 이런 일도 있었다. 우리는 아르바이트생을 모집

했고 10여 명의 학생들을 5명씩 나누어 A, B 그룹으로 지정했다. A 그룹에게는 시급 이외에 별도로 식대를 지불했고, B 그룹에게는 시급에 포함하여 식대를 지불했다. 물론 B 그룹의 멤버들에게는 약속한 시급 이외의 금액은 식대라고 말해 주었고, 이 돈으로 점심을 먹으라는 것도 충분히 설명을 해 두었다. 면접 심리와 관련된 연수 상품을 만드는 작업이었는데, 시간은 오전 3시간씩 10일간 참석해야 하는 작업이었다. 모든 일이 끝나고 아르바이트 환경과 관련된 설문 조사가 있었다. 아르바이트를 하면서 가장 만족스러웠던 것과 가장 불만족스러웠던 것을 물어보는 항목이 있었는데 B 그룹의 학생 중에 누군가가 가장 불만스러운 점으로 '식대 미지급'을 적은 것이다. 우리는 분명 시급에 식대를 포함해 지불하기 때문에 전체 금액이 약속한 알바 비용보다 더 많다고 공지했었다. 충분히 설명을 해 주었는데도 그 친구는 점심 값을 받지 않았다고 생각하고 있었던 것이다.

흥미로운 결과가 하나 더 있었는데 시급에 대한 만족도 부분이다. 아르바이트생들이 처음 출근하던 날, 우리는 A 그룹과 B 그룹에 시급에 대한 만족도를 물어보았다. 5년 전의 일이었는데, 1시간에 1만 원씩, 1일 3시간으로 10일간 30시간이 소요되는 작업에 개인별 지급 금액은 총 30만 원이었다. 여기에 1일 1만 원씩, 총 10만 원의 식대가 별도 지급되는 형태였다. 지급 방식은 매주 금요일에 지불하는 방식을 택했다. 정리하자면 A 그룹은 매주 금요일 15만 원의 급여와 함께 매일 1만 원의 식대를, B 그룹은 매주 금요일 급여와 식대를 포함하여 20만 원씩 받은 것이다. 참고로 학생들에게는 이런 사실을 말하지 않았다. 서로 간에 상대 비교를 하지 못하도록 하기 위함이었다. 흥미로운 사실은 A 그룹의 경우 1주 차와 2주 차의 급여에 대한 만족도에 변화가 없는데 반하여, B 그룹의 경우 상당한 변화가 있었다는 사실이다. 이를 도표로 표시하면 아래와 같다.

분류\모임	지불 방법		시급 만족도	
	아르바이트 비용	점심 식대	1주 차	2주 차
A 그룹	매주 금요일 15만 원	매주 1만 원	3.9	3.7
B 그룹	매주 금요일 15만 원	매주 금요일 5만 원	4.2	3.8

1주 차에서는 식대가 포함된 금액을 받은 B 그룹이 A 그룹보다 훨씬 만족도가 높게 나왔다. 예상했던 금액보다 더 많은 금액이 들어오자 기분이 좋았던 것이다. 물론 추가 금액이 식대라는 사실을 알고 있었음에도 기분이 좋았을 것이다. 하지만 이런 기분은 2주 차에 들어서자 급격히 떨어지기 시작했다. 식대가 포함되었다는 현실 인식이 충분히 이루어진 점도 있었겠지만, 무엇보다도 예상보다 높게 나온 금액이 당연하게 인지된 점이 컸던 것 같다. 또한 예상보다 높게 나온 금액에 대해 느낀 1주 차의 감흥이 사라진 점도 주요하게 작용했다. 감동은 사라지고 2주 차에 나오는 금액이 보통의 금액이라는 일반화 현상이 발생한 것이다. '급여 인상이 미치는 감동의 기간은 최대 3개월이다. 3개월이 지나면 인상된 금액

은 당연시되고 추가적인 인상을 원하게 된다'라는 조직 심리의 통속적 설명과도 연관성이 있는 대목이다.

다시 알파테크 이야기로 돌아가 '죄수의 딜레마'를 떠올려서 생각해 보자. 모두가 공익의 관점에서 생각한다면 최선이겠지만, 누구는 사적인 이득이 우선이고 누구는 공적인 이득이 우선이라면 문제가 발생한다. 공적인 이득을 우선시하는 사람이 가장 큰 피해를 입게 된다. 그러다 보니, 무엇이 선善인지를 알면서도 내가 손해 보는 상황을 피하기 위해 공적인 이득보다는 사적인 이득에 눈을 더 둘 수밖에 없는 현상이 발생한다. 설령 실제로 손해 보는 것이 아니라 할지라도 손해 본다고 느끼는 감정은 똑같다. 남이 이득을 보는 것은 상대적으로 나의 손실로 인식되는 현상이 발생하는 것이다.

이런 현상은 조직이 달성한 성과를 분배하는 과정에서도 그대로 드러난다. 어느 조직이든 구성원들을 상대로 "우리 조직이 달성한 업적과 성과에 대해 어떻게 분배하면 좋겠습니까?" 하고 물으면, '공평한 분배'라는 단어가 가장 많이 나온다. 이런 설문 결과를 토대로 조직은 급여 인상에 있어서 '동일 직급 동일 금액'이라는 규칙을 적용한다. 동일한 연차일 경우, 업적 기여도와 무관하게 동일한 급여 인상을 적용하는 것이다. 인센티브도 마찬가지다. 인센티브로 지불하고 싶은 금액을 직급과 근속 연차에 맞추어 동일하게 배분하는 것이다. 물론 물건을 직접적으로 판매하는 영업직의 경우는 매출 금액에 따라 인센티브의 적용 범위가 다를 수 있다. 하지만 대부분의 부서는 '한 조각의 콩이라도 나누어서 먹는다'는 경영 원칙에 따라 공평하게 배분하는 방식을 취한다. 하지만 이런 시스템은 '공평하다'고는 말할 수 있어도 '공정하다'고는 말하기 어렵다.

공정하지 않다는 사실을 모두가 알면서도 적지 않은 기업이 이런 공평 시스템을 고집하는 이유가 있다. 직원들의 목소리를 잘못 받아들이고 있기 때문이다. 아니, 엄밀히 말하면 듣고 싶은 대로 듣고, 해석하고 싶은 대로 해석하는 경영진의 오판 때문이다.

"콩 하나도 나눠 먹자"는 말의 숨은 의미

많은 회사가 '우리는 가족'이라는 개념을 회사에 적용하고 싶어 한다. 다시 말해, 한 지붕에서 생활하는 식구는 같이 배부르고 같이 배고파야 한다는 이념을 경영의 현장에도 적용하고 싶어한다. 그들은 "콩 하나라도 공평하게 나누어 먹어야 한다"고 주장한다. '공평한 분배'를 근거로 "우리 직원들은 가족 같은 회사를 원한다"라고 말한다. 그런데 직원들이 정말 이런 회사를 원하고 있는 것일까? 아니다. 직원들은 공정한 회사를 원하는 것이지, 결코 공평한 회사를 원하는 것은 아니다.

어느 회사에서 있었던 일이다. 실적 발표가 끝나고 직급과 근속 연차에 따라 모두에게 공평한 인센티브가 지급되었다. 그런데 1주일 후, 기획 팀의 에이스로 불리던 김 대리가 돌연 사표를 제출했다. 나름 화기애애한 부서 분위기에 항상 기분 좋게 조직 생활을 즐기던 기획 팀의 팀장에겐 마른 하늘의 날벼락과도 같은 폭탄선언이었다. 김 대리는 경영진도 눈여겨볼 정도로 예의 바르고 성실했으며 결과물도 가장 훌륭하게 제출하는 조직의 에이스로 통했기 때문이다. 기획 팀장은 그런 기대주가 갑자기 회사를 그만두겠다고 사표를 제출했으니 위에서도 난리가 날 것이고, 그 불똥이 자신에게 튈 것이라고 생각했다. 부서 내의 일도 일이지만 경영진의 추궁이 더 겁이 났다.

팀장은 부랴부랴 김 대리를 불러 퇴사 이유를 물어보았다. 돌아온 김 대리의 답변은 평범했다. "오래전부터 하고 싶었던 일이 있어서 친구와 함께 그 일을 시작하기로 했습니다. 더 늦기 전에 시작해 보려고 합니다. 회사에 대한 불만은 전혀 없습니다"가 전부였다. 기획 팀장은 그대로 보고서를 만들어 상부에 보고했다. 그런데 인사 팀장이 우연히 이 보고서를 보게 되었다. 인사 팀장은 이상한 생각이 들었다. 새로운 사업 때문에 퇴사한다는 이유가 별로 와닿지 않았기 때문이었다. 새로운 사업을 위한 퇴사라면 보통은 봄·가을에 많이 이루어진다는 점을 알고 있었기 때문이다. 평가보상이 끝나고 새로운 회계연도가 시작되는 시기에 퇴사하는 경우 대부분은 고과 결과 때문이라는 사실을 그는 다년간의 경험을 통해 터득하고 있었다. 인사 팀장은 조용히 김 대리를 불러 왜 회사를 떠나려 하는지를 물어보았다. 공적인 인터뷰가 아닌 사적인 인터뷰임을 강조하면서 말이다.

숙이 몇 잔 들어가고 둘만의 솔직한 분위기가 무르익자 김 대리가 드디어 마음을 열기 시작했다. "저는 정말 열심히 일했습니다. 때로는 주말에도 출근해서 새로 계획하고 있는 신규 사업이 차질없이 진행될 수 있도록 지난 몇 년간 정신없이 일했습니다. 뭔가 미심쩍다 싶으면 현장에 내려가기도 하고, 주변을 둘러보고 새벽에 올라오는 일도 한두 번이 아니었지요. 딱히 칭찬받으려고 그렇게 일한 것은 아닙니다만, 그래도 열심히 일하는 제 모습을 위에서는 충분히 알아주고 있을 거라고 생각했습니다. 하지만 지난 수년간의 인사를 겪고 솔직히 좌절했습니다. 자기 취미 생활을 즐기느라 6시 퇴근 시간만 기다리는 우리 부서 모 씨와 저는 아무런 차별이 없습니다. 이번에도 똑같이 취급을 받았고 앞으로도 그럴 것입니다. 이제 더 이상 참을 수가 없습니다. 일한 만큼 인정받는 곳에서 새롭게 시작해 볼 생각입니다."

'모두가 공평하게 대우받는 회사를 원한다'는 직원들의 목소리를 있는 그대로 받아들여서는 안 된다. 인간의 잣대는 항상 이중적이다. 나는 내가 내는 실적보다 더 높게 인정을 받고 싶고, 나보다 떨어지는 동료는 나보다 더 낮은 대우를 받아야 한다고 생각하는 것이 당연한 심리다. 이런 기본적인 심리를 무시하고 모든 직원을 똑같이 평가하고 똑같은 대우한다면, 그 조직은 파국으로 치달아 대재앙으로 끝날 것이다.

2015년 잡코리아와 공동으로 진행한 '저성과자 관리 체계 방안'이라는 주제로 설문 조사를 실시한 적이 있다. 실적에 상관없이 모두가 공평하게 대우받는 회사를 원한다면 다음과 같은 설문 결과가 나올 수가 없다. 3분의 2(68.4%)에 해당하는 직장인들은 '저성과자를 별도로 관리 운영해야 한다'고 응답한 것이다. 이에 비해, 저성과자 제도의 운용이나 관리에 반대하고 있는 사람들은 불과 10명 중에 1명도(8.1%)도 되지 않았다. 설문 조사에서 드러난 직장인들의 심리를 보면 현장에서 무엇을 원하는지를 어렴풋이 짐작할 수 있다. 조직의 성장과 발전에 방해가 되는 무능력한 동료와 똑같은 대우를 받으며 생활할 수는 없다는 메시지가 느껴진다. 이런 목소리는 실적이 좋은 기업에서 더 강하게 들려온다.

동기부여를 부르는 것들

동기부여는 마음의 작동법과 밀접한 관련이 있다. 시키지 않아도 뭔가를 하고 싶다는 자발성을 불러일으키는 마음의 작동법은 고난위도 과제다. 이에 비해, 앞서 소개한 공정과 합리는 인사에서는 '위생 영역'이라고 부른다. 동기부여가 되지는 못하지만 충족되지 않을 때 사람들의 불만을 불러일으키는 요소가 되기 때문이다. 환경적 영역에 문제가 생길 때 건강에 문제가 생기는 상황을 가정하면 이해가 편하다.

금전적 요소는 아주 짧게는 동기부여를 불러일으킬 수 있을지는 몰라도 장기적으로는 그렇지 못하다. 앞에 소개한 아르바이트생들을 대상으로 한 실험을 떠올리면 쉽게 이해가 될 것이다. 급여나 인센티브의 인상은 처음에는 열광적인 환영을 받겠지만 시간이 지나면 당연한 것으로 받아들여진다(그렇다고 세월이 흐르는데도 아무런 변동이 없다면 불만이 불거질 것이다). 내부가 아니라 외부와의 비교 때문에 의욕이 저하되기 때문이다. 인간은 상대적이기 때문에 동료나 다른 회사에 비해 내가 너무 낮은 수준의 대우를 받고 있다고 생각되는 순간 불만이 발생한다.

장기적으로 의욕을 불러일으키는 요소로는 칭찬이 가장 효과가 크다고 알려져 있다. "칭찬은 고래도 춤추게 한다"는 말이 있다. 심지어 "칭찬은 죽어 있는 사람도 벌떡 일으켜 세운다"는 말까지 나돌 정도로 칭찬은 정말 동기부여에 최고의 수단임에 틀림이 없다. 그러나 모든 칭찬이 전부 효과가 있는 것은 아니다. 때와 장소 그리고 사람에 따라 효과의 정도나 영향도는 크게 다르다. 공부하는 학생은 아무래도 부모보다는 선생님의 칭찬이 더 효과가 있을 것이며, 직장인은 부서 내의 상사나 경영진의 칭찬이 제일 효과가 클 것이다. 그렇다면 식당이나 고객을 상대하는 서비스의 현장에서 일하는 사람들은 어떨까? 다음은 '일에 의미를 부여하는 요소'라는 주제로 직장인들을 대상으로 실시한 설문 결과다.

조사 대상: 직장인 278명

조사 기간: 2018년 11월~12월

조사 방법: 강연이나 연수 현장에서의 종이 설문 조사

조사 내용: 일과 회사에 대한 자부심에 영향을 미치는 요소들은 무엇인가?

분류	상사의 인정	동료의 칭찬	고객의 감사	보수·급여	가족의 지지	총합계
영업	30.0%	20.0%	20.0%	30.0%	0.0%	100.0%
서비스	11.1%	33.3%	44.4%	11.1%	0.0%	100.0%
사무	39.1%	17.4%	17.4%	21.7%	4.3%	100.0%
기술	18.4%	18.4%	42.1%	13.2%	7.9%	100.0%
기타	42.9%	14.3%	42.9%	0.0%	0.0%	100.0%
총합계	26.4%	19.5%	33.3%	16.1%	4.6%	100.0%

직종별로 일에 대한 의미 부여에 가장 크게 영향을 미치는 요소 1순위는 직종에 따라 영업직은 '급여와 상사의 인정', 서비스직은 '고객의 감사', 사무직은 '상사의 인정', 기술직도 '고객의 감사'로 나타났다. 처음 예상했던 범위에서 크게 벗어나지는 않았다. 각 요소의 비중이 전체적으로 직종에 따라 상당한 차이를 보였다. 구체적으로, 영업직에서는 상사의 인정과 보수·급여가 절대적인 비중을 차지하고 있었으며, 서비스직에서는 고객의 감사와 동료들의 칭찬이 그들을 움직이는 동기부여의 1순위를 담당하고 있었다. 그리고 사무직에서는 상사의 인정과 보수 금액이 상당한 영향을 미치고 있었으며, 기술직의 경우는 고객의 감사 표시가 압도적인 비중을 차지하고 있었다.

보수·급여의 답변 비율을 볼 때, 영업직의 경우 일에 보람을 느끼게 하기 위해 가급적 인센티브를 가져가게 하는 것이 좋다. 반대로 서비스직의 경우는 인센티브가 전혀 기능하지 못하고 있다는 점이 흥미로웠다. 대신에 서비스직은 동료들끼리 격려하고 칭찬해 주는 협업의 조직 문화 구축에 신경을 써야 한다는 점이 밝혀졌다. 고객 서비스에 신경써야 하는 사람들에게 '고객의 반응에 따라 얼마의 보상을 더 해 주겠다'라는 말은 중장기적 관점에서 봤을 때 전혀 도움이 되지 않는다는 사실을 말해 주고 있다. 오히려 고객의 칭찬에 동료들이 더 기뻐하고 서로를 격려하는 조직 문화를 만들어 주는 것이 훨씬 더 효과가 크다는 점을 확인할 수 있다.

어느 식당에서 경험한 놀라운 사건

'고객 접점에서 일하는 사람들에게 가장 효과적인 동기부여 요소는 고객의 칭찬이다'라는 설문 결과를 보면서, 그것이 정말인지 확인해 보고 싶은 호기심이 생겼다. 다행히도 특별한 실험 상황을 구성하지 않아도 우리 주변에는 이를 검증할 수 있는 실험 장소가 여기저기 널려 있다. 바로 식당이다. 수많은 고객 서비스가 이루어지는 식당은 고객의 칭찬이 정말 효과를 발휘하는지를 확인할 수 있는 최적의 장소다. 다행히 나는 사장과 개인적 친분이 있는 식당을 여러 곳 알고 있다. 많은 식당 중에서 전국적으로 꽤나 이름이 알려진 '×발탄'이라는 곱창구이 전문점을 선택해서 작은 실험 하나를 진행하기로 했다. 세 곳의 점포를 선택해서 A 점포에는 고객들의 칭찬 메시지를, B 점포에는 점장의 칭찬 멘트를, C 점포에는 작은 금전적 보상을 준 후에 일에 대한 점포 직원들의 일에 대한 의욕 지수를 조사해 보기로 했다.

상황은 다음과 같이 설정했다. A 점포의 경우, 식사를 하고 나가는 손님들에게 서비스를 담당했던 직원의 명함을 건네고 거기에 간단한 감사의 글을 적게 했다. 우리가 신경쓴 부분은 내용이 너무 상투적인 말로 구성되지 않도록 하는 것이었다. 일명 '영혼이 있는 감사의 편지'가 되도록 특별히 신경을 써서 감사의 글을 작성케 했다. 우리는 이렇게 작성된 편지를 해당 직원들에게 1주일에 한 번씩 배포했고 어떤 느낌인지를 청취해서 기록으로 남겼다. 흥미로운 사실은 일하시는 분들 대부분이 40~50대 여성이었는데, 편지를 읽는 내내 감동스러운 표정을 지었다는 사실이었다. 어떤 분은 눈가에 눈물을 보이기도 했다.

B 점포는 해당 점포의 책임자인 점장이 수시로 직원들에게 칭찬의 말을 전하도록 지시를 내렸다. 단, 모든 직원이 있는 공개적인 장소에서가 아니라 각자 따로 불러서 개인적으로 칭찬하고 격려하게끔 당부했다. 반드시 전체 직원에게 개별적인 칭찬의 멘트를 하도록 신신당부를 했다. 재미있는 에피소드가 하나 있었는데, B 점포 점장의 질문이었다. "기대에 부응하는 직원이 많지 않습니다. 맘에 들지 않아도 칭찬을 해야 된다는 겁니까?"였다. 충분히 공감이 가는 질문이었다. 일하는 직원 모두가 기대치에 부응한다고 생각하는 간부는 지구상 어디에도 없을 것이다. 그런데 여기서 사람들이 오해하는 부분이 하나 있다. 기대치에 차는 사람들이 없는 이유에 대해 사람들은 흔히 성실한 직원이 많지 않기 때문이라고 말한다. 그러나 내 생각은 다르다. 조직 장의 기대치가 사람에 따라 다르기 때문이라고 생각한다. '기대치를 어디에 두느냐'에 따라 맘에 드는 직원이 10%일 수도 있고 90%일 수도 있다. 10과 90

인 이유는 0과 100은 없기 때문이다.

C 점포는 4주 동안 매주 월요일, 점포에서 일하시는 분들께 특별한 보상을 하기로 했다. 매주 영업이익이 작년의 같은 기간에 발생한 1주일의 평균 영업이익을 넘을 경우, 넘는 금액의 30%를 인센티브로 지급하기로 한 것이다. 물론 비용은 우리가 부담하기로 했다. 처음에는 금전적 부담 때문에 조금 걱정하긴 했지만, 예상했던 대로 그렇게 큰 금액이 발생하진 않았다. 걱정하지 않았던 이유는 단지 금전적인 보상만 가지고는 지속적으로 영업이익을 낼 수 없다는 사실을 알고 있었기 때문이다. 계획한 시나리오대로 최초 1주 차의 영업이익은 1년 전과 비교하여 30% 이상 높게 나왔다. 하지만 2주 차에 들어서면서부터 매주 10%씩 떨어지기 시작하더니 4주 차에 가서는 평년과 거의 동일한 수준의 영업이익을 내기 시작했다. 여기에는 두 가지 이유가 있었다. 첫째는 돈이 지속적인 동기부여의 요인이 되지 못했다는 점이었고, 둘째는 차등 없이 지급되는 금전적 혜택이 오히려 열심히 일하는 직원들에게는 의욕 감퇴의 요인이 되었다는 것이었다.

우리는 한 달 동안 어떤 결과가 나올지 흥미진진하게 지켜보았다. 한 달이 지난 후, 우리는 점포 직원을 대상으로 다음 세 개의 질문을 던져 보았고 그 결과는 다음와 같이 나왔다.

Q1. 귀하는 귀하가 일하고 있는 점포에 대해 어느 정도의 애정을 가지고 있습니까?(5점 만점)

결과: A 점포 4.1   B 점포 3.7   C 점포 3.2

Q2. 귀하는 같이 일하는 동료에 대해 느끼는 믿음과 신뢰는 어느 정도입니까?

결과: A 점포 4.3   B 점포 3.7   C 점포 3.5

Q3. 귀하가 귀하의 일에 대해 느끼는 자부심이나 의욕은 어느 정도입니까?

결과: A 점포 4.0   B 점포 3.4   C 점포 2.9

결과를 보면서 내가 특별히 주목했던 점은 수치의 차이는 조금 있긴 하지만 모든 항목에서 'A 점포〉B 점포〉C 점포' 순으로 순위가 결정되었다는 사실이다. 언뜻 보기에는 비슷한 질문으로 보일 수도 있으나, 사실 세 개의 질문은 알고자 하는 요소가 전혀 다르다. Q1은 근무 환경, Q2는 조직 신뢰, Q3은 직무 만족을 물어보는 것으로서, 무조건 같은 순위로 나오는 것은 절대 아니다. 하지만 여기서는 동일한 순서로 순위가 매겨졌다. 결론적으로 고객 접점의 최전선에 있는 서비스직의 사람들에게 있어서, 고객의 칭찬은 일에 대해 느끼는 자부심이나 의욕 말고도 다른 요소에까지 영향을 미친다는 사실을 알 수 있었다. 한마디로 후광효과가 작용하고 있음을 암시하고 있는 것이다.

실험 결과를 공유한 후, 실험에 참여한 직원들과 같이 저녁식사를 하기 위해 회사 근처의 식당에 갔다. 직원 중에 누군가가 실험 결과를 상기시키며 "방금 테이블 정리한 직원분께 칭찬의 멘트 어때요? 혹시 알아요? 서비스로 음료수라도 주실지 모르잖아요"라고 했다. 그러자 다른 사람들도 "그래요! 돈 드는 것도 아닌데 한번 해 봅시다" 하고 동조해 즉시 실행에 옮겼다. 무리 중에 가장 막내인 직원이 "아주머니는 상당히 베테랑이신 것 같아요. 이렇게 많은 사람이 주문하는데도 정확히 외우시고 전혀 실수가 없으시네요. 심지어 미소까지도 예쁘시니 손님들한테 인기도 엄청 많을 것 같아요"라는 말로 분위기를 한껏 띄우고, 우리는 옆에서 맞장구를 쳤다. 결과는 어땠을 것 같은가? 콜라 두 병이 서비스로 나왔다.

금전적 보상은 동기부여에 별 도움이 되지 않는 것이지, 동기부여와 무관한 것은 아니다. 어느 정도까지는 분명히 효과가 있음을 말해 두고 싶다. 하지만 보상과 통제를 통해 동기부여를 실현하려면 두 가지 사실을 먼저 인지하고 있어야 한다. 첫째, 통제의 수단으로 일단 보상을 사용하기 시작했다면 쉽사리 이전 상태로 돌아가서는 안 된다는 점이다. 금전적 보상을 얻기 위한 수단으로 자리 잡은 행동은 보상을 주는 동안에만 지속된다는 사실을 잊지 말아야 한다. 둘째, 보상에 집중하게 된 사람들은 보상을 더 빨리, 더 쉽게 얻을 방법만을 찾는다는 점이다. 그러나 그 빠르고 쉬운 길은 대부분 신뢰와 믿음을 저버리는 경우가 많다. 내면에서 울리는 양심의 목소리를 외면하고 뒤통수를 쳐서 고객의 호주머니를 노리는 행동으로 끝나는 경우가 대부분이다.

다음은 미국 로체스터대학교 사회심리학과 에드워드 데시 교수의 《마음의 작동법》에서 발췌한 글이다. 내적 동기부여의 메커

니즘을 이해하는 데 큰 도움이 될 것 같아 소개해 본다.

연구 결과를 보면 성과급 방식의 효율성에는 어쩐지 의심쩍은 구석이 있다. 분명 동기부여 효과가 조금은 있겠지만, 시간이 흐를수록 사람들은 정석보다는 지름길을 찾게 되고, 그러다 보면 내면의 동기도 훼손되고 만다. 일 자체보다는 일의 결과로 얻는 보상에만 눈을 돌리게 되고, 이는 필연적으로 창의성이라곤 찾아볼 수 없는 비효율적인 문제 해결로 이어진다. 하지만 기업이 도전적인 상황에 직면했을 때 문제 해결에 필요한 것은 깊은 성찰과 긴 안목이라는 점을 알아야 한다. 보상을 주면서 또 하나 유의해야 할 점은 공정성이다. 사람들은 기여도에 보상이 상응하기를 바란다. 즉 주변의 다른 사람들이 받는 것과 비교해 공정하기를 바란다. 조직에 큰 기여를 한 사람이 더 많이 보상받아야 공정하다. 그런데 자칫 잘못하면 보상은 더 많이 일하고 더 크게 기여하라는 통제적인 동기부여로 받아들여질 수도 있다. 보상을 줄 때는 동기부여 전략이 아니라는 것을 분명히 하고, 그저 업무 환경의 한 가지 요소로만 활용해야 공정성을 기할 수 있다. 그렇게 하면 보상의 부정적인 효과는 한결 줄어들 것이다."

사람에 대한 이해에 큰 도움이 되는 문장이다.

7

인사人事가 실적에 미치는
영향을 따져 본다

트롤리 딜레마

딜레마에 빠졌을 때 인간은 어떤 기준으로 판단을 내리는지를 소
개한 유명한 실험이 있다. 트롤리 딜레마Trolley dilemma라는 두 가
지 심리 실험이다. 첫 번째는 영국의 윤리철학자인 필리파 푸트
Philippa R. Foot가 고안한 실험이다. 브레이크가 고장 난 트롤리 기
차가 달리고 있다. 레일 위에는 5명의 인부가 일을 하고 있는데,
트롤리가 이대로 달린다면 5명은 반드시 죽게 될 것이다. 한 가지
방법은 레일 변환기로 트롤리의 방향을 바꾸는 것뿐이다. 그런데
다른 레일 위에는 1명의 인부가 있다. 당신은 트롤리의 방향을 바
꿀 것인가?

　두 번째 실험은 미국의 도덕철학자인 주디스 톰슨Judith J. Thomson

이 앞의 실험에 조건을 추가하여 고안한 것이다. 당신은 육교 위에서 트롤리가 달리는 모습을 지켜보고 있다. 브레이크가 고장 난 트롤리는 5명의 인부를 향해 달리고 있다. 무거운 것을 떨어뜨려 트롤리를 멈춰야 하는데 육교에는 뚱뚱한 사람 한 명이 있을 뿐이다. 당신은 몸무게가 적어 육교에서 떨어져도 트롤리를 멈출 수 없고 뚱뚱한 사람을 떠밀 경우 확실히 트롤리를 멈출 수 있다. 그렇다면 뚱뚱한 사람을 육교 아래로 떨어뜨려야 하는가?

첫 번째 실험의 경우는 응답자의 89%가 "방향을 바꾸어야 한다"라고 응답했다고 한다. 두 번째 실험의 경우는 응답자들의 78%가 "뚱뚱한 사람을 육교 아래로 밀어서는 안 된다"라고 응답했다고 한다. 두 가지 트롤리 문제는 모두 '소수를 희생해서 다수를 구할 것인가?'를 묻는 것처럼 보인다. 하지만 응답자들은 두 가지 문제에 대해 서로 다른 판단을 내렸다. 언뜻 비슷해 보이는 문제에 왜 많은 응답자는 다르게 반응하는 것일까? 이유는 간단하다. 첫 번째 트롤리 문제에서는 5명의 인부를 죽게 내버려 두지 않는 것에 초점이 맞춰져 있다. 하지만 두 번째 트롤리 문제에서는 1명의 뚱뚱한 사람을 죽이는 것에 초점이 맞춰져 있기 때문이다.

왜 트롤리 딜레마가 생기는지에 관한 명확한 이유는 없다. 다만 두 딜레마 상황에서 활성화된 뇌 부위가 상이하다는 점에서 큰 시사점을 얻을 수 있다. 트롤리의 실험에서는 뇌의 이성적 판단을 담당하는 신경계가 활성화되는 것이 눈에 띄었고, 육교의 실험에서는 뇌의 정서적 판단을 담당하는 신경계의 활성화가 두드러진 것이 발견되었다. 즉, 딜레마 상황에서 결정을 할 때는 옳고 그름의 판단과는 별개로 뇌의 이성적 판단 중추와 정서적 판단 중추 중 어느 쪽이 더 활성화되느냐가 중요하게 작용한다는 것이다. 첫 번째의 경우는 이성적 판단이 더 크게 작용하고, 두 번째의 경우는 정서적 판단이 더 크게 작용한 것으로 해석된다.(《너 이런 심리 법칙 알아?》 참조)

국내 유명 유통 회사에서 오래전에 있었던 일이다. 제법 규모가 큰 회사였는데 경영진의 어설픈 대처로 실력 있는 MD^{Merchandiser} 들이 집단 퇴사하면서 큰 위기를 맞게 되었다. 유통 회사의 핵심 인력은 뭐니뭐니 해도 MD군이라고 말할 수 있다. MD는 상품 기획에서 시작하여 좋은 제품을 발굴하고, 소비자들의 반응을 측정하여 더 확대해서 판매할지 아니면 물건을 교체하여 다른 제품으로 진열할지를 결정하는 중요한 보직이다. 심지어 어떤 회사는 가맹 점포의 입지 선정까지도 이들 MD들에게 맡기는 경우도 있다고 하니, 유통 회사에서 가지고 있는 보직 중에 '꽃 중의 꽃'이라 부를 만하다. 그래서인지 실력 있는 MD들에 대한 스카우트전도 치열하고 그들을 육성하는 문제에도 상당한 공을 들인다고 한다.

가영실업(가명)도 마찬가지였다. 이 분야에서 후발 주자였던 가영실업은 후발 주자가 안고 있는 불리한 여건을 만회하기 위해 다양한 노력을 기울였다. 앞서가는 기업들에서 근무하고 있던 실력 있는 MD들을 스카우트하기도 하고, 내부 직원들의 역량 강화에도 상당한 노력을 기울였다. 이미 다양한 분야에서 사업을 하고 있었던 터라 기존의 사업 분야에서도 큰 도움을 받을 수 있었다. 뿐만 아니라 치밀하게 계획해 사업을 준비하였기에 초기에는 큰 어려움 없이 유통 시장에 발을 들여놓을 수 있었다고 한다.

그러나 사업이 시작되고 3년째 되는 해에 조금씩 문제가 발생하기 시작했다. 실력이 모두 동일하지 않기에 누구는 탁월한 업적을 발휘하고 누구는 기대에 못 미치는 실적을 내는 등, 직원의 실력 편차가 두드러지게 나타나기 시작한 것이다. 그러는 와중에도 경쟁사로부터의 MD 스카우트는 계속해서 진행되었다. 조직 내부의 신뢰 관계가 확실히 다져지지 않은 상태임에도 불구하고 사람은 계속 늘어만 갔다. 문제는 여기서 싹텄다. 시간이 가면서 담당하고 있는 물건에 따라 이익 편차가 심해지고, 이에 대처하는 과정에서 여기저기 불만의 목소리가 터져 나오기 시작한 것이다. 업무의 특성상 내가 아무리 많은 이익을 올려도 다른 MD가 실수하는 경우, 그 피해를 조직 전체가 감당해야 하기 때문에 전체적인 영업이익은 낮아질 수밖에 없다. 그런데 가영실업의 경우, 보상 체계에 대한 정확한 가이드라인을 잡지 않고 두리뭉실한 상태에서 사업을 시작한 탓에 결국 조직 붕괴의 문제가 가속화됐다.

가영실업은 사업을 시작하고 3년 동안 전체적으로 심한 적자를 기록했다. 회사는 조직에 경각심을 불어넣기 위해 인센티브 지급 방식에 특단의 조치를 취하게 된다. 실적이 저조한 직원의 인센티브를 실적이 우수한 직원에게 지급하기로 결정한 것이다. 그런데 이것이 큰 화근이 되었다. 사람은 기본적으로 주던 것을 덜 주는 것은 참을 수 있지만, 주었던 것을 다시 빼앗아 가는 행위는 용서가 안 되는 손실회피편향Loss Aversion이 있기 때문이다. 인간의 기본적 심리를 망각한 엉터리 인사 정책은 결국 조직에 큰 파란을 불러일으켰다. 회사에 불만을 성토하는 목소리가 여기저기서 올라오기 시작했다. 그러나 적자 경영을 이어가고 있는 회사의 사정을 모두가 아는지라 다행히도 사태가 크게 번지지는 않았다.

가영실업의 문제는 상대적으로 큰 고민은 아니다. 심한 적자 상황에서 손실회피편향만 고려하면 되기 때문이다. 문제는 회사에 이익이 형성되는 과정에서 각자의 공헌도에 큰 차이가 있는 경우다. 이런 경우 어떤 접근 방법이 현명할까? 실적이 우수한 직원에게만 특별한 대우를 해 주는 것이 좋을까, 아니면 그가 속한 부서나 팀원 전체에게 똑같이 금전적 보상으로 격려해 주는 것이 좋을까? 물론 팀 전체가 이룬 실적이라는 것이 확연하게 보인다면 고민할 것이 없다. 문제는, 팀의 실적은 그대로인데 특정한 어느 직원 하나가 유독 눈에 띄게 앞서가는 상황이 발생한 경우다. 이러면 여러 가지를 생각하지 않을 수 없다.

어느 조직은 그 직원에 한하여 특별한 보상을 해 줄 것이고, 또 어느 기업은 칭찬과 격려를 하고 금전적 보상에는 큰 격차를 만들지 않을 것이다. 앞의 상황을 A, 뒤의 상황을 B라고 칭하고 이 문제를 다루어 보자. 간단하면서도 어려운 문제다. 경험이 있는 사람이라면 알겠지만, 그렇게 쉽게 결정지을 문제가 아니다.

A 상황이 계속된다면 다른 직원들의 반발이 예상된다. 특별한

혜택을 받고 있는 직원이 과연 그가 잘나서 지금의 성과를 만들었느냐 하는 문제가 제기될 것이다. 동료들의 조력이 있었고 상사가 만들어 준 특별한 혜택이 있었기에 가능한 일이라고 주장하며 본인들에 대한 보상도 요구할 것이다. 이와 같이 내부의 불화를 경험한 조직은 다음번에는 B의 상황으로 접근한다. 그러나 B의 상황에서도 불만은 여전하다. 이번에는 탁월한 성과를 이룬 직원이 불만을 제기한다. '성과에 따라 차등이 따르는 보상이 이루어지는 것은 당연한 것이니 나에게 큰 혜택이 주어져야 한다'고 주장한다. 탁월한 실적을 남긴 직원이나 그렇지 않은 직원이나 똑같은 대우를 받는다면 그 누가 죽어라 일하겠느냐는 항변이다. 이 또한 틀린 말은 아니다. 딜레마에 빠질 수밖에 없는 대목이다. 탁월한 실적을 계속해서 내고 있는 직원에게 그에 상응하는 보상을 주는 것은 어찌 보면 당연한 것이다. 문제는 공평과 공정의 문제다.

조직에 큰 공헌을 한 직원의 입장에서 본다면 연봉 계약 시기나 인센티브를 받을 시즌에 내심 상당한 양의 금전적 보상을 기대하는 것은 당연하다. 그러나 다른 직원들의 입장에서 본다면 그가 이룩한 성과는 그 사람 개인적인 노력의 결과라기보다는 팀이나 부서원들의 협동이나 조력이 있었기에 가능했기 때문에 모두에게 혜택이 주어져야 한다. 트롤리 딜레마의 실험을 빌려 이 상황을 정리하자면, A 상황은 이성적 신경계가, B 상황은 정서적 신경계가 활성화되는 경우라고 말할 수 있다. 이런 상황에서 당신이 보상을 줄 수 있는 권한을 가지고 있다면 어떤 결정을 내릴 것인가?

A 상황처럼 큰 격차로 보상을 준다? 아니면 B 상황처럼 금전적 격차는 최소한으로 하고 비금전적 보상으로 대신한다? 어느 쪽이 과연 모두에게 동기부여를 이끌어 낼 수 있는 모범 답안일까?

공정성과 합리성이 키워드

인사에서는 직급 제도-평가 제도-급여 제도를 가리켜 '인사의 3대 핵심 제도'라고 표현한다.

직급 제도, 또는 직급 직책 제도는 주어진 역할의 명확화를 의미한다. 여기에는 승진 제도도 포함되는데, 승진한다는 것은 조직으로부터 요구되는 역할의 범위가 넓어지거나 역할의 성격이 한 단계 상승한다는 것을 의미하기 때문이다.

평가 제도는 직급이나 직책에 어울리는 업무의 명확화가 이루어진 상태에서 시간이 경과한 후 그 역할을 제대로 수행했는지를 평가하는 것이다. 업무의 명확화는 조직으로부터의 기대치라고도 할 수 있는데, 기대치보다 더 좋은 결과를 내면 좋은 평가를 얻을 것이고, 기대치보다 낮은 결과를 내면 나쁜 평가가 나올 것이다. 대리 직급에 해당하는 기대치를 가지고 있었는데 과장 직급에 어울리는 결과를 냈다면, 기대치를 넘어섰기 때문에 당연히 최우수 고과 점수를 주어야 할 것이다. 반면에 과장 직급에 어울리는 기대치를 가지고 있었는데 대리 직급에서 할 수 있는 결과를 냈다면, 평가는 낮게 매겨져야만 할 것이다. 결국 그 사람이 낸 결과를 직급과 비교하여 고과를 매기는 것이다. 즉, 수행해 주어야 할 기대치에 대해 얼마만큼 성과를 냈는지를 평가하는 것이다.

마지막으로, 급여 제도는 평가 결과를 가지고 그에 상응하는 보상을 주는 제도다. '보상 제도'라고도 한다. 평가 점수가 좋으면 급여를 올려 주거나 별도의 인센티브를 제공하고, 반대로 평가가 좋지 않으면 불이익이 주는 등 결과에 상응해 취하는 일체의 모든 대응을 말한다. 경우에 따라 금전적 대응이 일어날 수도 있고, 비금전적 대응이 일어날 수 있다. 보상일 수도 있고 불이익일 수도 있다. 보상의 일환으로 급여가 상승할 수도 있고, 직급이 올라갈 수도 있다. 여기서 중요한 것은 급여가 올라갔다고 반드시 직급이 올라가는 것도 아니고, 직급이 올라갔다고 반드시 급여가 올라가는 것은 아니라는 것이다. 따라서 보상의 관점에서 직급의 상승과 급여의 상승을 분리해서 접근할 필요가 있다. 그래서 직급과는 별도로 급여의 높낮이에 대해서는 '등급 제도'라는 명칭이 따로 쓰이기도 한다.

정리하자면 인사 제도는 역할의 명확화를 정하는 직급 제도, 기대치의 결과를 측정하는 평가 제도, 결과에 연동하여 보상하는 급여 제도, 세 가지 축으로 구성된다. 만약 결과에 문제가 있거나 불만이 있다면 급여 제도는 결과 변수이기 때문에 이전 단계에서 무엇인가 잘못되었다는 의미로 해석할 수 있다. 평가에 문제가 있어서 보상에 만족하지 못하는 현상이 대표적이다. 내가 낸 결과에 비해 보상은 형편없이 적게 이루어졌다는 것은 평가 자체에 문제가 있다는 의미로 해석할 수 있다. 더 나아가 평가에 대한 문제는 직급이나 등급 제도에 문제가 있었다고 생각해 볼 수 있다. 평가는 최초에 기대치가 잘못 설정된 것일 수도 있기 때문이다.

다시 말해서, 급여나 보상에 불만이 있다는 얘기는 평가 제도에 문제가 있다는 것이고, 평가 제도에 문제가 있다는 얘기는 직급 제도에 문제가 있다는 얘기다. 결국 많은 기업이 말하는 '공정한 인사 제도의 구축을 위해서는 급여 보상 제도의 설계에 신경써야 합니다'라는 말은, 엄밀히 말하면 '역할의 명확화를 정확히 해야 한다'는 말이다.

그렇다면 이런 구조만 갖추면 인사 제도가 완전히 구축됐다고 말할 수 있을까? 결코 아니다. 중요한 것은 내용이다. 앞에서 소개한 구조는 어디까지나 인사 제도의 개념적인 모습을 설명하기 위해 도입한 형식적인 틀에 불과한 것으로, 중요한 것은 거기에 들어가는 내용이다. 장황하게 이런 개념적 틀을 소개한 데는 이유가 있다. 아직도 많은 기업이 이런 구조적 틀을 갖추고 있지 않기 때문이다. 인사에서 이를 '위생 영역'이라고 부르는 것은 반드시 갖춰야 하는 필수 환경적 요소이기 때문이다. 필수 환경적 요소가 갖춰졌다고 해서 직원들에게 동기부여가 되는 것은 절대 아니다. 그러나 이런 틀이 없는 상태에서의 조직 운영은 직원들의 불만 요소로 작용하기가 쉽다.

인사 제도에 들어가는 내용물은 동기부여 영역에 해당한다. 잘만 구성하면 직원의 마음을 움직여서 일에 성과를 낼 수 있도록 할 수 있다. 평가의 요소로 일의 결과만이 아닌 과정도 중요하게 여기는 항목들을 집어넣었다고 가정해 보자. 직원들의 입장에서 본다면 '우리 회사는 결과만 보고 승진시키고 승급시키는 그런 회사가 아니다'라는 점에서 심리적 안정을 얻을 수 있고, 이는 조직에 대한 신뢰와 애정을 불러일으키는 결과로 이어질 수도 있다. 실제로 내가 아는 어떤 회사는 직원들 평가에 업무 수행의 결과보다는 잠재 요소에 무게중심을 두었는데, 이는 직원들 한 명 한 명 특·장점을 파악하여 경력 개발의 소스로 활용하기 위함이었다. 여기 근무하는 직원들의 표정은 너무나 밝았는데, 평가 의도가 큰 역할을 한 것이 아닌가 하는 생각이 들었다.

실적을 높이기 위해서는 직급 체계, 평가 체계, 보상 체계와 같은 인사 제도가 잘 갖추어져 있는지도 중요하지만 그 내용이 얼마나 합리적이고 공정한가가 더 중요하다. 이를 증명하기 위해 잡코리아의 도움을 얻어 설문 조사를 해 보았는데, 결과는 내가 생각한 가설과 크게 다르지 않았다.

질문의 내용은 크게 직급·평가·급여 제도에 대한 이해도, 공정성, 실효성을 물어보는 내용으로 구성되었다.

- **직급 직책 제도**

Q1. 회사의 직급 직책 제도(직급 구조, 승진 기준 등)에 대한 이해도는 어떻습니까?

Q2. 회사의 직급 직책 제도의 합리성/타당성은 어떻게 생각합

니까?

Q3. 회사의 직급 직책 제도의 운용(승진, 승격)에 있어서 개인의 성과와 능력이 잘 반영되고 있나요?

• **급여 제도**

Q4. 현재 본인의 연봉 결정 방법이나 급여 제도의 구조에 대한 이해도는 어떻습니까?

Q5. 회사의 급여 제도에 대한 합리성/타당성은 어떻게 생각하십니까?

Q6. 회사의 급여 제도에서 직원의 능력·성과·직무의 반영 여부는 어떻습니까?

• **평가 제도**

Q7. 회사의 인사고과 제도의 구조(흐름, 내용, 규칙 등)에 대해 이해하고 있습니까?

Q8. 회사의 인사고과에 대한 합리성/타당성은 어떻게 생각합니까?

Q9. 본인의 고과 결과에 대해 상사로부터 설명/피드백을 받고 있습니까?

• **경력 개발**

Q10. 회사는 직원 교육에 대해 어느 정도 투자를 하고 있나요?

Q11. 회사의 직원 교육의 투자 대비 효과는 어떻다고 생각하십니까?

상기의 항목에 대해 총 1,260명이 응답해 주었으며, 매개변수로는 '관리자와 비관리자', '현재의 사업 상황', 두 가지 요소를 넣어 보았다. 직원 개인별로 느끼는 자사의 비즈니스 상황은 어디까지나 직원 개인이 느끼는 주관적 요소이기 때문에 부정확한 데이터일 수도 있다. 그러나 외부에 알려진 수치보다 내부에서 느끼고 있는 체감온도를 파악하고 싶은 의도가 있었기에 충분히 가치 있는 결과다. 실적 상황에 따른 각 항목별 데이터는 다음과 같다.

직급 · 평가 · 급여 제도에 대한 응답

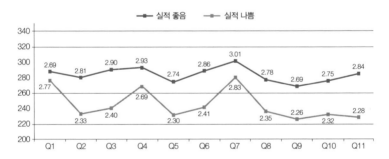

'실적 좋음'의 그래프가 전체적으로 항목별 편차가 크지 않은 것과 달리, '실적 나쁨'의 그래프는 항목에 따라 높낮이가 눈에 띄게 두드러지는 대목이 있다. Q1, Q4, Q7이 유독 높은 봉우리에 올라 있다는 점이다. 질문의 내용을 살펴보니, Q1은 직급 제도의 인지 여부, Q4는 급여 제도의 인지 여부, Q7은 고과 제도의 인지 여부를 묻는 질문이었다. 제도의 인지 여부를 물어보는 Q1, Q4, Q7의 경우 실적이 좋은 기업(실적 좋음)이나 실적이 좋지 않은 기업(실적 나쁨)이나 '인지하고 있다'는 답변에 있어서는 큰 차이가 없었다. 그러나 이후의 합리성과 실효성을 물어보는 질문들에 대해서는 답변에 큰 격차가 생긴 것이다. 어느 영역에서 얼마만큼의 격차가 생기는지를 알기 위해 벌어진 차이만 따로 떼어서 분석해 보았더니 다음과 같은 결과가 나왔다.

해당 질문에 대한 답변의 차이 (실적 좋음 vs 실적 나쁨)

질문	차이
1. 회사의 직급 직책 제도(직급 구조, 승진 기준 등)에 대한 귀하의 이해는 어떻습니까?	0.12
2. 회사의 직급 직책 제도의 합리성/타당성은 어떻게 생각합니까?	0.48
3. 회사의 직급 직책 제도의 운용(승진/승격)에 있어서 개인의 성과와 능력이 잘 반영되고 있나요?	0.50
4. 현재 본인의 연봉의 결정 방법이나 급여 제도의 구조에 대한 귀하의 이해도는 어떻습니까?	0.24
5. 회사의 급여 제도에 대한 합리성/타당성은 어떻게 생각하십니까?	0.43
6. 회사의 급여 제도에 대한 직원의 능력·성과·직무의 반영 여부는 어떻습니까?	0.47
7. 회사의 인사고과 제도의 구조(흐름, 내용, 틀 등)에 대해 잘 이해하고 있습니까?	0.20
8. 회사의 인사고과에 대한 합리성/타당성은 어떻게 생각하십니까?	0.42
9. 본인의 고과 결정에 대해 상사로부터 설명/피드백을 받고 있습니까?	0.43
10. 회사는 직원 교육에 대해 어느 정도의 투자를 하고 있나요?	0.43
11. 회사의 직원 교육의 투자 대비 효과는 어떻게 생각합니까?	0.56

데이터에서 볼 때 제도에 대한 인지 여부는 성과 창출에 크게 영향을 미치지 않는다. 그러나 제도가 어떻게 만들어졌는지, 그리고 얼마큼 합리적이고 현실적으로 시행되었는지는 조직의 성과에 큰 영향을 미친다고 말할 수 있다. 실적과 성과에 중요한 요소는 공정성과 합리성임을 데이터는 말하고 있는 것이다.

직원 교육에서 고려할 점

주 52시간제가 되면서 큰 영향을 받는 산업군 중의 하나가 교육 업계다. 재직자 교육을 전담하고 있는 산업교육 분야에 있는 회사들을 말한다. 교육 중 대부분은 직무에 직접적으로 관련이 있는 실무 교육이며, 역량 향상에 간접적으로 도움이 되는 리더십 교육과 같은 자기 개발 촉진 교육이 그 뒤를 따른다. 온라인 교육도 시장 규모가 작지는 않으나, 온라인이 갖는 환경의 제약 때문에 시장의 외연 확대는 큰 한계가 있는 산업군으로 인식되어 있다. 그래서 우리가 일반적으로 '교육 업계'라고 표현하는 대상은 오프라인 교육 업계를 말한다. 온라인 교육 업계는 암묵적으로 IT정보통신 기업으로 분류하는 경우도 많다. 어찌되었든, 오프라인과 온라인을 합하여 총 1조 원대의 시장을 형성하고 있던 교육 업계에 2019년부터 일대 지각변동이 일어나고 있다.

주 52시간제가 그 도화선이다. 52시간제가 교육 시장의 비즈니스와 무슨 관계가 있느냐고 묻는 사람들이 많다. 그러나 그건 정말 세상 물정 모르는 사람들이 하는 소리다. 나처럼 산업교육의 현장에 있는 사람들에게 주 52시간제의 실시는 지구 멸망과도 같은 충격적인 사건이다. 나 또한 이렇게까지 여파가 클지는 상상도 못했다. 그러나 대재앙은 이미 시작되었으며 어떤 노하우와 무기로 이 재앙에 맞서 싸워야 하는가 하는 처절한 사투만이 우리를 기다리고 있을 뿐이다. 그렇다면 왜 근로시간 단축은 이렇게 어마어마한 충격파로 산업교육 시장을 흔들어 놓고 있는 것일까?

2019년과 2020년에 확연히 달라진 기업의 풍토 변화 중 하나가 '가급적 교육은 자제하고 아무리 필요한 교육이라도 8시간 이상은 넘으면 안 된다'는 내부 지침이 많아졌다는 것이다. 그러다 보니 "근무시간도 부족한데 무슨 교육입니까?", "우리도 서구 기업처럼 자기 개발 교육은 본인들이 알아서 해야 되는 것 아닙니까?", "직원 교육하는 것도 분 단위로 따져서 초과근무 수당에 집어넣겠다는 거예요. 이게 말이 되는 얘기입니까?" 등 교육 시간에 대한 다양한 목소리가 현장에서 터져 나오기 시작했다. 상황이 이렇다 보니 발등에 불이 떨어진 건 교육 업체다. 그것도 우리처럼 반드시 장시간을 시간 확보해야 하는 연수 업체는 특히 더 그렇다.

같은 교육 업계이긴 하지만 엄밀히 말하면 교육 업계에는 두 가지 종류의 회사가 섞여 있다. 토론과 실습을 통해 개인의 직무 역량 강화를 목표로 하는 교육 기업과, 유명 강사의 감명 깊은 강의를 통해 태도와 자세 변화를 유도하는 강의 기업이 섞여 있다. 전자는 '연수 기업'이라 칭하고 후자는 '특강 기업'이라 칭한다. 연수 기업의 경우 과정의 특성상 장시간의 교육 시간이 필수적으로 담보되어야 한다. 반면 특강 기업은 짧게는 1시간, 길어야 3시간 정도의 교육 시간으로 접근한다. 그러다 보니 특강 기업은 임팩트 있는 내용으로 콘텐츠를 구성해야 한다. 뿐만 아니라 강사의 브랜드 파워도 무시 못할 요소로 꼽힌다.

근무 시간의 변화는 장시간의 교육 시간을 필요로 하는 연수 기업에게 기업의 존폐에 영향을 미칠 정도의 충격을 주었다. 교육 시간을 단시간으로 줄여야 하는데, 그러자니 목표로 하고 있는 수강생의 행동 변화를 이끌어 낼 수 없는 것이다. 개인적인 고찰에서 시작하여 상호 토론 그리고 집단토론을 거쳐 스스로 느끼고 생각을 바꾸는 구조이기 때문에 기본적으로 하루이틀이 필요하다. 그런데 이 구조가 교육 시간의 단축으로 어떤 식으로든 변화를 주지 않으면 안 되는 상황에 봉착한 것이다. 교육 업계에 있는 사람으로서 답답한 마음이 들 때가 한두 번이 아니다.

'교육 효과의 유효 시간'이라는 말이 있다. 교육이 끝난 후, 그 효과가 유지되는 시간을 말한다. 관련 논문에 따르면, 특강의 경우는 길어야 3일이라고 한다. 짧은 특강의 경우 강의를 듣는 시간에 집중하게끔 설계되어 있는데, 교육장을 나서는 순간부터 무슨 말을 들었는지 기억이 나지 않을 정도다. 내용의 구성도 구성이지만 인간의 뇌 자체가 수동적인 자세로 듣기만 하는 경우에는 기억력의 한계로 인해 머릿속에 내용을 오래 간직하지 못하기 때문이다. 효과를 오래 끌기 위해서는 수강생의 태도를 수동적 자세에서 능동적 자세로 바꿔 주어야 한다. 공부하는 학생의 경우를 예로 들어 보자. 학교에서 선생님이 강의하는 것을 보기만 할 때보다는 수업 도중에 질문을 할 때 학생들의 이해도가 훨씬 높다. 더 나아가 쉬는 시간에 문제를 직접 풀어 보면 완전히 그 문제를 자신의 것으로 만들 수 있다.

참석한 수강생으로 하여금 스스로 생각하게 하고 동료와 토론하면서 자신의 생각을 수정하게끔 유도하는 교육 설계는 연수 기업이 가지고 있는 큰 장점 중 하나다. 그러려면 최소 1일이나 2일 이상의 시간이 필요하다. 밑도 끝도 없이 생각하고, 상호 토론하라고 다그칠 수는 없지 않은가? 토론의 본론으로 들어가기 전에 스스로 몰입하고 자연스럽게 대화를 나눌 수 있는 분위기를 형성하는 시간이 일정량 필요하기 때문이다. 이로써 얻어지는 교육 효과는 평균 3개월 정도 이어진다. 여기에 더해 현장에서 체험하고 느끼면서 교육이 반복된다. 그러면서 수강생의 인생을 바꾸어 주는 효과가 나오는 경우도 가끔 있다. 이때 가장 큰 보람을 느낀다. 수강생을 보내 준 기업이 가장 큰 투자회수효과Return of Investment, ROI를 거두는 순간이기도 하다.

그러나 요즘은 직원의 역량 개발에 대한 투자가 날이 갈수록 줄어들고 있는 형국이다. 주 52시간제로 인한 근로시간의 변화에 따른 여파도 무시하지 못한다. 그러나 근본적으로는 교육 효과에 확신이 없기 때문에 소모적인 비용을 줄이고자 하는 본심도 기저에 깔려 있는 듯하다. 주 52시간제 시행 이전에도 "교육해서 정말로 효과가 있어?"라든지, "얼마큼 효과가 나오는지 검증된 결과를 가지고 와 봐!"와 같은 경영진의 요구가 적지 않았다. 그렇지만 보는 눈이 있으니 남들이 다 하는 교육을 안 시킬 수는 없었기에 기업 교육이 이루어졌다. 그런데 주 52시간 근무제가 교육에 대해 일부 비판적인 시각을 가지고 있던 기업에게 당당히 교육 철회의 명분을 준 것이다. 어쩔 수 없이 끌려가던, 교육이라는 마차에서 남 눈치 안 보고 당당하게 내릴 수 있게 해 준 사건이 근로시간 단축이라는 법적 명령이었던 것이다. 그렇다면 직원 교육은 정말 해도 그만, 안 해도 그만인 보여 주기식 쇼에 불과한 것일까?

교육에 대한 투자 대비 효과는 솔직히 정확히 산출하기가 어렵다. 여기에는 두 가지 이유가 있다. 첫 번째는 교육 효과는 해당 직원의 행동 변화에 따른 성과 창출로 나타나는데, 이런 과정이 이루어지기까지는 상당한 시간이 필요하기 때문이다. 두 번째는 설령 긴 시간이 지난 후에 교육 수강생이 상당한 성과를 창출했다고 해도 그 성과가 교육 효과 때문인지, 다른 환경 변수의 영향 때문인지 정확한 상관관계를 밝혀 내기가 쉽지가 않기 때문이다. 결국 기업 대부분은 효과를 검증하기 위해 내부의 직원들을 대상으로 하는 설문 조사에 의존하는데, 다음과 같은 결과가 도출되었다.

실적이 좋다고 대답한 회사에 근무하고 있는 직장인의 경우, 직원 교육에 대한 투자 규모에 대해 '불만이다' 38.0%, '모르겠다' 39.2%, '만족스럽다' 22.8%의 비율로 나타났다. 반면, 실적이 좋지 않다고 답한 기업에 재직하고 있는 사람들의 경우는 '불만이다' 53.6%, '모르겠다' 38.6%, '만족스럽다' 7.8%의 순으로 나타났다. 실적이 좋은 기업이 실적이 나쁜 기업에 비해 만족의 비율은 세 배 정도 높게 나왔고, 불만의 비율은 3분의 1의 비율로 적게 나온 것이다.

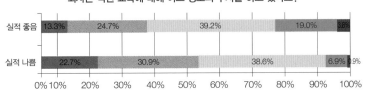

회사는 직원 교육에 대해 어느 정도의 투자를 하고 있나요?

	실적 좋음				
	13.3%	24.7%	39.2%	19.0%	3.8%
실적 나쁨	22.7%	30.9%	38.6%	6.9%	0.9%

다음으로는 투자 대비 효과에 대한 질문이다. 실적이 좋은 기업의 직원은 효과에 대해 '불만이다' 33.1%, '모르겠다' 44.1%, '만족스럽다' 22.8%인 반면에 실적이 좋지 않다고 답한 직원의 경우는 '불만이다' 56.2%, '모르겠다' 37.3%, '만족스럽다' 6.4%로 나타났다. 실적이 좋은 기업은 투자 대비 효과가 있다고 생각하는 비율이 실적이 나쁜 기업보다 세 배 이상 높게 나왔고, 효과 없다고 생각하는 비율은 2분의 1 비율로 적게 나왔다.

회사는 직원 교육의 투자 대비 효과는 어떻게 생각합니까?

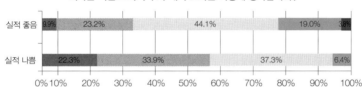

직원 교육에 대한 결과가 성과 향상으로 이어진다는 결론은 어느 쪽으로 봐도 당연한 결과로 보인다. 다만 교육에 투자를 많이 해서 실적이 좋게 나오는 건지, 실적이 좋게 나와서 교육비 투자를 늘리는 건지는 알 수가 없다. 그러나 실적이 좋지 않은 기업일수록 엉뚱한 방향으로 교육을 집행하는 경우가 많다는 사실은 확실해 보인다. 아마도 교육에 대한 효과 검증에 회의적 시각을 가지고 있는 이유와 무관치 않아 보인다. 이 또한 앞에서 언급한 "직원들의 실적에는 인사 제도의 인지 여부를 떠나 합리성과 타당성이 더 중요하다"고 언급한 내용과 일맥상통한다.

결론적으로 말해, 지금 집행하고 있는 교육이 실효적 측면에서 어떤지를 생각해 보는 것이 더 중요하다고 말할 수 있다. 회사가 직원 교육에 신경을 쓰고 안 쓰고의 문제보다는, 지금 하고 있는 교육이 진정 우리에게 필요한 교육인가 아닌가를 판단하는 것이 좋은 성과를 내는 데 더 영향을 미치는 요소라고 데이터는 말하고 있는 것이다.

8
관리자와 전문가의 듀얼 시스템 운영이 필요하다

어느 직장에나 있는 두 가지 스트레스

사람과 사람 사이의 인간관계만큼 어려운 일도 없다. 일 때문에 받는 스트레스는 조금만 시간이 지나면 스스로 충분히 치유되지만, 사람 때문에 받는 스트레스는 상호작용에서 일어나기 때문에 나만 반성한다고 되는 일이 아니다. 우선 내가 무엇을 잘못했고, 상대방은 어떤 원인을 제공했는지에 대해 동등하게 돌아볼 필요가 있다. 여기서 끝나는 것이 아니다. 일정한 시간과 적절한 타이밍이 필요하나. 상대방은 아직 화가 풀리지 않았는데 내가 먼저 다가가서 "우리 이제 모든 것을 다 잊고 제로 베이스에서 새롭게 다시 출발해 보자"라고 말하는 것도 우습다. 상대방도 받아들일 마음의 준비가 되어 있어야 한다. 그래서 인간관계가 힘든 것이다.

조직에서도 마찬가지다. 직장인들을 대상으로 주로 무엇 때문에 스트레스를 받는지를 물어보면 대개는 사람이나 과제(또는 업무) 둘 중의 하나로 나뉜다. 이어서 어느 쪽이 더 비중이 높은지를 물어보면, 당연 사람에 대한 스트레스가 훨씬 높게 나온다. 심지어 사람에 대한 스트레스는 지위가 올라가면 올라갈수록 그에 비례해 커진다. 관리자가 되는 순간, 사람 때문에 받는 스트레스는 두 배, 세 배로 증가한다. 업무상 다양한 부류의 인간 군상을 관리해야 하기 때문이다. 사람에 대한 스트레스는 조직 관리의 정점에 있는 관리자들에게 특히 심하다. "사람 관리는 다른 사람이 해 주었으면 좋겠어요", "누구누구 때문에 돌아버리겠어요. 아마 제 명에 못살 것 같아요" 등과 같은 하소연은 관리자가 입에 달고 사는 말이다.

그들이 관리자의 길을 선택하지 않았더라면 이런 스트레스는 조금 덜 했을지도 모른다. 자신이 해야 할 일에만 전념할 수 있다면 적어도 사람 때문에 받는 스트레스는 바로 옆자리의 동료 한 명에만 국한될 수 있었을 것이다. 여기서 한 가지 질문을 던져보고 싶다. "관리자의 길을 가지 않고 팀원으로 남는 건 어때요? 다른 사람 신경 안 쓰고 내 할 일만 잘하면 되는 보통의 직원 말예요." 당신이라면 어떻게 답할 것인가? 팀장 혹은 본부장이라는 직책을 제안받는다 해도 과감하게 거부할 생각이 있느냐는 말이다. 팀원으로 남는 길을 흔쾌히 선택할 마음의 준비가 되어 있는가에 대한 문제다.

생각만큼 쉽지 않은 선택일 것이다. 우리는 내면의 목소리보다 외부의 시선에 상당히 신경을 쓰는 경향이 있다. '주변에서 어떻게 생각하건 말건 나만 만족할 수 있다면 아무 문제없어!'라고 생각하며 마이웨이로 사는 사람은 생각보다 많지 않다. 그런 가치관을 가진 사람이 적어서가 아니다. 주변에서 자꾸 바람을 넣고 이상한 시선으로 바라보기 때문에 거기에 어울리는 행동을 해야 한다고 생각하는 것이다. 예를 들어, 나이를 먹으면 일정한 직급이나 직함을 가지고 있어야 주변 사람들이 이상하게 보지 않는다는 생각말이다.

얼마 전 모임에서 있었던 일이다. 고등학교 동창이라고 하는데, 한 사람의 명함에는 '본부장'라는 직급이 찍혀 있었고, 다른 한 사람의 명함에는 '부장'이라는 직급이 찍혀 있었다. 내가 보기에는 부장 직급인 사람이 훨씬 다가가기에 편안한 분위기였는데, 사람들은 본부장 직급을 가진 사람과 친해지려는 모습이 역력했다. 그러나 내막을 아는 사람들은 본부장보다는 부장 직급을 가진 사람이 훨씬 현명한 사람이라고 생각할 것이다. 왜냐하면 본부장이라는 직책은 어지간한 실적을 보여 주지 않는 한 정년 트랙에 걸려서 55세 이전에 조직을 나와야 하기 때문이다. 반면에 부장이라는 직급은 큰 사고만 내지 않으면 보장된 60세까지 정년을 모두 채울수가 있다. 어디 그뿐인가? 스트레스 받는 일은 본부장의 2분의 1도 안 될 것이다.

그렇다고 해도 직급을 올려 주고 직책을 부여하겠다는 회사의 명령에 "성의는 감사하지만 저는 이대로 일반 직원, 부서원의 위치에 남겠습니다"라는 말을 할 수 있는 사람은 많지가 않다. 주변 사람들의 시선 때문이다. 사람들은 뭔가 문제가 있어 승진을 못하고 있는 것처럼 비춰지는 것을 싫어한다. 그래서 일정한 나이가 되면 승진을 하고, 때가 되면 그럴듯한 직급으로 명함도 고치고 싶은 마음이 드는 것이다. 스스로에 대한 공명심도 있겠지만 그보다는 주변의 기대에 부응하며 살지 않으면 안 되는 환경도 무시 못할 현실이다. 직책을 받고 승진을 해야 얼굴도 살고 주변 사람들로부터 인정받을 수 있다고 느끼는 것이다. "아직도 그대로야? 승진은 언제 해?"라는 말에 평정심을 유지할 수 있는 사람은 많지 않다.

관리자가 된다고 해서 상황이 더 나아지는 건 아니다. 이때부터는 내면의 자신과 싸워서 이겨야 하는 상황으로 접어든다. 본격적인 '멘탈 게임'이 시작되는 것이다. 나와 다른 사람들을 살피고 관리하지 않으면 안 되는 상황으로 들어서게 되면서, 걱정은 늘어나고 고민도 깊어진다. 나만 잘한다고 모든 일이 문제없이 돌아가는 상황이 아니기 때문이다.

누가 얼마만큼 스트레스에 영향을 미치는가?

조직 문제에 대한 궁금증은 바로 풀어야 직성이 풀리는 직업병 때문에 나는 인터뷰나 설문 등 각종 조사를 무척이나 좋아한다.

관리자나 직장인의 생각이 궁금해질 때면 그들의 의식구조를 조금이나마 객관적으로 파악하기 위해 강연회에서 설문 조사를 자주 활용한다. 취지를 설명하고 설문의 형식을 빌려 그들의 생각을 읽는 것이다. 조직 문화에 따른 관리자 성향의 차이, 잘 나가는 조직과 침체 조직의 차이 등 매우 귀중한 자료를 얻을 수 있는 절호의 기회로서 강연회만큼 좋은 곳이 없다.

이번에도 마찬가지의 기회가 찾아왔다. "전문 경영인이 최고 경영자로 있는 조직과 소유주가 최고 경영자로 있는 조직은 어떤 차이가 있을까?"에 대해 궁금해하고 있었는데, 마침 궁금증 해소에 최적의 환경을 갖추고 있는 회사 두 곳을 방문할 기회가 주어진 것이다. 한 곳은 15년 전에 창업해 소유주 경영 체제로 지금까지 이어져 오고 있었고, 다른 한 곳은 소유주가 회사를 경영하다가 수년전에 전문 경영인 체제로 돌아선 조직이다. 각기 다른 경영 구조를 가진 두 곳에서 강의가 끝나고 강연회에 참석한 관리자들을 대상으로 간단한 설문을 돌려보기로 했다. 내용은 관리자들이 느끼는 동기부여와 스트레스의 정도였으며, 여기에 추가하여 어떤 요소들이 이 둘에 심대한 영향을 미치는지를 알아보는 것이었다. 기업을 둘러싼 외부 환경 변수는 일단 생략한 채 관리자들을 둘러싼 주변 인물들을 매개변수로 넣어 살펴보기로 했다.

이번 기회에 관리자들과 인터뷰를 할 때마다 항상 듣는 '사람 문제'에 대해 좀 더 심도 깊게 들어가 보기로 작심했다. 여러 가지 유형의 사람이 있겠지만 우선 관리자들을 둘러싼 주변 인물로 대표이사, 직속 상사, 팀원, 고객, 가족이라는 다섯 개의 매개변수를 넣어 보기로 했다. 여기서 '경영진'이라는 표현 대신에 '대표이사'라는 직접적인 표현을 쓴 이유는 조사 대상이 중소기업이었기 때문이다. 규모가 작은 중소기업의 경우 '경영진'이라는 애매모호한 표현을 쓰는 것보다 '대표이사'라는 직접적인 표현을 사용하는 것이 더 정확한 결과를 얻을 수 있다는 개인적인 경험 때문이다.

설문 대상은 소유주 경영 기업에 근무하는 중간 관리자 43명과 전문 경영인 기업에 근무하는 중간 관리자 47명, 총 90명이었으며, 결과는 다음과 같았다. 스트레스는 '팀원 = 고객 28.1% 〉 직속 상사 21.9% 〉 대표이사 15.6% 〉 가족 6.3%'순이었으며, 동기부여는 '직속 상사 31.3% 〉 대표이사 = 고객 28.1% 〉 팀원 9.4% 〉 가족 3.1%'순으로 나타났다.

주변 인물들이 스트레스와 동기부여에 미치는 영향의 정도

전체적인 결과만 두고 본다면 관리자들에게 가장 큰 스트레스를 주는 인물은 팀원과 고객인 것으로 드러났다. 하지만 경영 구조의 차이에 따라 두 기업을 나누어서 분류해 보면 전혀 다른 결과가 나온다. 경영 구조의 차이에 따라 스트레스에 영향을 미치는

주체의 순위가 완전히 다르게 나타나는 것이다. 전문 경영인이 최고 경영자로 있는 조직의 경우 '직속 상사 = 고객 33.3% 〉대표이사 22.2% 〉팀원 11.1%'순으로 나타났다. 반면 소유주가 최고 경영자로 있는 조직의 경우 관리자들에게 스트레스를 미치는 크기의 순서는 '팀원 34.8% 〉고객 26.1% 〉직속 상사 17.4% 〉대표이사 13.0% 〉가족 8.7%'순으로 나타났다.

누구에게서 가장 큰 스트레스를 받는가?

■ 대표이사 ■ 직속 상사 ■ 팀원 ■ 고객 ■ 가족

전문 경영인	22.2%	33.3%	11.1%	33.3%
소유주 경영인	13.0%	17.4%	34.8%	26.1%	8.7%

다시 말해서 전문 경영인 체제에서는 관리자들이 스트레스를 느끼는 주요 대상이 상사인 반면, 소유주 경영 체제에서는 스트레스의 대상이 부하인 것이다. 조직이 어떤 경영 구조를 가지고 있느냐에 따라 조직의 중간 관리자들이 느끼는 스트레스의 대상이 180도 차이가 있는 것이다. 최고 경영자가 전문 경영인이면 위로부터의 스트레스가, 최고 경영자가 소유주면 아래로부터의 스트레스가 좀 더 강하다고 해석할 수 있다.

그런데 여기서 사용한 다섯 가지 척도의 객관식 질문지는 누구에게서 스트레스를 많이 받는지는 알 수 있지만, 무엇 때문에 이런 결과가 나왔는지에 대한 정확한 원인은 파악하기 힘들다. 일반적으로 객관식의 단점을 보완하기 위해서 주관식 서술형 질문을

달아 보는데, 여기서도 개별적 의견을 들을 수 있는 주관식 항목을 달아 보았다. 객관식 질문의 결과와 밀접한 관련이 있다고 판단되는 주관식 답변을 몇 개 나열해 보면 다음과 같다.

- **전문 경영인 체제에서의 관리자**
1 단기 실적에 대한 압박이 너무 심하게 내려오는 것 같다.
2 시간이 필요할 때가 많은데, 위에서는 기다려주지 않을 때가 많다. 길게 보고 개발 계획도 잡고 판매 계획도 잡는 것이 정상인데, 조금만 결과가 늦어져도 무섭게 다그친다.
3 중장기적 관점에서 인력 계획을 수립할 수가 없다. 빨리 결과를 내야 하기 때문이다.

- **소유주 경영 체제에서의 관리자**
1 우리 회사는 대표의 입김이나 영향력이 너무 강하다.
2 모두가 위만 보고 있다. 사장님이 알아서 해 주시겠지 하는 분위기가 너무 팽배해 있다.
3 움직이지 않는 수동적 조직이 되어 버렸다. 스스로의 판단으로 일을 하는 직원이 보이지 않는다.

정리해 보면 전문 경영인 체제에서는 단기 실적 위주의 회사 운영이나 간부들 간의 경쟁 심리 등이 중간 관리자들에게 압박으로 작용하고 있었다. 반면 소유주 경영 체제에서는 비교적 중장기적 관점에서 회사 운영이 이루어지고 있음을 유추해 볼 수가 있다. 그래서인지 소유주 경영 체제에서는 긴장감이나 적극적 자세가 상대적으로 떨어진 듯한 느낌이며, 이런 모습들이 팀장들에게는 상당한 스트레스로 작용하고 있는 듯해 보였다.

이외에 추가로 눈에 띄는 점이 있다면 고객이 미치는 스트레스는 양쪽 모두에게 거의 비슷하게 작용하고 있다는 사실이다. 어느 경영 체제가 되었든 기본적으로 관리자들은 고객이라는 외부 집단을 강한 스트레스의 존재로 인식하고 있는 것이다. 제대로 된 조직이라면 이는 매우 당연한 현상이다. 혹시나 "우리 조직은 고객에 대한 스트레스가 거의 없다"라고 말하는 조직 장이 있다면 성장이나 실적 면을 자세히 들여다보기를 권유한다. 이렇게 말하는 회사의 거의 대부분 성장이 멈추어 있는 경우가 많기 때문이다. 고객은 스트레스의 주범이기도 하지만, 성장하는 회사에서는 동기부여의 근원이 되기도 한다. 이는 여러 데이터가 증명하고 있으며 나 또한 이를 입증할 만한 증거를 다수 가지고 있기 때문에 자신 있게 말할 수 있다.

이어지는 질문에서도 유사한 답을 어느 정도 찾을 수가 있었는데 바로 동기부여의 원천을 물어보는 질문이다. 다음의 데이터는 "동기부여를 이끄는 인물은 누구인가?"를 물어본 질문에 대한 답변이다. 관리자들에게 동기부여를 일으키는 영향도에 있어서, 전문 경영인 체제에서는 대표이사와 직속 상사가 33.3%로 같은 영향도를 차지했으며 팀원, 고객, 가족도 11.1%로 같은 비중을 차지했다. 반면 소유주 경영 체제에서는 사뭇 다른 결과가 나왔는데 무엇보다도 고객이 차지하는 비중이 가장 높게 나왔다는 점이다. 영향도를 나열해 보니 '고객 34.8% 〉 직속 상사 30.4% 〉 대표이사 26.1% 〉 팀원 8.7%' 순으로 나타났다.

누구에게서 가장 큰 동기부여를 느끼는가?

■ 대표이사　■ 직속 상사　▨ 팀원　■ 고객　■ 가족

	대표이사	직속 상사	팀원	고객	가족
전문 경영인	33.3%	33.3%	11.1%	11.1%	11.1%
소유주 경영인	26.1%	30.4%	8.7%	34.8%	

그런데 이 데이터는 앞서 발표한 스트레스 관련 설문 결과와 다른 양상을 보이고 있다. 경영 체제가 어느 쪽이든지 관리자들은 일에 대한 동기부여를 아래보다는 위로부터 느끼고 있다는 점이 매우 특이하다. 한 가지 차이점이 있다면, '고객'이 전문 경영인 체제에서는 미약하게 작용한 반면, 소유주 경영 체제에서는 매우 높은 비중을 차지하고 있다는 점이다. 여기서도 마찬가지로 결과 데이터만 가지고는 엉뚱한 해석을 할 가능성이 높기 때문에 서술형으로 받아 놓은 주관식 답변을 참고할 필요성이 있다.

- **전문 경영인 체제에서의 관리자**

1 실시간으로 정보를 교환하기 때문에 대표님은 나의 모든 상황을 항상 파악하고 있다고 생각한다.

2 칭찬을 받아서 기분이 좋은 것이 아니라 '나를 인정해 주고

있구나' 하는 생각이 들어서 기분이 좋다.

3 우리 본부장은 모든 일정을 공유하고 있기 때문에 강한 소속
   감을 느끼게 만든다.

- **소유주 경영 체제에서의 관리자**

1 고객으로부터 고맙다는 말을 들을 때는 정말 기분이 좋다.

2 결국은 지금의 고객들이 나를 지켜 줄 것이고 나의 든든한
   울타리가 되어 줄 거라고 생각한다.

3 전혀 모를 줄 알았는데, 대표님이 내가 무슨 일을 하는지를
   정확히 알고 있었다. 정말 뿌듯한 순간이었다.

어느 정도 분위기가 느껴지겠지만, 전문 경영인 체제에서는 직
속 상사나 대표이사와의 관계가 파트너나 동료의 이미지를 띄고
있음을 강하게 느낄 수 있다. 반면에 소유주 경영 체제에서는 대
표이사가 동료나 파트너 관계가 아닌 그 이상의 수직적인 이미
지를 느끼게 만든다. 그러다 보니 일의 동기부여에 대표이사보다
는 직속 상사의 영향도가 더 높게 나온 것이라고 생각한다. 거기
에 더하여 아무래도 그런 칭찬에 대한 기대감이 고객 쪽으로 옮겨
간 듯한 인상이다. 앞에서도 말했듯이 소유주 경영 체제에서는 조
직 운영이 중장기적 관점에서 많이 움직인다. 때문에 고객을 바라
보는 관점도 전문 경영인 체제보다는 좀 더 장기적인 관계 형성을
바라는 마음으로 움직이는 것이다.

공정한 구조

참고로 위에 제시한 자료는 다수의 회사가 아닌 특정한 회사 두 곳을 대상으로 한 것이다. 따라서 객관적 근거가 아닌 이 회사만의 문화일지도 모른다는 반박은 충분히 있을 수가 있겠다. 이 점을 감안해서 해석에 따라와 주었으면 하는 바람이다.

관리자 스트레스의 대부분은 '사람 관리'

관리자를 대상으로 설문 조사를 하면서, 관리자가 되기 전과 된 후 생각의 차이에 대해 알고 싶은 욕구가 생겼다. 그래서 이번에는 과거에 우리 교육 과정을 수료한 경험이 있는 팀장들을 대상으로 몇 가지 질문을 던져 보기로 했다.

팀장 86명 중에서 설문에 응해 준 56명의 결과는 다음과 같다.

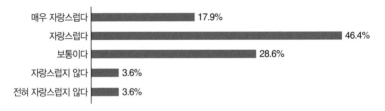

관리자가 된 것에 대한 소감은 어떻습니까?

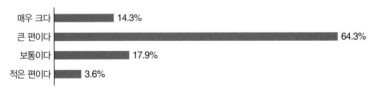

관리자가 된 후에 느끼는 스트레스는 어느정도 입니까?

도표에서도 나와 있듯이 전체의 3분의 2에 가까운 64.3%가 관리자가 된 것이 자랑스럽다는 의견을 표시했다. 동시에 78.6%가 관리자가 된 후 상당히 큰 스트레스를 느끼고 있다고 답했다. 관리자가 되어서 얻게 된 만족감도 크지만, 스트레스는 만족감보다 14.3% 더 높다는 사실을 알 수가 있다. 그리고 여기에 기술하지는 않았지만 스트레스의 거의 대부분은 '사람 관리'라는 답변이 주류를 이루었다.

　이는 무엇을 의미하는 것일까? '팀장', '본부장'과 같은 조직 장의 직급을 명함에 넣었을 때 느끼는 자부심도 크지만, 사람 때문에 느끼는 스트레스도 만만치가 않다는 점을 의미한다. 외적으로는 주변 사람들의 기대치에 부응하여 좋긴 하지만, 내적으로는 기존 업무에 더하여 늘어난 사람 관리가 엄청난 부담감으로 작용하고 있다는 것이다. 이렇듯 조직 관리를 책임지는 팀장, 본부장이라는 자리는 스트레스와 혼연일체가 되어 살지 않으면 안 되는 자리인 것이다. 그런데 여기서 한 가지 짚고 넘어갈 일이 있다. 관리자란 사람 관리만 하는 자리가 아니라는 것이다. 중요한 임무는 팀이나 부서의 성과이지, 사람에 대한 관리가 전부는 아니다. 사람 관리는 성과 창출을 위한 하나의 수단에 불과한 것이지 전부가 될 수는 없다.

　'현대 경영학의 창시자'로 불리는 피터 퍼디낸드 드러커Peter Ferdinand Drucker 박사는 그의 위대한 저서《매니지먼트Management》에서 조직 관리자에 해당하는 매니저를 '조직의 성과에 책임을 지는 자'라고 정의했다. 이는 '사람의 일에 책임을 지는 자', 혹은 '상사'라는 의미가 아니다. 그보다는 한 분야의 전문가로서 조직에 공헌하는 사람을 일컫는다. 이들은 조직의 부를 창출하는 힘이나 사업의 방향 및 업적에 중대한 영향을 끼친다. 드러커 박사는 매니저를 구분 짓는 기준은 "'명령하는 권한'이 아닌 '공헌하는 책임'에 있다"고 말했다. 즉, 매니저는 '개인적인 과업 달성보다는 조직의 전체적인 성과에 대한 책임을 지는 자'라는 것이다. 그러면서 매니저는 육성되는 것이지 결코 타고난 부류가 아니라는 말도 덧붙였다. 거기에 더하여 매니저와 팀원의 보수에 대해 다음과 같이 말했다. "기능과 지위는 반드시 분리되어야 한다. 야구 스타가 감독이나 코치보다 수입이 많은 것은 이상한 일이 아니다. 특히 영업 사원의 경우, 실적이 우수한 인기 영업 사원이 그 지역 담당 판매 부장보다 많은 보수를 받는 것은 결코 이상한 일이 아니다. 매니저와 전문가의 차이는 그 책임과 활동에 있어서 매니저 쪽이 다른 면, 즉 관리적인 부분을 더 가지고 있다는 점에 있다"라고 말했다. 현장에 있는 팀원에 비해 급여가 더 낮은 일도 충분히 발생할 수 있다고 말한 것이다.

드러커 박사의 말은, 매니저는 강점을 가지고 있는 본인 고유의 업무에 더하여, 부서의 전체적인 성과를 올리기 위해 부서원들을 관리하고 동기부여화할 의무와 책임이 있다는 의미로 해석할 수 있다. 부서원들 관리가 부담되고 견디기 힘든 스트레스로 작용하는 관리자라면 조직 관리의 위치에서 내려와 현장 업무에 더 매진하면 된다. 중요한 것은 자신이 어떤 성향이며, 어떤 모습을 원하는지에 대한 가치관의 문제다.

유연한 조직 환경을 위해 필요한 조치

그러나 본인의 가치관이나 자기 자신의 철학에 따라 행동하는 것이 그렇게 쉽지는 않다. 주변의 시선 때문이다. 여기에 더하여 한국인에게 유독 심하게 작용하는 나이 문제가 걸려 있다. 우리나라의 조직 문화는 나이와 기수에 매우 민감하다. 서열을 무시하고 함부로 인사 발령을 내리는 일이 생긴다면 엄청난 반발을 각오해야만 한다. 혹시나 공채로 신입 사원을 뽑는 회사가 있다면, 승진이나 승격 시 나이와 서열을 동시에 고려해야만 한다. 나이가 어려도 먼저 들어온 선배는 선배이기 때문에 함부로 할 수가 없다. 마찬가지로 아무리 후배라 하더라도 나이가 많은 후배는 나이대접을 해 주어야 뒤탈이 없다. 인간관계가 촘촘히 엮여 있는 사회이기 때문에 회사에서의 후배가 학교 선배의 친구인 경우도 적지 않기 때문이다.

이런 상황이다 보니, 기수가 아래인 후배나 나이가 어린 동생이 나의 상사로 인사 발령이 나는 경우를 받아들이지 못하는 것이다. 이 문제는 자연스럽게 나이가 많은 사람, 기수가 위인 사람은 당연히 보직을 맡아야 하는 문제로 귀결된다. 그래서 대부분의 조직에서 팀장이나 본부장의 직책을 맡은 사람들이 나이가 많거나 선배인 경우를 당연하게 받아들이는 것이다. 그들보다 나이가 많거나 선배인 사람이 보통의 팀원으로 있다는 것은 모두에게 비정상의 상황으로 받아들여지는 것이다. 이런 상황은 '나보다 나이 많은 팀원을 얼마나 데리고 있는가?'에 대한 현장의 상황을 조사한 통계자료를 보면 금방 알 수 있다.

다음의 도표는 2015년 4월 한국과 일본에서 동시에 실시한 〈2014 직장인 의식 조사〉에 포함된 항목 중 하나다. 일본에서의 조사는 과거 내가 근무했던 리쿠르트매니지먼트솔루션Recruit Management Solution, RMS에서 실시하였고, 한국에서의 조사는 잡코리아가 실시하였다. 일본은 종업원 수 1,000명 이상 기업의 중간 관리자 412명, 한국은 300명 이상 기업의 중간 관리자 283명이 답해 주었다.

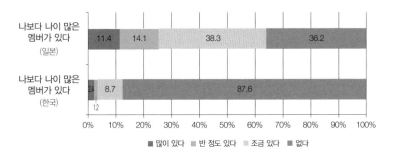

도표에서 보듯이 일본은 나이 많은 팀원과 일을 하는 팀장이 63.8%인 반면, 한국은 12.3%에 불과했다. 우리의 경우 역시 나보다 나이 많은 부하 직원이 있는 것은 여간 불편한 일이 아닌 것이다. 이 말을 뒤집으면 나보다 나이 어린 후배가 내 위로 올라가는 것 또한 받아들이기 힘든 상황이 되는 것이다. 그만큼 우리는 개인의 능력보다는 나이나 입사 연도가 승진, 승격에서 상당히 큰 기준점으로 작용하고 있음을 유추해 볼 수 있다.

그러나 유연한 조직 관리를 원하는 곳이라면 이런 구도를 빨리 깰 필요가 있다. 아울러 주체성이 강한 직원 육성을 위해서도 이런 고정관념은 깨야 한다. 나이가 많다고 해서, 선배라고 해서 꼭 조직 장이 될 필요는 없다. 주변의 눈치 때문에 맞지도 않은 옷을 굳이 억지로 입고 있을 필요가 없다는 것이다. 사람은 각자의 자질이 다른 법이다. 인간관계에 능숙한 사람이 있는 반면에, 사람보다는 업무관리나 일의 전문성을 더 중요시 여기는 사람들도 적지 않다. 나이를 먹으면 무조건 관리자가 되어야 한다거나, 관리자는 무조건 선배가 되어야 된다는 식의 사고는 이제 그만 탈피했으면 좋겠다.

관리자의 수보다는 전문가의 수에 더 무게를 두었으면 좋겠다. 모든 연구 논문이 검증했듯이 앞으로의 화두는 '협업'이라고 하는데, 협업을 위해서는 유연한 조직 관리가 선행되어야 하기 때문이다. 나이 많은 직원을 무조건 관리자의 지위로 올리기보다는 어떻게 하는 것이 그들의 전문성을 더 잘 활용하는 길인지를 먼저 생각해야만 한다. 좋은 결과가 나올 수 있는 협업 시스템의 고안에 더 신경써야 한다는 것이다. 다시 말해서, 조직 장의 수를 늘리는 고민보다는 훌륭한 협업의 파트너를 많이 양성하는 데에 더 많은 고민을 하자는 것이다. 유연한 조직 환경이야말로 강한 조직을 만드는 데에 반드시 필요한 조건이기 때문이다.

9

앞으로의 조직 문화는
납득과 즐거움이다

설명과 피드백은 성과로 이어진다

나는 불과 1년 전만 해도 30여 명의 재능 있는 컨설턴트 그룹을 이끌던 기업의 사장으로 있었다. 일본 기업의 한국 법인으로 시작하여 10년이라는 짧은 시간에 괄목할 만한 성장을 이루었다고 자부한다. 처음에는 한국에 진출해 있는 일본 기업이나 일본으로부터 투자 받은 한국 기업에 조직 관리를 자문하는 업무가 우리의 주요 임무였다. 그러던 것이 하나둘씩 한국 기업의 수요가 늘어나면서 매출 비중에도 큰 변화가 생겼다. 내가 사장의 자리에서 물러나 조직을 떠날 때 즈음에는 국내 기업의 매출 비중이 70%대까지 올라가게 되었으니 나름대로는 큰 성과를 남기고 조직을 떠났다고 자부해 본다.

최고 경영자라는 자리는 사람들의 이목이 집중되는 자리임에 틀림없다. 대외적으로는 회사를 대표해서 수많은 행사에 참석해야 하고, 그만큼 화려한 대우를 받기 때문에 마음 한편으로는 우쭐해지는 면도 없지 않다. 대내적으로도 마찬가지다. 조직의 중장기적 전략을 수립하는 데 있어 내가 마음먹은 대로 계획을 짜고 실행에 옮길 수 있는 권리와 특권이 우선 주어진다. 상품 전략이나 가격 정책 등 회사의 주요한 마케팅 정책을 수립하는 데 있어 내가 어떤 의사 결정을 하느냐에 따라 조직 전체가 요동친다. 또한 내부 직원들에 대한 평가, 보상, 승진 등과 같은 인사권을 쥐고 있다는 사실은 권력의 집중 현상을 발생시킨다. 자부심도 높아지지만 동시에 책임감도 커진다. 결론적으로 말하면 최고 경영자라는 자리는 눈에 보이는 화려함만큼이나 그에 상응하는 고민과 스트레스도 동시에 짊어져야 하는 자리다.

조직이 커지면 최고 경영자로서의 역할도 변하기 마련이다. 현장에서 일하는 것을 좋아했던 나였지만, 언제부터인가 현장의 일은 직원들이 처리하는 상황으로 변해가고 있음을 느꼈다. 주로 만나는 사람들이 경영진이다보니 그들과의 대화 시간이 늘어갔고 그들에 대한 영업 활동이 주가 되는 날들이 많아졌다. 컨설턴트로서 객관적인 시각은 기본 중의 기본인데 언제부터인가 경영진 위주의 사고로 쏠리는 듯한 느낌을 받았다. 하지만 알고 있어도 손을 쓸 수 없었다. 설령 현장에서 멀어져 가는 자신이 못마땅해도 조직의 구조가 이미 어쩔 수 없는 상황으로 변해 버렸기 때문이었다. 무엇보다도 현장에 있는 직원들이 불편하게 생각했다.

지금의 연구소를 만들고 가장 좋은 점은 다시 현장으로 돌아왔다는 사실이다. 경영진은 말할 것도 없고, 고객사의 가장 아랫부분을 차지하는 일반 직원들의 생각을 엿볼 수 있는 접점이 많아졌다. 물론 육체적으로는 많이 고달픈 것도 사실이다. 예전 같으면 경영진만 상대하면 되었지만, 지금은 그들보다도 일선에 있는 직원들을 상대하는 시간이 압도적으로 많이 늘었기 때문이다. 그러나 이런 육체적 피로를 잊게 할 정도로 나를 흥분시키고 기쁘게 하는 것이 있다. 균형 잡힌 시야를 갖게 되었다는 점이다. 조직 관리나 조직 개발은 전체적인 시야가 매우 중요한데, 위와 아래를 동시에 상대하면서 균형 잡힌 시각을 갖게 되었다는 것은 큰 소득이 아닐 수 없다. 기울던 추가 이제야 비로소 균형을 맞춘 듯한 느낌이 든다.

도저히 이해하지 못했던 《82년생 김지영》이나 《90년생이 온다》와 같은 책 내용을 얼추 이해하는 소득도 있었다. 대통령이 나서서 홍보하는 바람에 워낙 화제가 되었던 책들이라 호기심에 읽어 보았다. 무엇을 말하고자 하는지 모르는 바는 아니었으나 솔직히 공감이 가지 않은 내용이 너무 많아서 혼란스러웠다. 수년전에 영화 〈국제시장〉이 개봉될 즈음에, 아는 고객사의 회장님이 나에게 이런 말을 한 적이 있었다.

"신 사장, 내 말을 좀 들어 보이소."

"예, 회장님. 표정이 좋지 않으신데, 무슨 일 있으세요?"

"요즘 나온 〈국제시장〉이라는 영화 있잖소, 영화가 너무 감동적이라 우리 자식들한테 가서 좀 보고오라 했더니 이런 반응을 보이는 거요."

"저도 그 영화 보고 많이 울었어요, 우리 부모님들이 이렇게 우리를 키웠구나 하는 생각에 계속 눈물이 나더라고요……. 참, 근데 아드님이 뭐라 했는데요?"

"보수는 불리하면 꼭 반공으로 여론 몰이한다고……. 이념 교육 시키지 말라고 하면서 손주를 데리고 자기 집으로 가 버리는 거요."

회장님의 자제분이 왜 그런 행동을 보였는지를 어렴풋하게나마 공감할 수 있다. 100%는 아니어도 그들의 가치관이나 삶의 철학이 형성된 배경을 조금이나마 이해하게 됨으로써 앞으로의 조직은 어떤 모습이어야 하는가를 다시 생각하게 되었다. 여기서 제시하고 싶은 키워드가 바로 '납득'과 '즐거움'이다.

여기서 '납득'이라는 단어는 몇 가지 의미를 포함하고 있다. 공정이나 평등, 합리적 판단 등과 약간은 다르다. 중요한 것은 '왜'라는 단어에 수긍할 만한 답을 낼 수 있어야 한다는 점이다. 그럴 일은 없겠지만, 혹시라도 "왜 이 일을 해야 하는 거죠?"라는 질문이 들어왔을 때, "이유는 나도 몰라. 그냥 해!"라고 답한다면 시키니까 하기는 하겠지만 조직에 대한 불신이나 상사에 대한 불편한 감정은 더욱더 쌓여 가게 될 것이다.

이런 불신과 불만은 조직의 실적에도 영향을 미칠 수밖에 없다. 2019년 봄에 우리 연구소에 등록되어 있는 회원들을 대상으로 업무 설명과 피드백에 관해 간단한 설문 조사를 실시했다. 총 531명이 응답해 주었는데, 전체적으로 업무에 대한 설명이나 피드백의 실시 여부에 있어서 부정적 분위기가 48%, 긍정적 분위기가 13%를 차지했다. 현장에서는 아직도 상명하복의 'SKKK(시키면 시키는 대로 하고, 까라면 까라)' 문화가 지배적이구나 하는 생각을 해 보았다. 세대별 차이나 직급에 따른 차이는 따로 분류하지 않았지만, 설문의 대상이 일반 직원이었다는 점을 감안할 때, 연령대는 20대 후반~40대 초반일 것으로 추정해 본다.

대부분이 30대인 점을 감안해 보았을 때, '납득과 이해를 중요시 여기는 그들의 입장에서 일방통행의 수직적 업무 지시가 과연 아무렇지도 않게 통용이 될까?' 하는 의문이 들었다. 그래서 응답자를 전년도의 실적이 전전년도 대비 올랐다고 응답한 그룹과 전전년도 대비 하락했다고 응답한 그룹으로 나누어서 분석해 보았다. 실적에 변화가 없다는 그룹이 가장 많았으나, 실적에 미치는 영향을 좀 더 선명하게 파악해 보기 위해서 '실적에 변화 없음' 그룹은 통계에서 제외하였다.

전체적으로 보았을 때, 업무에 대한 설명이나 피드백의 실시 여부에 부정적인 답변은 '실적 상승 40.7% VS 실적 하락 57.0%'의 수치가 나왔고, 긍정적인 답변은 '실적 상승 19.4% VS 실적 하락 6.0%'의 수치가 나왔다. 실적이 상승했다고 응답한 그룹이라고 해서 업무 지시나 피드백에서 기대만큼의 커뮤니케이션이 이루어지는 것은 아니었다. 그렇지만 실적이 하락했다고 응답한 그룹과 비교해서 그들의 수평적 문화는 세 배나 더 크게 실적 상승에 영향력을 발휘했다고 말할 수 있다. 참고로 여기에 싣지는 않았지만 '실적에 변화 없음' 그룹의 경우 '실적 하락' 기업의 수치와 거의 비슷하게 나왔다.

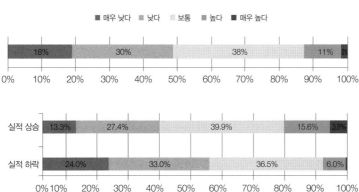

지시 받은 업무에 대한 설명이나 피드백은 어느 정도 전달되고 있습니까?

■ 매우 낮다 ■ 낮다 ░ 보통 ▨ 높다 ■ 매우 높다

연령대별, 직급별로 나누어서 좀 더 세부적인 조사가 필요한 대목이긴 하지만, 업무 지시를 내릴 때와 결과에 대한 피드백이 성과와 직접적인 상관관계가 있는 것만큼은 틀림이 없어 보인다. 설명과 피드백은 젊은 직원들을 이해하는 중요한 코드 중 하나인 '납득'과 '이해'에 중요한 요소라고 말할 수 있다. 이는 수평적 조직 문화의 구축에도 중요한 역할을 하고 있다. 따라서 좀 더 신경을 써서 실행에 옮겨 줄 것을 권유한다.

납득이 세대에 대한 이해

다시 이야기를 우리 조직의 젊은 세대에 대한 의식구조 분석으로 돌아가 보자. 우선 '왜'라는 단어가 왜 이렇게 중요한 화두로 떠오르게 되었는지를 먼저 분석해 볼 필요가 있다. '왜'를 중요하게 여기는 정서적 감정은 우리나라 대학 입시의 변천사와도 관계가 있지 않나 생각해 본다.

현재 조직의 상층부에 위치하는 사람들은 학력고사라는 대입 제도 아래서 학교를 다녔다. '학력고사'라는 이름의 전국 단위의 대학입학시험을 치르고, 거기서 받은 점수에 맞추어 대학에 지원했다. 지금처럼 정시나 수시와 같은 개념이 아닌, 수학능력시험의 결과만으로 학교에 지원했다. 그리고 얻은 점수에 따라 당락이 결정되었다. 그러던 것이 언제부터인가 시험은 기초 능력 검증의 도구로 지위가 한 계단 내려갔고, 최종 당락은 '논술'이라는 새로운 도구로 대체됐다.

이때부터 전국의 모든 학생은 논술 열풍에 휩싸이게 된다. 갑자기 토론식 수업이 증가하게 되었다. 덕분에 동네에는 여태 보지 못했던 수많은 논술 학원이 등장했다. 논쟁 형식의 각종 토론 대회도 생겼다. '공자 가라사대'를 외치던 나라가 갑자기 '소크라테스의 정반합'을 부르짖는 대대적인 교육 혁명의 시대로 접어들게 된 것이다. 가슴을 움직이는, 말의 내용은 멀리하고 머리를 움직이는, 말의 논리를 연구해야 했다. 사람에 집중하기보다는 말의 논리 구조에 더 신경을 쓰는 학업 분위기가 급속도로 퍼져 갔다. 지금의 30대는 이런 교육과 문화 풍토 아래서 중고등학교를 다녔고 대학에 진학했다. 인간의 가치관 형성에 가장 중요한 시기가 청소년기라고 하는데, 그들은 기성세대가 가지고 있는 사고 체계와는 상당한 괴리감이 있는 사회적 분위기에서 청소년기를 보낸 것이다.

신세대 사원들의 의식구조 형성에 큰 영향을 미친 환경 변화의 요소가 하나 더 있다. 교육적 환경 변화의 영향에 못지 않게 중요한 영향을 미친 것이 바로 경제적 환경 변화다. 우선 그들의 유년기는 우리나라가 전례 없는 고통을 겪었던 IMF의 시기에 유년기를 보냈다. 당장 우리 집은 아닐지라도 한 집 건너 하나 꼴로 가장이 실직해 모든 국민이 고통을 겪던 시기였다. 소비는 극도로 위축되었고 가정 파탄으로 가족이 해체되는 비참함을 수없이 목격했다. 어린 나이에 이런 고통을 경험한 이들에게 무조건 긍정적으로 생각하라는 기성세대의 요구는 받아들이기 어려웠으며, 긍정의 힘으로 사회를 보는 것도 쉽지가 않은 일일 것이다.

이런 위축된 심리에 다시 한번 불을 당기는 사건이 발생한다. 바로 2009년의 리먼 사태다. 10여 년 전 겪은 IMF의 고통이 너무 심해서였을까? 우리나라는 세계 그 어떤 나라들보다도 리먼 사태를 더 심각하게 받아들였고, 그 어떤 나라들보다도 사전 대비를 철저히 했다. 덕분에 우리는 다른 나라에 비해 아주 적은 충격을 받았다. 하지만 이를 준비하는 과정에서 기업들이 너무 심하게 긴축하는 바람에 한동안 투자심리는 꽁꽁 얼어붙었고, 이런 과정에서 일자리가 대폭 줄어들었다. 그들은 자신의 친구, 후배, 선배들과 일자리 경쟁을 하지 않으면 안 되는 상황에 직면하게 된다. 이런 상황은 대학 교육에도 영향을 미쳐 기초 학문이 외면받고 취업이 잘 되는 학과 위주로 교육이 재편된다. 학교에서도 '취업, 취업, 취업' 오직 취업만을 외치는 사회 분위기가 형성된 것이다. 그리고 이런 기조는 지금까지도 계속 이어져 오고 있다. 취업에 대한 스트레스는 지금의 세대가 느끼는 가장 큰 고민이고 고통이다. 그래서 그들은 공정하지 않은 취업, 공정하지 않은 대학입학에 민감하게 반응하는 것이다.

이런 기조는 조직에서도 마찬가지다. 공정하지 않은 평가, 공정하지 않은 승진에 문제를 제기하고 불만의 목소리를 높이는 배경에는 이런 배경이 깔려 있다. 그렇다고 그들이 항상 심각하고 건조하게 행동하는 것은 아니다. 그들만큼 놀기 좋아하고 분위기를 타는 세대도 없을 것이다. 여기에는 지금까지 그 누구도 누려 보지 못했던 풍요로운 세상을 살아 왔다는 시대적 배경이 가장 큰 역할을 한다. 힘들고 억눌렸던 학창 시절이었지만 역대 어느 세대보다도 찬란한 대중문화의 황금기를 누렸다.

'심각함 속에서도 재미', '고통 속에서도 즐거움'이라는 단어가 적절한 표현이지 않을까 싶다. 이러한 성향은 인간이 갖는 기본적인 이중성에 더해, 시대적 분위기가 큰 역할을 했다고 생각한다. 그러다 보니 조직이 아무리 심각해도 즐거움과 재미를 찾게 된다. 조직에서 재미와 즐거움을 찾을 수 없을 때 외부로 눈을 돌리게 되고, 흥미와 관심도 자연스럽게 조직을 떠나게 된다. 조직은 그저 돈을 벌기 위한 수단으로 전락한다. 소위 '유체 이탈' 현상이 생기는 것이다. 그러나 육체는 영혼이 떠나면 살 수가 없다. 조직도 마찬가지다. 일하는 구성원들이 혼魂 없이 몸만 왔다갔다하는 조직을 상상해 보라. 생각만 해도 끔찍한 일이다.

참여와 공감

최고 경영자의 자리에서 내려와 현장의 일을 하면서, 그리고 젊은 주니어 사원들과 어울리면서 많은 것을 느꼈다. 그러면서 앞으로의 조직 문화는 납득과 즐거움이 기반이 되어야 한다는 생각이 신념으로 자리 잡게 되었다. 물론 이 납득과 즐거움은 일반 직원만을 대상으로 한 것은 아니다. 이는 조직 구성원 모두를 아우르는 문화로 작용해야 의미가 있다. 조직 관리는 위와 아래의 균형이 중요하다. 위를 중심으로 한 문화여서도 안 되고, 아래를 중심으로 한 문화여서도 곤란하다. 구성원 모두가 같은 배에 올라타 있기 때문이다. 모두를 위한 회사를 만들어야 하고, 그러기 위해서는 위와 아래의 직원들 모두가 납득할 수 있고 모두에게 즐거운 문화를 만드는 것이 중요하다.

이런 관점에서 볼 때, 내가 선호하는 조직 문화 개선의 포인트는 아래로부터의 제언提言과 선동煽動이다. 예컨대 주니어 팀원으로 태스크 포스Task Force, TF 팀을 조직해 그들이 중심이 되어 조직 문화를 구축하고 개선하기 위한 다양한 활동을 전개하게끔 유도

하는 것이다. 처음부터 이런 방식을 선호했던 건 아니다. 과거 선호했던 방식은 역시 위로부터의 지시와 통제였다. 경영진이나 매니저들을 대상으로 워크숍을 진행하고 목표^{Goal}를 설정하고 What 과 How를 도출한 뒤, 조직 전체에 전파시키는 것이 일반적인 패턴이었다. 여기에 핵심 성과 지표$^{Key Performance Indicator, KPI}$를 만들어 구성원들이 제대로 준수하고 있는지를 확인하고 수정·보완하는 일이 더해졌다. 무엇보다 과거에는 즐거운 직장과 같은 조직 분위기를 형성하는 데에는 큰 관심을 두지 않았다. 그저 목표 달성을 위해 우리가 어디로 가고 무엇을 해야 하는지만을 생각하면 그만이었다.

그러나 납득이 세대의 탄생 배경을 경험하면서 위로부터의 지시보다는 아래로부터의 제언이 더 효과가 크다는 확신이 생겼다. 실험적으로 진행한 몇몇 회사에서도 상당한 효과를 경험하면서 아래로부터의 제언과 선동에 나는 더 큰 확신을 갖기 시작했다. 주니어 팀원으로 구성된 TF 팀을 조직하여 그들로 하여금 조직 일체감 형성을 주도하게 하는 방향성은 큰 효과를 발휘했다. 직원들을 한 방향으로 이끄는 가이드라인을 설정하거나 즐겁게 일할 수 있는 분위기를 형성하는 등 모든 문화 프로그램의 운영을 주니어 팀원으로 구성된 TF 팀에 맡겨 실현케 하는 것이다.

비전이나 핵심 가치와 같은 '조직의 방향성 설정'은 경영진과 심도 깊은 논의를 통해 도출하는 것을 원칙으로 한다. 하지만 '어떤 행동을 통해 이들 비전을 실현시킬지'와 같은 구체적인 조직 행동은 행동의 주체가 되는 직원들 스스로가 결정하게끔 유도한다. '고객 감동'이 우리 조직의 비전 실현에 꼭 필요한 핵심 가치라고 가정해 보자. 핵심 가치는 조직이 추구하는 인재상과도 같은 것이기 때문에 경영진의 의도로 설정된다. 하지만 현장의 직원들이 고객 감동을 실현하기 위해서 구체적으로 어떤 행동을 보여주어야 하는지와 같은 조직 행동은 직원들 스스로의 힘으로 정한다. 모두가 모여 각자 아이디어를 내고, 이렇게 모인 아이디어를 두고 다시 한번 모두가 모여 토론과 합의의 과정을 거쳐 투표로 결정된다. 이런 과정을 통해 서로 생각의 차이를 느끼게 하고, 또 도출된 결과는 모두가 자연스럽게 따르는 부수적인 효과도 노리는 것이다.

이런 과정을 거치지 않고 위에서 결정해서 행동 가이드라인을 내려보낸다면 따르기는 하겠지만 자연스럽지는 않을 것이다. 조직 문화의 가장 중요한 바탕인 참여와 공감이 결여되었기 때문이다. 결국 고객 감동이라는 전략적 가치관을 자신과는 상관없는 가치관으로 인식해 일탈적 의견이 형성된다. 비전 경영은 조직 구성원 모두가 조직이 지향하는 비전을 실현하기 위해 한 방향을 보게 하는 것이 가장 중요한 요소인데, 그런 의도와는 완전 반대되는 방향으로 가게 되는 것이다.

조직 행동을 결정할 때 그 주체가 되는 구성원들의 토론과 합의는 매우 중요한 요소다. 내가 직접 참여해서 나의 행동을 결정했다는 주체성과, 우리 모두의 토론과 합의를 통해 행동의 가이드라인을 만들어 냈다는 자부심을 갖게 하기 때문이다. 이는 조직 행동에 반하는 행동을 했을 시에는 동료들로부터 비난받을지도 모른다는 생각도 들게 만든다. 모두가 합심해서 만든 결정 사항인 만큼 우리 스스로가 지켜야 한다는 강한 의식을 만들어 준다.

여기서도 주도적인 역할을 하는 이들이 바로 TF 팀으로 구성된 팀원들이다. 조직 행동에 대한 구체적인 결정 사항이 모든 직원의 참여로 도출되었다면, 이 행동 사항들을 지속적으로 전파시키는 것은 TF 팀의 몫이다. 고객 감동이라는 핵심 가치의 실현에 어울리는 구체적인 조직 행동 가이드라인이 위로부터 내려왔다면 납득이 세대의 동의를 얻을 수 있었을까? 조직에서 자연스러운 움직임의 변화를 경험할 수 있었을까? 솔직히 말해 긍정적 결과는 기대하기 힘들다. 반면, 참여와 공감을 통한 조직 행동의 도출은 납득이 세대가 좋아하는 의사 결정 과정이기 때문에 이후 조직으로 전파하기 위한 행동 계획 수립에도 상당한 도움이 된다.

　납득이 세대로 구성된 TF 팀원들은 가급적 즐거운 분위기에서 조직 행동을 전파하려고 한다. 강압적으로 일체감을 형성하기보다는 자연스러움과 즐거움 속에서 구성원들의 마음을 하나로 묶는 '원팀'을 만들고자 노력한다. 소자화小子化 사회라는 시대적 흐름 속에서 개인주의적 성향이 강한 그들이지만, 그래도 모두가 한 마음으로 조직의 성장을 바라는 마음은 기성세대와 다르지 않다. '원팀'이라는 강한 결속력으로 험난한 파고를 돌파해 가고자 하는 의지 또한 매우 강하다. 기성세대와 다른 점이 있다면 그들은 재미를 중요하게 여긴다는 점이다. '재미와 즐거움이 있는 원팀의 구성'을 요구하고 있다는 점이 기존의 팀 문화 구축과는 다른 특이점이라고 말할 수 있다.

즐거운 일터 만들기 프로젝트

이런 이유로 앞으로의 팀 문화는 즐거운 일터Good Work Place, GWP에 초점이 맞춰져야 한다고 말하고 싶다. 또한 GWP 프로젝트의 키워드는 '아래로부터의 움직임'이어야 한다. 내가 주로 사용하는 방식을 잠시 소개해 보면 다음과 같다. 우선 즐거운 일터를 만들기 위해 필요하다고 여겨지는 것들을 사원들이 제시하게끔 유도한다. '특공대'라고 이름 붙여진 주니어 팀원들로 TF 팀을 구성하고 이들 TF 팀이 모여 각 항목을 검토하고 토론한다. 이들 TF 팀이 중심이 되어 현장에 전파할 수 있다고 판단되는 것만을 따로 모은다. 회사의 시스템이나 제도를 건드리지 않으면서 많은 비용이 들어가지 않는 것들을 우선 고르게 한다. 그리고 최종적으로 이들 특공대가 중심이 되어 현장 전파의 실행에 들어간다. 이해를 돕기 위해 내가 참여한 어느 회사에서 도출된 GWP 항목들을 가공하지 않고 그대로 옮겨 보았다.

- GWP 실현을 위해 제안된 현장의 아이디어

  1 조기 출근 사원 간식 지원

  2 핵심 가치 실천 포상제

  3 핵심 가치 굿즈의 제작

  4 핵심 가치 이니셜을 활용한 마스코트의 제작

  5 핵심 가치에 맞는 동호회를 조직하여 해당되는 기프트를 제작

  6 회의실 이름을 핵심 가치로 변경

  7 계단마다 '핵심 가치 문구'를 만들어 붙인다.

  8 통화대기음의 변경(통화대기 중 자연스러운 노출)

  9 출퇴근 지문인식기의 음성멘트(예: 오늘도 힘내자, 오늘도 수고했어)

  10 체육대회(예: 줄다리기, 계주, 피구)

  11 팀 간 소통 기회 늘리기(예: Beer Day)

12 동호회 지원 제도의 보완

13 팀 회의에 타팀 멤버의 참석

14 직원들의 경사나 실적 등과 같은 빅뉴스의 전 직원 공유

15 동호회 도전 스토리 경진대회

16 특정한 날짜를 정해서 전 직원 닉네임으로 부르기

17 리딩기업 벤치마킹과 견학의 기회 제공

18 일일 타부서 체험

19 취미 활동 Day의 제정

20 일주일에 하루는 회의 없는 날의 제정

21 같이 일하는 동료의 장점을 알려주기

22 사내 창의아이디어 대회의 개최

23 테마가 있는 직급별 워크숍의 실시

24 아이디어박스를 개설하여 운영 표창

25 업무혁신 아이디어왕 선발대회

26 취미 공유의 날을 통한 동호회 활동의 강화

27 회사 이미지 향상을 위한 정기적인 봉사활동의 실시

　

여기서 주목할 점은 이 모든 것이 아래로부터 일어나는 운동이라는 것이다. 개인적인 성향이 강하고 조직에 동화하기 힘들어 골치 아픈 존재로 취급받던 납득이 세대가 주체가 되어 현장 전파에 나서고 있다. 위로부터의 지시로 이런 일을 하고 있다면 실시 자체는 어렵지 않겠지만 참여율이 떨어진다는 단점을 안고 가야 할 것이다. 반면 이런 식으로 직원들이 직접 제안하고 주니어 팀원들

이 행동의 추진 세력으로 나서는 조직 문화 개선 운동은 지속적으로 운영된다. 오래전에 아는 회사에서 칭찬 릴레이 운동을 전개한 적이 있는데 오래가지 못하고 중단되었다고 한다. 사장의 지시에 따른 강제성에 원인이 있었다고 한다. 위에서 하라니까 영문도 모르고 실시했는데 공감대가 없는 상태에서 실시한지라 참여율이 떨어져 오래가지 못하고 중단된 것이다.

그러나 아래로부터의 '점화'는 확실히 다르다. 같은 또래 동료들의 참여율이 높은 것은 말할 것도 없고 위에서도 관심과 흥미를 갖고 지켜보게 된다. 시키는 일만 마지못해서 한다고 생각했던 납득이 세대의 자발적인 활동이 마냥 신기하기 때문이다. 이런 움직임은 조직에 새로운 바람을 불러일으키는 부수적인 효과도 낳는다. 마치 어린아이가 없는 집에서는 조용한 적막만이 흐르지만 아이들의 웃음소리가 흘러나오는 집에서는 생기와 활력이 느껴지는 것과 같은 이치라고 말할 수 있다. 모두가 동참하여 즐거운 웃음소리가 나는 생기 있는 분위기로 조직 전체가 한결 밝아지는 모습을 느끼게 된다. 이 모든 것이 가능한 이유는 이런 행동의 주체가 납득이 세대이기 때문이다.

여기서 우리는 앞으로 조직이 가야 할 바람직한 모습에 대한 힌트를 찾을 수 있다. 익숙했던 과거와 결별하고 조금은 생소할 수도 있는 새로운 문화와의 만남에 적극적으로 나서야 한다는 점이다. 점점 늘어나는 납득이 세대와 친해지고 그들로부터 몰입과 동기부여를 이끌어내기 위해서는 다소 귀찮더라도 일에 대한 목적을 설명하고 재미와 즐거움을 느낄 수 있는 조직 분위기를 만들어 주어야 한다. SSKK 문화가 이제 더 이상 우리의 조직 분위기를 지배해서는 곤란하다. 왜 일을 해야 하는지를 설명하고 일을 시작하는 습관을 가져야 한다.

납득이 세대도 마찬가지다. 간혹 '워라밸'이라는 이름으로 회사와 나를 완전히 분리해서 생활하는 친구들을 가끔 보곤 하는데, 이건 잘못된 생각이다. 회사를 그저 생계유지를 위한 수단으로 생각하고 나의 관심과 비전은 다른 곳에서 찾는다고 가정해 보자. 인간은 같이 지내는 사람들과의 호혜적 관계에서 삶의 의미를 찾는다고 하는데, 정신과 육체가 분리된 회사 생활이 얼마나 고역일지 상상해 보라. 인생의 거의 대부분을 차지하는 회사 생활을 이처럼 힘들게 보내는 상황은 절대 만들지 말아야 한다. 그러기 위해서는 우선 본인의 관심과 흥미가 느껴지는 직장을 찾아야 하고, 다음으로는 자신이 속한 조직 내에서 자신의 비전을 설계해야 한다.

마지못해 억지로 회사에 출근하는 친구들을 가끔 보곤 한다. 회사도 불행하지만 그 친구 본인도 행복하지 않기는 마찬가지다. 자신이 속한 조직 내에서 자아와 꿈을 실현하기 위해 최대한 노력해야 한다. 조직에서의 일상적인 활동들, 그리고 내가 하는 일을 통해서 자신의 미래를 설계하는 것이 좋다. 아울러 조직이라는 공동체의 일원으로서 조직이 추구하는 가치관이나 요구하는 조직 행동에서 절대 벗어나는 행동을 해서는 안 된다. 지금 내가 속한 이 조직은 내가 생계를 이어가는 경제적 자원의 원천이기도 하지만,

같이 일하는 나의 동료들 그리고 그 동료들의 가족들까지 책임지고 있는 우리 모두의 생계를 받쳐 주는 삶의 터전이기 때문이다. 참고로 직장인 모두가 몸만 다녀가는 조직 생활이 되지 않기를 바라는 마음을 담아 '조직 문화 구축'이라는 이름의 서약서를 만들어 보았다.

건강한 조직 문화 구축 서약서

직원과 그들 가족의 행복은 회사의 중요한 재산이다. 이는 조직의 성장과 발전, 나아가서는 우리가 살고 있는 지역 사회에 대한 경험으로 이어지는 핵심 요소다.

회사는 직원들이 즐겁게 일할 수 있는 환경 구축과 그들의 능력 개발을 위해 힘써야 한다. 직원들도 회사의 성장이 우리 모두의 행복의 근원임을 인식하고 조직의 성장과 발전에 공헌해야 한다.

사적 이익보다는 공적 이익이 항상 우선시되어야 한다. 이를 통해 우리 모두는 회사와 이곳에서 일하는 동료들의 행복을 위해 최선을 다해야 한다.

— 지속성장연구소 신경수

3 개선 노력

'현상 유지'에 대해 사람들이 한 가지 착각하고 있는 사실이 있다. 예전과 다름없는 실행 전략으로 현상 유지가 가능하다고 생각하는 것이다. 물론 주위의 모든 것이 내 처지와 비슷하게 유지되어 준다면 틀린 말도 아니고 걱정할 필요도 없다. 하지만 안타깝게도 내가 걸어가고 있는 사이에 경쟁자는 뛰어가고 있다는 것이 문제다.

"지금까지 잘하고 있는데 왜 구태여 아까운 시간과 돈을 써 가면서 변화를 꿈꿔야 하나요?" 라고 말하는 사람들이 의외로 많다. 그들에게 꼭 들려주고 싶은 이야기가 하나 있다. "당신이 변화가 싫어서 3G 휴대전화를 고수하고 있는 사이에 5G로 무장한 경쟁사는 최첨단의 고객 서비스로 당신의 고객을 깡그리 쓸어가고 있습니다."

그렇다면 어떻게 직원들을 변화의 흐름에 끌어들이는 것이 좋은가? 갑작스러운 변신보다는 단계별 접근법을 쓰는 것이 좋다. 그리고 그런 행동들이 일상의 장면에서 습관화되도록 해야 한다. 혁신이 아닌 개선을 위해 노력해야 한다.

10

개선의 모든 노력은
최종적으로 고객을 향해야 한다

실적으로 보는 빈익빈 부익부 현상

연초에 있었던 강연회에 참석한 사람들을 대상으로 회사 규모별로 작년도 회사 실적에 대해 조사해 보았다. 다음의 자료는 재무제표를 근거로 작성한 데이터가 아니다 보니 약간의 오차는 있을 것이다. 하지만 정상적인 직원이라면 회사의 실적이나 매출 현황을 모를 리가 없다는 전제 하에 신뢰성을 갖고 데이터를 바라보고

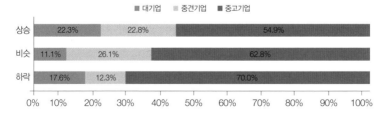

2018년과 비교하여 작년(2019년도) 귀사의 실적은 어땠습니까?

■ 대기업 ■ 중견기업 ■ 중고기업

	대기업	중견기업	중고기업
상승	22.3%	22.8%	54.9%
비슷	11.1%	26.1%	62.8%
하락	17.6%	12.3%	70.0%

자 한다. 참고로 총 5회에 걸친 강연회에서 총 425명의 회답을 근거로 작성했다.

데이터에서 드러난 특징을 규모별로 나누어서 정리해 보면 다음과 같다.

1 **대기업** 전년도와 비슷한 실적을 남긴 기업보다는 실적이 좋은 기업과 나빠진 기업으로 양분화되어 있다.
2 **중견 기업** 실적이 나빠진 기업보다는 오른 기업이 더 많긴 하지만, 전반적으로는 전년도와 비슷한 상황에 놓인 기업이 대부분이다.
3 **중소기업** 전년도에 비해 실적이 올랐다고 답한 기업보다도 실적이 악화되었다고 답한 기업이 훨씬 많다.

앞에 제시한 실적과 관련된 질문을 던지면서 꼭 넣어보고 싶은 것들이 몇 가지 있었다. 경영 혁신이나 내부 구조와 같은 항목들은 항상 빠지지 않고 질문하는 영역들인데, 이런 상투적인 것 말고 눈에 보이지 않는 영역들에 대해서도 물어보고 싶었다. 예를 들면, 뜻하지 않은 행운이나 불행 등과 같은 것이다. 컨설팅 현장에서 일하다 보면, 설명하기는 어렵지만 회사의 성장에 뜻하지 않은 도움을 주는 행운의 사건들을 자주 접하기 때문이다. 반대로 예상치 못한 불행으로 인해 회사가 순식간에 공중분해되는 사건도 바로 옆에서 지켜보았다. 정상적인 단계가 아닌 예상치 않은 일들로 인해 승승장구하는 기업이 있는 반면 정체의 늪에서 헤어나오지 못하는 기업도 있는 것이 사실이다.

이런 문제에 대해 질문을 한다면 그 사람이 가지고 있는 여러 가지 이론과 경험에 따라 다른 해답이 나올 것이다. 특히 나 같이 컨설팅 현장에 있는 사람들은 다양한 지표를 가지고 그 해답을 설명하고자 노력할 것이다. 그런데 혹시나 누가 나에게 그 이유를 물어본다면, 나는 주저없이 성장 기업과 실패 기업의 가장 큰 구분자는 경영자의 운運이라고 말하고 싶다. 다소 뜬금없는 답이라고 생각할 수도 있다. 그러나 실패할 수밖에 없는 상황에서도 일이 술술 잘 풀리는 기업들을 보았고, 반면에 성공할 수밖에 없는 천혜의 조건을 가지고도 실패로 빠지는 어처구니없는 기업들을 지켜보면서 얻은 결론이다.

그렇지만 기업 경영의 자문 역할을 하는 일을 직업으로 가진 사람으로서 기업 성패의 구분자를 '운'이라는 단어 하나로 정의를 내리는 것은 너무 무책임하다는 생각이 든다. 그리고 솔직히 운이라는 것은 실체가 없고 운에 대해 사람들에게 물어본들 정확한 답이 나올 리가 만무하다. 그래서 운이 아닌 조직적인 차원에서의 어떤 노력이 성공과 실패를 가르는지를 탐구해 보기로 했다. 많은 사람을 상대로 귀중한 데이터를 얻을 수 있는 모처럼의 기회이니만큼 정말 중요한 항목들을 가지고 접근해 보기로 했다. 평소 '기업의 성장과 실패는 절대적으로 조직 문화의 차이다'라는 생각을 가지고 있던 터였기에 이에 대한 생각을 알아보기로 했다. 조직 문화가 실적에 어느 정도의 영향을 미치는지를 탐구해 보기로 한 것이다.

나는 평소에 조직 문화의 3대 요소로 '조직이 가지고 있는 철학', '내부 구성원을 움직이는 구조', '혁신적 사고로 움직이는 실행'을 강조해 왔다. 건전한 철학과 공정한 구조는 이미 수도 없이 강조해 왔고 실질적인 사례도 여러 번 소개했다. 여기서는 상대적으로 언급의 기회가 적었던 '혁신적 실행'이라는 주제를 가지고 그 중요성에 대해 언급해 보고자 한다.

현 상태에 대한 만족은 퇴보를 의미한다

주변에 친하게 지내는 사장들 중에 굉장히 많은 유사점을 가지고 있으면서도 너무나 대조적인 경영 마인드를 가지고 계신 두 분(편의상 A와 B로 칭하도록 하겠다)이 있다. A 사장님의 말투는 "이대로도 충분해! 괜히 쓸데없는 짓 해서 일거리만 더 만들지 마!"인데 비해, B 사장님은 항상 "뭐 새로운 것 없어? 똑같은 것 반복해서 하려는 생각은 꿈에도 꾸지 마!"라는 식이었다. 50대 중반의 비슷한 연령대에 출신 지역과 가정환경도 거의 차이가 없는 비슷한 성장 배경을 가지고 있는 분들이다. 두 분은 서로 모르는 사이지만, 나는 각각의 개인 정보는 물론 회사 상황도 너무 잘 알고 있다. 같은 나이에 같은 고향이라 서로 알고 지내면 참 재미나게 지낼 수 있을 것이란 생각에 서로를 소개해 주고 싶은 마음도 들긴 했지만, 내가 좋아한다고 타인도 좋아하는 것은 아니라는 생각이 든 후부터는 사람 소개에 소극적으로 변했다. 그러면서 타이밍을 놓치게 되었고, 이제는 인위적인 만남은 생각하지 않고 있다.

두 분의 만남에 소극적인 자세를 갖게 된 또 다른 이유가 있다. 회사 규모의 차이 때문이다. 사람이란 게 그 사람의 인성이나 성품이 제일 중요한 요소임에는 틀림이 없다. 그러나 기업을 운영하는 사람들은 기왕이면 규모가 큰 회사나 성장하는 회사의 대표와 교제하고 싶어 한다. 너무 영세하거나 망해 가는 회사의 사장과 교류하고 싶은 사람은 그 어디에도 없다. 교류를 하면서도 '뭐 하나라도 배울 것 없나? 얻을 것 없나?' 하는 생각으로 사람들을 만나기 때문이다. 이런 생각 없이 사람을 상대하는 경영자를 나는 아직까지 한 번도 본 적이 없다. 경영자라면 거의 본능적으로 가지고 있는 교류 관계의 기본 조건이다. 그런 점에서 볼 때, B 사장에게 있어서 A 사장은 기피 인물일지도 모르겠다는 생각이 언젠가부터 들기 시작했다.

A와 B 사장을 알게 된 10년 전만 해도 두 분의 회사 규모는 거의 비슷했다. 두 분 모두 대기업에서 독립한 IT 엔지니어로서 프로그램 만드는 일을 기반으로 사업을 시작했다. 초창기 10여 명 남짓한 직원들을 데리고 사업을 일으킨 두 분의 성적표는 10년이 지난 지금, 거의 10배로 격차가 벌어진 상태다. 여러 가지 요인이 있겠지만, 개인적으로는 두 분의 경영 스타일의 차이가 가장 큰 구분자라고 생각한다. 위에서도 잠깐 사례를 들어 설명했듯이, A

사장은 지나치게 현실 안주형이고 B사장은 끊임없는 변화 혁신형이라는 점이다.

한 번은 이런 일이 있었다. A 사장의 기업에서 근무하던 직원이 담당 고객의 요청에 기존의 프로그램이 아닌 새로운 프로그램을 가지고 접근하다가 생긴 일이다. 유통 회사에 최적화된 '전사적 자원 관리 시스템Enterprise Resource Planning, ERP'을 구축하는 일을 전문으로 하던 이 회사에 기존 고객이 새로운 요구를 한 모양이다. 물류, 회계, 구매가 통합된 기존의 시스템에 영업 관리를 추가해 달라는 요청에 그 기업을 상대하던 직원이 고객의 특성에 맞는 프로그램 개발에 나선 것이다. 기존에 가지고 있던 제품으로는 고객의 기대에 충분히 대응하기가 힘들 것이라고 생각한 것이다. 기존의 완성품을 조금만 손보면 기대에 부응하는 제품이 나올 것이라고 판단했고 결과적으로 고객이 원하는 제품을 만들어 내는 데 성공했다. 그러나 새로운 제품을 만드는 데 상당한 시간이 소요되면서 다음에 예정된 프로젝트 개발에 차질이 생겼다고 한다.

"김 과장은 왜 시키지도 않은 일을 해 가지고 이렇게 피해를 끼치는 건가?"

"하지만 사장님, 고객의 요구가 있을 때 이런 식으로 업그레이드 버전을 만들어 두는 건 큰 행운이라고 생각합니다."

"지금 이대로도 충분히 잘 팔리고 있는 제품이야! 그리고 생각은 내가 하는 거야. 자네는 시키는 일만 잘 하면 되니까 너무 오바

하지 말게나!"

　이런 A 사장의 성격은 회사의 내부 구조에서도 그대로 드러난다. 이 분을 알게 되고 10년이라는 시간이 지났지만, 그동안 한 번도 이 분의 사무실 구조가 바뀐 것을 본 적이 없다. 한 번은 "분위기 쇄신도 할 겸해서 사무실 구조를 바꾸어 보는 건 어떨까요?"라고 조언한 적이 있는데, 돌아온 답은 "지금 이대로도 충분히 만족스러운데 뭐 하러 굳이 그런 쓸데없는 데 시간을 낭비합니까?"였다. 그러면서 항상 뒤따라 나오는 말이 있다. "문제가 발생하지 않는 한, 괜히 손대지 마세요. 상처만 키웁니다."

　시차는 다르지만 비슷한 사건이 B 사장의 회사에도 있었다. 고객의 성향이나 구매 패턴을 분석해 주는 소프트웨어를 개발해서 납품하는 일을 전문으로 하는 회사다. 고객 중에 어느 중견 유통회사가 있었는데, 과거의 구매 정보를 바탕으로 고객의 소비 예측 프로그램을 만들어 달라는 주문이 들어왔다고 한다. 의뢰를 받은 직원이 고민에 빠졌다. 이와 유사한 프로그램을 이미 가지고 있었지만 고객과 상담을 하면서 기존 제품으로는 고객 기대에 미치지 못할 것이라는 우려가 생긴 것이다. 이 직원은 기존 제품을 변형해 새로운 제품을 만들어서 납품하기로 결정했다. 하지만 결과는 실패로 끝났다고 한다. 새로운 제품에 오류가 나면서 고객의 업무 일정에 큰 차질이 생긴 것이다. 다행히 테스트버전 시행 중에 생긴 일이라 큰 피해로 이어지지는 않았지만 고객으로부터의 클레

임은 적지가 않았다고 한다.

"사장님 죄송합니다. 그냥 가지고 있던 것을 납품했으면 아무일 없었을 텐데, 쓸데없는 짓을 했다가 일을 크게 만든 것 같습니다. 면목이 없습니다."

"박 과장, 무슨 말을 하는 건가? 시간에 쫓겨 제대로 버그를 잡지 못하고 납품해서 생긴 일이지 않은가? 나도 기존 제품에 큰 불만이 있던 터였는데 그걸 자네가 나서서 업그레이드해 준 게 얼마나 고마운 일인데, 여기서 멈추지 말고 다양한 각도에서 여러 개의 제품군을 만들어 주지 않겠나?"

B사장은 이 일로 박 과장을 승진시켜서 신규 상품 개발 팀장으로 발령을 내렸다고 한다. A 사장과는 사뭇 대조적인 행동이다. 이런 시도가 있고 3년이 지난 후, 이곳에서 개발한 고객 구매 예측 프로그램이 대박을 치면서 회사는 급격히 성장하게 된다. "유명카드사의 고객 행동 예측이 세간의 조명을 받으면서 TV에 소개된적이 있어요. 그때 우리 제품이 같이 언급되었거든요. 정말로 운이 좋았어요. 전혀 기대하지도 않았고 예정에도 없었던 일이었거든요."

에피소드를 모른 채 듣는다면, B 사장은 정말 운이 좋은 사람으로 보일 것이다. 어떻게 자사의 제품이 TV에 소개될 수가 있나? IT 업계에서는 흔치 않은 일이다. 간접 광고Product Placement, PPL 형태로는 많이들 홍보하고 있지만 눈에 보이는 물건이 대부분이고 상당한 비용이 들어가는 일이기 때문이다. 그래서 B 사장네 회사와는 전혀 상관없는 일이라고 생각했는데, 고객사가 벌인 PPL에 B 사장의 제품이 들어간 것이다. 언뜻 보기에는 운이 따르는 사람이라고 볼 수도 있겠으나, 현재에 안주하지 않는, 중단 없는 도전 정신이 빛을 발한 것이라고 보는 것이 더 정확할 것이다. 준비된 자에게는 운이 기회가 되지만 준비되지 않은 자에게는 운도 그저 스쳐 지나가는 나그네에 불과한 것과 같은 이치다. 그가 즐겨 쓰는 말이 있다. "앞으로 나아가기 위해 처절하게 노력하지 않으면 흐르는 물에 떠내려 가는 것이 인생 아닌가요? 기업도 마찬가지고요." 그리고 "익숙한 것과의 결별"이라는 말이다.

B 사장의 말처럼 그냥 그 자리에 있는 건 퇴보를 의미한다. 마찬가지로 지금까지 해 왔던 일만 그대로 반복하고 있다면, 그것은 제자리에 서 있는 것과 마찬가지다. 어디로든 움직이고 싶다면 새로운 일에도 도전하고 지금보다 두 배는 더 빨리 움직여야 한다. '붉은 여왕 효과(Red Queen effect, 어떤 대상이 변화하더라도 주변 환경이나 경쟁 대상이 더 빠르게 변화함에 따라 상대적으로 뒤처지게 되는 원리를 말한다. 루이스 캐럴Lewis Carrol의 소설 《거울나라의 앨리스 Through the Looking-Glass, and What Alice Found There》에서 붉은 여왕이 한 말에서 비롯되었다)'라고 말할 수 있다.

이와 관련하여 경영 개선에 대한 노력이나 새로운 시도가 실적에도 정말 영향을 미치는지를 알아보기로 했다. 서두에 언급한 실적의 상승과 하락에 응답해 준 사람들에게 물어보았더니 다음과 같은 답변이 돌아왔다.

전년도에 비해 실적이 올랐다고 응답한 기업의 경우, 개선을 위한 노력이나 시도가 실적이 하락한 기업보다 훨씬 왕성한 것으로 나타났다. 개선을 위한 노력이나 시도가 많았다고 응답한 비율은 실적 상승 기업(31.6%)이 실적 하락 기업(14.5%)에 비해 훨씬 높게 나왔다. 반대로 개선을 위한 노력이나 시도가 적었다는 응답은 실적 상승 기업(30.1%)에 비해 실적 하락 기업(55.5%)에서 높게 나왔다. 외부의 아이디어를 도입하고 개선 활동에 나서려는 시도는 실적에도 상당한 영향을 미친다는 사실이 증명된 것이다.

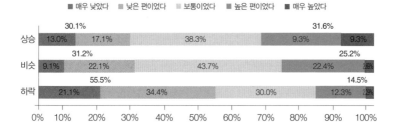

경영 개선에 대한 노력이나 외부의 아이디어를 도입하려는 시도는 어땠습니까?

딜로이트 컨설팅Deloitte Consulting의 북미 지역 리서치 부문 대표인 마이클 레이너Michael E. Raynor는 그의 저서 《탁월함은 어떻게 만들어지는가The Three Rules: How Exceptional Companies Think》(공저)에서 다음과 같이 말했다.

현재 잘 나가고 있는 기업이라 하더라도 언젠가는 실수를 저지르게 된다. 모든 기업이 한 번쯤 상한가를 치지만, 결국 전체적으로 보면 평범해지거나 상황이 더 안 좋아진다. 어떤 요인이 우리를 끌어내리게 될지 정확히 예측할 수는 없지만 분명 그 일은 일어난다.

때로는 위대함이 내부적인 문제 때문에 무너지는 경우가 있다. 현재의 상황에 묻어가려는 타성은 결국 분명하면서도 반드시 필요한 변화를 외면하도록 만들 것이다. 또한 오만함으로 인해 굳어져 버린 사고는 핵심 고객이나 시장에 대한 집중을 흐리게 만들 것이다. 때로 외부적인 요인이 실적을 악화시키기도 한다. 우리의 성공에 자극을 받은 경쟁자들은 뒤지지 않으려고 열심히 애쓰며, 심지어 우리가 본래 가지고 있던 통찰력을 개선시켜서 결국 우리가 아무런 우위도 갖지 못하게 만든다. 고객 취향의 변화나 규제 또는 법적 제약은 전통적인 강점을 무위로 만들거나, 심지어 장애물로 만들어 버리기도 한다. 가장 문제가 되는 원인이 무엇이든, 그 어떤 글라이더도 영원히 하늘에 있을 수 없는 것처럼 어떤 기업도 영원히 1위 자리에 머물러 있을 수는 없다.

B 사장이 말했던, "앞으로 나아가기 위한 처절한 노력 없이는 흐르는 물에 묻혀서 떠내려 가는 것이 인생 아닌가요? 기업도 마찬가지구요"라는 말이 떠오르는 대목이다.

모든 프로세스는 고객을 향해야 한다

개선에 대한 노력이나 외부 아이디어의 도입과 함께 연관되어 중요하게 생각해야 하는 것이 있다. 바로 '고객'이다. 우리가 벌이는 모든 경영 개선 활동의 중심에는 고객이 있어야 하고 지향점도 고객 만족으로 이어져야 한다. 당연한 일이지만 가끔은 당연하다고 여겨지는 것이 당연하게 여겨지지 않는 상황을 목격한곤 한다. 대표적인 상황이 고객으로부터의 피드백이다.

인터넷에서 물건을 구입하고 결재창을 닫는데 한 가지 이상한 점을 발견했다. 사용자 후기가 없는 것이다. 웬만한 온라인 쇼핑몰에는 대부분 사용자가 자신이 구입한 물건에 대한 사용 소감을 묻는 코너가 달려 있다. 물건을 구입하려는 신규 고객에게 신뢰감을 주고자 하는 목적도 있지만, 기업 입장에서는 사용자 후기를 통해 제품에 대한 피드백을 받는 역할도 동시에 수행하는 것이다. 그런데 방금 구매한 사이트에는 사용자 후기가 없는 것이다. 혹시나 해서 여기저기 페이지를 달리하며 살펴보았지만 사용자 후기는 물론 고객이 질문할 수 있는 코너도 발견하지 못했다. 이 회사는 어떤 방식으로 고객의 목소리를 듣는지가 궁금했다. '고객의 목소리에 대한 청취 없이 물건을 팔지는 않겠지' 하는 생각으로 홈페이지에 게재된 번호로 전화를 걸어 보았다. 그러나 돌아온 답변은 "사용 후기나 사용자 Q&A를 다루는 코너는 따로 존재하지 않습니다. 대신 이렇게 전화를 주시면 바로 반영하고 있습니다"였다. 전형적인 생산자 위주의 사고라고 볼 수 있다. '아직도 이런 회사가 있나?' 하는 생각으로 구매 취소 버튼을 눌렀다.

생산자 위주의 판매 정책을 이야기할 때 자주 인용되는 대상이 TV 리모콘이다. 한때는 TV 리모콘에 버튼이 많이 달려 있는 형태가 유행이었다. 심한 경우 TV 리모콘에 안에 비디오 컨트롤 기능, 오디오 컨트롤 기능까지 얹어서 판매된 적도 있었다. 리모콘을 만드는 사람들은 기능이 많으면 많을수록 소비자에게 도움이 된다고 생각했던 모양이다. 비디오나 오디오를 하나의 리모콘으로 전부 통제할 수 있다면 매우 편할 거라고 생각해서 통합된 TV 리모콘이 나온 것이다. 기능의 증가는 여기서 멈추지 않았다. 경쟁이라도 하듯이 열 개로 시작한 버튼이 20개, 30개, 40개로 기하급수적으로 증가하기 시작했다. 이와 비례해서 소비자의 불만도 증가해 갔다.

그러다가 어느 회사가 심플한 기능을 강조하며 버튼을 확 줄인 리모콘을 선보이기 시작했다. 소비자들의 반응은 폭발적이었고 이에 자극을 받은 제조사들이 뒤늦게 고객의 관점에서 물건을 보기 시작했다. 그리고 필요 이상의 기능을 전부 없앤 단순한 리모콘을 판매하기 시작했다. 아직도 버튼이 많다고 생각하는데 더 이상은 줄이기는 힘든 모양이다.

만드는 사람 위주의 판매 정책은 기술적 우위가 높은 장인匠人들의 물건에 해당하는 전략이다. 좋은 물건이라면 아무리 비싸도 상관없다는 생각으로 제조에 임한다. 좋은 성능을 위해서는 원가가 아무리 많이 올라도 괜찮다는 생각을 가지고 있는 것이다. 그러나 조금이라도 고객의 관점에서 생각해 본다면 '아무리 품질이 좋아도 생각하고 있는 가격을 넘어가는 제품에는 손이 가지 않는다'는 사실을 금방 알게 될 것이다. 모든 물건에는 일정 범위의 적정 가격이 있다. 아무리 성능이 뛰어나고 좋아도, 아무리 맛나고 건강에 좋아도 통상적인 가격의 범주를 벗어난 제품은 소비자에게 외면받을 수밖에 없다. 그런데도 판매 가격은 고려하지 않은 채 들어가는 원가만 생각하고 가격을 높게 책정하는 제품들이 더러 있다.

같은 업종에서 활약했던 어느 교육 업체에서 있었던 일이다. 미국 스탠포드대학교Stanford University에서 유행했던 '협상의 기술'이라는 강좌를 한국 시장에 도입하면서, 강좌를 만든 교수를 직접 초빙하기로 했다. 강좌를 만든 창시자로부터 직접 강의를 듣고 피드백을 받는 것은 그만한 가치가 있다고 판단하였기에 대대적인 홍보와 함께 강좌 개설에 매진했다. 그런데 한 가지 문제가 생겼다. '수강료를 얼마로 책정하느냐' 하는 문제가 생긴 것이다. 통상 2일 16시간짜리 연수 강좌의 경우, 보편적으로는 60~100만 원 정도로 가격을 책정하는 것이 관행이다. 그러나 '협상의 기술'은 강좌를 운영할 강사를 미국 현지에서 직접 초청하기로 결정된 터라 강사료 외에도 항공료, 체재비, 통역비 등 추가 비용이 발생하는 상황이 생긴 것이다. 할 수 없이 1인당 수강료를 2일 과정 기준으로 250만 원으로 대폭 올려서 받기로 했다. 결과는 당연히 대참패로 끝났다. 수강생 모집에 실패했고 강좌는 취소되어 미국 쪽에 위약금만 잔뜩 지불했다는 뒷이야기를 들었다.

　문제는 가격에 대한 고객 관점의 사고다. 보편적으로 고객이 구매할 수 있다고 보는 가격을 고려하고 반영해야 하는 것 또한 판매자가 가져야 하는 기본 자세다. 물건의 질만큼이나 합리적 가격의 설정 또한 우리가 신경을 써야 하는 고객 관점의 사고라고 말할 수 있다. 판매자는 '고객이 필요로 하는 물건의 제조 → 고객을 만족킬 수 있는 성능이나 기능 → 구매에 큰 부담을 주지 않는 적정한 가격'을 유념해야 한다. 이 세 가지 기능이 제대로 작동하고 있는지를 꾸준히 모니터링하고, 작동에 이상이 생길 시에는 즉시 개선에 들어가야 한다. 한마디로 말해, 조직의 모든 프로세스는 고객을 향해 정렬되어 있어야 한다.

비금전적 가치 제공에 주력해야 한다

그렇다고 무조건 싸게 판매하라는 말은 절대 아니다. 아니 오히려 적정가격에 비해 지나치게 싸게 파는 행위는 고객도 속이고 내부 직원도 속이는 불량 행위다. 들어가는 원가에 비해 지나치게 싸게 판다는 것은 손해를 보고 판매한다는 말인데, 이런 상황이 이어질 경우 회사는 결국 문을 닫을 수밖에 없다. 그리고 그 피해는 온전히 고객과 직원에게 돌아가게 된다. 고객은 고객대로 A/S의 문제와 자신의 회원 정보가 유포될 것에 대한 두려움으로 마음이 편하지가 않다. 직원은 직원대로 순식간에 실업자로 전락하게 된다. 내부 고객, 외부 고객 모두에게 심대한 피해를 입히게 되는 것이다. 회사는 이익을 남겨서 비즈니스를 지속해야 할 의무가 있다. 그러기 위해서는 원가를 감안한 적절한 수준의 가격대로 물건을 팔아야 한다. 이런 이유로 가격을 떨어뜨려 고객 만족을 이루겠다는 생각은 정말 미숙한 아마추어적 사고다.

초창기 교육 기업을 이끌면서 가장 많이 듣는 내부 목소리 중 하나가 "경쟁사에 비해 가격이 비싸 계약이 안 된다. 가격을 낮추면 계약도 늘고 영업에도 큰 도움이 될 것이다"였다. 주로 영업부 직원들에게서 나오는 하소연이었다. 국내 교육 업체와 비교해서 우리의 연수 상품 단가가 20~30% 정도 비쌌기 때문에 고객들이 계약을 꺼린다는 것이었다. "내용은 좋은데 가격이 비싸서 위에서 승인을 해 주지 않는다"라고 수요 기업의 인적 자원 개발Human Resources Development, HRD 담당자들이 말한다는 것이었다.

우리의 가격 정책은 초기 한국 시장에서 기업 연수 사업을 시작할 당시로 거슬러 올라간다. 판매자의 가격 정책은 크게 두 가지 관점에서 설정되어야 한다. 비슷한 상품이 만들어 놓은 보편적인 시장가격과 생산원가에 영업이익을 얹은 희망 가격이 그것이다. 두 가지 요소를 감안하여 설정한 가격이 지금의 가격인데, 영업 사원들은 경쟁사 대비 비싸며 판매 부진의 핑계를 댔던 것이다. 여기서 관점의 차이가 한 가지 발생한다. 경쟁사 대비 비싸다는 입장에서 그 경쟁사를 어디로 보고 있느냐는 문제다. 나는 우리의 경쟁사를 애초부터 국내 업체로 설정하지 않았다. 한국에 들어와서 사용되고 있는 외국 연수 상품의 가격을 바탕으로 영업이익을 고려하여 희망 가격을 책정한 것이다. 반면, 영업 사원들은 국내 연수 상품에 비교하여 가격 불만을 제기한 것이다.

가격 정책과 관련하여 나는 개인적으로 경쟁사 대비 약간 높은 가격대의 형성을 권장하는 편이다. 이유는 두 가지가 있는데, 첫 번째는 경쟁사보다 약간 높은 가격에 우리만이 줄 수 있는 가치를 얻으려고 노력하라는 의도가 담겨 있다. 우리와 비슷한 내용을 담고 있는 경쟁사의 연수 상품 가격이 1000만 원이라고 가정해 보자. 우리의 경우 1100만 원 수준에서 가격을 책정하고 고객에게 제안한다. 제안에 앞서 경쟁사의 가격보다 높은 100만 원에 어떤 가치를 담을 것인지를 고민하고 그 가치를 더한다. 기존의 연수 프로그램 외에 시너지 효과를 내는 상품을 추가하여 제공하거나, 수강생 개인별 행동 특징을 근거로 커리어 플랜을 작성해서 제공하는 등 또 다른 가치 제공에 주력한다는 의미다. 금전적인 가치보다는 비금전적인 가치 제공에 더 신경을 쓰라는 의도에서 가격은 일부러 높게 책정하기를 권유하는 편이다.

약간은 높은 가격대를 선호하는 두 번째 이유는, 가격은 내리기는 쉬워도 올리기는 불가능하기 때문이다. 아무리 시간이 지나도 고객은 초기에 제안한 가격을 기억한다. 물가가 오르고 인건비도 올랐기 때문에 가격을 조금 올리고 싶다고 말하고 싶은데, 고객의 반응이 어림도 없다. 심지어 이전에는 특별히 할인 가격으로 납품이 되었기에 이제는 정상 가격으로 계약해 주었으면 한다는 말도 용납되지 않는다. 제일 처음 고객이 구매한 가격이 기준 가격으로 인식되는 것이다. 이를 '초두 효과Primacy effect' 또는 '앵커링 효과Anchoring effect, 처음에 인상적이었던 숫자나 사물이 기준점이 되는 현상'라고 하는데, 어지간해서는 깨기가 힘들다. 이처럼 한번 정해진 가격은 어떤 이유가 있어도 올리기가 불가능에 가깝기 때문에 처음부터 싸게 책정해서는 안 되는 것이다. 일단 높은 가격으로 설정해 두고 고객 감사 축제나 창립 기념 행사와 같은 이벤트를 통해 할인된 가격으로 제공하는 것이 훨씬 도움이 된다.

이런 이유로, 가격을 낮추어 판매를 늘리고 고객 만족을 높이겠다는 생각보다는 고객에게 제공할 가치가 무엇인지를 고민하는 데 많은 시간을 할애할 것을 권장한다. 가치는 두 가지 측면에서 기업을 차별화할 수 있다. 바로 가격 가치와 비가격 가치다. 주변에서 탁월한 기업으로 존경받는 기업들을 보면 일반적으로 비가격 가치에 초점을 맞추고 있다. 비가격 가치를 높이기 위해 더 높은 가격을 책정할 수밖에 없다 하더라도 그렇게 하는 경우가 많다. 물론 꼭 그래야만 하는 것은 아니다. 가격을 중심으로 하는 경쟁 역시 타당한 전략이다. 하지만 낮은 가격보다 그 이상의 의미를 추구하는 경쟁은 장기적인 관점에서 봤을 때, 우월한 실적으로 연결되는 전략이기 때문에 가격 가치보다는 비가격 가치에 더 집중하라고 말하는 것이다.

실제로도 그랬다. 가격이 비싸서 계약이 어렵다고 말하는 고객의 경우 대부분은 가격보다는 다른 이유가 있었다. 원하는 결과를 얻을 수 있을지에 대한 불안감이나 계획의 변경 등 직접적으로 말하기 거북한 이유가 있을 시에는 반드시 비싼 가격 때문이라고 거부 의사를 대신하는 경우가 많았다. 우리의 영업도 이와 다르지 않았다. 고객 기업이 비싼 가격 때문에 계약하지 않는다고 말한 경우, 다양한 경로를 통해 반드시 경영진을 만나 보곤 했다. 관계가 가까워지면 나는 꼭 물어보았다. 예전에 귀사 직원들에 대한 교육 계획이 도중에 취소된 적이 있는데 혹시 내부에 무슨 일이 있었던 것은 아니었는지를 물어보곤 했다. 돌아오는 대답 중에 "가격이 생각보다 비싸서 취소를 시켰어요"라는 답변은 한 건도 없었다. 거의 대부분이 "제안 내용이 내가 생각하는 콘셉트와 차이가 있어서 취소시켰어요"이거나 "경영상 긴박한 사안이 발생해서 교육은 일단 취소하라고 지시를 내렸지요" 등 비금전적 이유가 대부분이었다.

앞에서도 언급했듯이 탁월한 기업의 조직 문화에는 반드시 '혁신'이라는 키워드가 내재되어 있다. 일상생활에서 혁신의 정신이 얼마나 발현되고 작동하고 있느냐가 관건인데, 탁월한 기업은 이런 점에서 습관화를 이루고 있는 경향이 압도적으로 강했다. 현재에 만족하지 않고 끊임없이 새로운 것을 시도하는 자세를 견지하고 있는 것이다. 또한 조직의 모든 업무 프로세스와 개선의 노력은 최종적으로 고객을 향해 정렬되어 있었다. 그리고 비금전적 가치를 제공하려는 노력을 게을리하지 않았다. 고객에게 어떤 가치를 제공할지를 고민하고, 자사의 상품 개발이나 판매 전략을 수립할 때 이 점을 1순위로 올려놓고 토론을 벌인다. 보통의 회사와는 확연히 다른 습관을 가지고 있는 것이다. 이것이 바로 탁월한 기업만이 가지고 있는 독보적 '컬처엔진'이다.

11
변화 없이 다른 결과를
바라는 건 미친 짓이다

본인 안위가 우선이다

업계 1위는 고독한 자리인 동시에 엄청난 스트레스에 시달리는 험난한 가시밭길의 자리와도 같다. 기존의 시장점유율을 지켜야 하는 책임감도 있지만 동시에 새로운 시장을 개척해 가야 하는 의무감도 지니고 있기 때문이다. 혹시나 "이제 됐어! 여기까지 했으면 충분한 거야!"와 같은 생각을 가지고 있다면 이제 남은 건 미끄럼틀에서 내려오듯이 정상에서 내려오는 일만 남았다고 보면 된다. 과거를 보며 미래를 예측한다고 했다. 앞서 업계 1위의 자리를 수성하고 있는 기업들을 보면 금방 알 수 있다. 지속적인 1위 기업들의 특징은 끊임없이 신기술을 개발하고 새로운 제품을 세상에 선보이며, 변화와 혁신을 견인하고 있다는 사실이다.

라면 업계 최하위인 풀무원이 얼마 전 서울 시내버스 정류장에 "웰컴! '신라면 건면' 이제 오뚜기가 하실 차례입니다"라는 문구의 이색 광고를 게재했다. 영문을 몰라 어리둥절해 있는 나에게 광고 업계에 있는 후배가 그 말이 무엇을 의미하는지를 알려 주었다. "얼마 전에 농심에서 '신라면 건면'이라는 라면을 출시했거든요. 근데 이게 선풍적인 인기를 얻으면서 기존에 지지부진했던 '건면'이라는 새로운 시장을 만들어 준 거예요. 사실 그 시장은 오래 전부터 풀무원에서 공을 들이며 제품 라인업도 하고 그랬는데, 브랜드 인지도 때문에 자신이 없어서 고민하던 시장이거든요. 근데 '신라면 건면'이라는 브랜드가 히트를 치면서 건면 시장 전체가 들썩들썩해진 거지요. 제 생각으로는 2위인 오뚜기도 나서서 다 같이 파이를 키워 가자! 뭐, 그런 뉘앙스가 아닌가 싶네요."

건면은 기존 라면보다 반 정도의 열량으로 '건강 라면'으로 불리고 있었다고 한다. 하지만 열량이 낮아지는 장점을 커버할 만큼 맛이 따라 주지 못해 고민하고 있었는데 농심이 그걸 해결해 준 것이다. 그렇다고 '신라면 건면'이 하루아침에 시장에 나온 건 아니다. 농심에서 무려 10년이라는 시간을 들여 기획하고 연구하고 실험하고 해서 나온 야심작이다. 들어간 돈만 해도 수백억이고 관련된 연구 인원만 해도 수백 명이다. 항상 그렇듯이 사람들은 이런 고통은 생각하지 않고, 그저 "운이 좋았네! 농심이라는 브랜드 파워에 건강 열풍이 얹어지면서 대히트를 친거야!"라고 쉽게 말한다. 하지만 이건 우연도 아니고 기존의 브랜드 때문에 덕을 본 것도 아니다. 그냥 있어도 1위인 '신라면'에 만족하지 않고 새로운 길을 개척해서 일구어 낸 농심의 비전과 사명이 만들어 낸 위대한 승리인 것이다.

변화와 혁신이 생각만큼 쉬운 것이 아니다. "과거에 안주하지 말고 새로운 미래를 향해 나아가야 한다"라는 슬로건은 구성원 모두에게 간단하고 당연한 과제로 받아들여진다. 그러나 그건 어디까지나 머릿속에서 뿐이다. 막상 현장에서 실천에 옮기려고 하면 구성원들의 저항과 반발이 너무 강해서 대부분 포기하고 마는 것이 현실이다. 즉, 이상과 현실에 큰 괴리감이 작용한다. 이유가 무엇일까? 그건 익숙해진 지금의 상황에 변화를 주고 싶지 않은 인간의 기본적인 심리에서 출발한다. 말로는 변화, 혁신을 부르짖지만, 일단 변화가 시작되면 익숙해진 규칙들이 깨지는 것이 짜증나고 싫은 것이다. 그래서 "변화해야 한다"고 부르짖으면서도 막상 시행에 들어가면 변화를 거부하게 되는 것이다.

나 또한 몇 가지 경험을 통해 익숙한 것과의 결별이 얼마나 어려운 것인지를 깨달은 적이 몇 번 있다. 지금의 연구소를 만들기 전의 이야기다. 일본 법인의 한국 사무소를 설립하면서 자그마한 홈페이지를 만들었다. 홈페이지에 있는 상품 소개가 하나둘씩 구색을 갖춰 갈 무렵, 'CEO 칼럼'이라는 제목으로 내가 현장에서 겪은 에피소드를 글로 구성해서 홈페이지에 올려 보기로 했다. 상품 소개나 서비스 소개와 같은 홍보성 글은 모두 내리고 고객의 과제 해결을 하면서 느꼈던 현장의 이야기를 담았다. 그런데 예상 외로 반응이 좋았다. 시간이 가면서 유저들의 클릭 수가 눈에 띄게 증가했다. 자연스럽게 회사 홍보도 되고, 사람들을 만나면 대화의 화젯거리가 되기도 해서 우리 회사 홈페이지의 인기 코너로 바로 자리를 잡았다. 고객이 무엇을 원하는지를 포착하는 눈이 생기면서 필진의 범위를 넓혀 잡기로 마음먹었다. 'CEO 칼럼'이 아닌 '전문가 칼럼'이라는 이름으로 제목을 바꾸고 글을 올리는 필진의 구성을 과장급 이상 모든 직원으로 확대한 것이다.

과장급 이상으로 필진을 확대한 데에는 두 가지 이유가 있었다. 첫 번째는 고객의 고민에 대해 해결의 포인트를 잡고 해결책을 제안하고 실행에 옮기는 최소 직급이 과장이었기 때문이다. 그보다 아래 직급은, 독자적인 상담은 가능했지만 해결의 상황에 있어서는 선배나 팀장이 주도적인 역할을 했기 때문에 자신의 이야기를 담기는 어려울 것이라는 판단이 들었다. 두 번째 이유는 과장 정도의 직급이 되면 충분히 글의 소재를 발굴하고, 스토리를 쓰고, 자신의 생각을 정립할 수 있는 능력을 갖추어야 한다고 생각했기 때문이다. 이렇게 해서 연습이 되면 나중에는 자신의 이야기를 모아서 한 권의 책으로 발간할 수도 있겠다는 생각도 들었다. 실제로 내가 5년 전에 발간한 첫 번째 책도 이런 방식으로 해서 출판한 것이었기 때문에 나의 성공 체험을 모두에게 전해 주고 싶었던 것이다. 그러나 현실은 녹록지 않았다.

별거 아닌 문제라고 생각했는데, 별거 아닌 문제가 아니었다. 현장에서의 반발이 예상보다 컸던 것이다. 여러 가지 이유가 있었는데, 그중에서도 가장 큰 불만은 '일이 많아진다'는 것이었다. 이런저런 일로 빠듯하게 하루 일과가 돌아가는데 거기에 글까지 쓰려면 주말까지 회사 일로 보내야 한다는 것이 저항의 이유였다. 내 입장에서는 '게으른 변명'에 불과했지만, 그들의 입장에서는 기존의 업무에 얹어진 별도의 회사 일이라는 인식이 머릿속에 강하게 자리 잡고 있었던 것이다. 그러나 나는 글로써 소통한다는 것이 얼마나 나와 고객을 풍요롭게 해 주는지를 충분히 알고 있었기에 처음에는 원래의 계획대로 밀어붙일 생각이었다. 하지만 무지하다고 단정하고 무조건 따르라고 하는 것도 자발성에 문제가 생길 소지가 있었다.

한참을 고민한 후에 나는 전략을 일부 수정하기로 했다. 대상을 과장급 이상에서 수석 컨설턴트와 강사군으로 대폭 좁힌 것이다. 실제로 이 직군에 들어가는 사람들은 1인 사업가나 마찬가지여서 고객에게 전문직으로 비춰져야 할 필요성이 있었기 때문이다. 이들의 경우는 어떤 방식으로든 자신들이 담당하고 있는 고객에 대해 그들의 전문성을 알릴 필요성이 강했던 터라 저항감은 거의 없었다. 나는 이런 식으로 충분히 필요성을 느끼고 있을 것 같은 소수의 직원을 활용해서 시작했고, 그들의 성공 사례가 조금씩 퍼져 가면서 일반 직원들의 동참도 자연스럽게 이끌어 내는 결과를 얻을 수 있었다.

이후 '전문가 칼럼'은 고객들에게 우리의 전문성을 홍보하고 인바운드 마케팅 채널의 효자 노릇을 하는 뜨거운 콘텐츠로 자리를 잡게 되었다. 결과만 놓고 본다면 몇 줄 되지 않는 간단한 스토리처럼 보이지만, 그 과정은 정말 지난했다. 너무나 명확한 결과를 가지고 왜 이렇게 쓸데없는 소모전을 해야 하는지 답답함을 느낄 때가 한두 번이 아니었다. 그래도 이건 직원들에게 미치는 영향의 정도가 약한 작업이라 결국에는 내 의견대로 되었지만, 사업부 조정과 같이 직원들의 밥그릇이 걸려 있는 문제는 공론의 단계에서 계획을 접어야 하는 경우가 한두 번이 아니었다. 나 또한 전문 경영인의 위치에 있다 보니 한계가 있었던 것이다. 그런 면에서 본다면, 소유주 경영 체제가 가지고 있는 일사불란함은 분명히 경영의 큰 장점임에 틀림이 없다고 생각한다. 단, 통찰력을 가진 경영자가 리더라는 전제 조건이 붙는 한에서다.

이렇듯 아무리 사장이라도 조직 구조나 사업 구조를 원하는 방향으로 바꾸는 건 정말 쉽지 않은 작업이다. 나 또한 직원들의 저항에 밀려 몇 번을 포기해야만 했다. 미래 환경에 맞춰 수차례 사업부 조정을 시도했으나 기득권을 포기하지 않으려는 담당자들의 저항에 밀려 몇 번이나 뒤로 물러서야만 했다. 급여와 인센티브가 걸려 있는 문제이다 보니 당사자들의 동의가 필요했는데, 현장의 직원들은 자신들의 안위가 우선이었던 것이다. 그렇다고 그들을 탓할 생각은 추호도 없다. 그건 당연한 생각이니까. 단지 그들을 '변화의 흐름에 올라타게 유도할 만한 대안이나 당근에 대해 왜 좀 더 깊이 있게 고민하지 않았을까?' 하는 후회만 남았을 뿐이다.

기차의 철로와 같은 사장과 직원 사이

변화에 대한 일반 직원들의 저항은 왜 이토록 심한 것일까? 여기 경영자와 직원들 사이의 극렬한 인식의 차를 보여 주는 데이터가 있다. 한쪽은 최고 경영자 모임의 장소에서 양해를 얻고 물어본 것이고, 다른 한쪽은 HR 연구회에 참석한 일반 직원들을 대상으로 강연 시작 전에 물어본 것이다.

우선 변화 혁신의 필요성에 대한 질문이다. 최고 경영자(61명)의 경우, '매우 낮다 3명, 낮은 편이다 7명, 보통이다 11명, 높은 편이다 17명, 매우 높다 23명'순으로 답변해 주었다. 동일한 질문에 대해 직원들(105명)은 '매우 낮다 21명, 낮은 편이다 39명, 보통이다 21명, 높은 편이다 15명, 매우 높다 9명'순으로 대답해 주었다. 다음은 변화 혁신의 대상을 물어보는 질문이다. 최고 경영자(61명)의 경우, '대표이사 2명, 임원진 9명, 팀장 26명, 팀원 15명, 전 계층 9명'순으로 답해 주었고, 직원들(105명)은 '대표이사 7명, 임원진 32명, 팀장 37명, 팀원 21명, 전 계층 8명'순으로 답을 해 주었다. 이상의 결과를 도표로 나타내면 다음과 같다.

Q1. 우리 조직의 변화 혁신에 대한 필요성은 어느 정도입니까?

■ 매우 낮다   ■ 낮은 편이다   ▒ 보통이다   ■ 높은 편이다   ■ 매우 높다

경영진	5%	11%	18%	28%	38%
직원	34%	64%	34%	25%	15%

Q2. 우리 조직의 변화 혁신의 주요 대상은 어디라고 생각합니까?

	대표이사	임원진	팀장	팀원	전 계층
경영진	3%	15%	43%	25%	15%
직원	11%	52%	61%	34%	13%

　　각각의 질문에 대해 무척이나 흥미로운 결과가 도출되었다. 조직의 변화와 혁신에 대해 경영진은 일반 직원보다 세 배 정도 더 강렬하게 필요성을 느끼고 있는 것으로 나타났다. 이에 반해 직원들의 경우, 그렇게 크게 필요성을 느끼지 못하고 있는 것으로 드러났다. '필요성을 느끼고 있다(23%)'에 비해 '필요성을 느끼지 못한다(57%)'가 거의 두 배 정도 더 높게 나온 것이다. 이런 상황에서는 리더 그룹이 아무리 변화와 혁신을 부르짖어도 좋은 결과를 내기 어렵다. 같은 마음으로 함께 움직여도 성공의 여부가 불투명한 판에 동상이몽으로 성공을 바란다면 그 비전은 혼자만의 환상과 착각에 불과하다.

　　그렇다면 왜 이런 간극이 발생하는 것인지 궁금증이 일었다. '아무리 사장과 직원의 사이가 기차의 선로와 같다지만 같은 지붕 아래 생활하는 사람들인데 이렇게까지 인식의 차이가 생기는 건 좀 심한 건 아닐까?' 하는 생각이 든 것이다. 그러나 이건 현실이다. 이유도 간단히 설명할 수 있다. 직무의 차이에서 비롯된 것이다. 사장과 직원들이 주로 고민하는 내용이 다르기 때문이다. 사장의 주요 업무는 외부 동향을 파악하고 우리 조직에 필요한 것과 불필요한 것들을 솎아 낸 다음에 우리 사업에 보탬이 되는 것들을 찾는 것이다. 그러다 보니 그들 업무의 태반은 외부 일정이다. 각종 세미나, 포럼, 조찬 강연회, 최고 경영자 스터디 모임 등 거의 대부분의 시간을 밖에서 보낸다. 전문가를 만나고 업계의 선배들을 만나면서 변화의 흐름을 인지하며 우리는 어떻게 대처해야 하는가에 대해 끊임없는 고민에 빠져 생활한다. 반면 직원들은 당장 눈앞에 주어진 자신의 과제를 해결하느라 시간이 없다. 조직에서는 장기적 관점에서 생각하라고 요구하지만 내 코가 석 자인데, 그런 것까지 신경 쓸 여력이 없다. 자리가 사람을 만든다고, 앉아 있는 자리가 만들어 낸 어쩔 수 없는 현상이다.

흥미로운 건, 두 번째 도표다. 변화의 필요성에 대해서는 서로 다른 상반된 입장 차를 보이던 두 그룹이 변화의 대상에 대해서는 한목소리를 내고 있다는 사실이다. 변화 혁신의 대상이 누구라고 생각하느냐는 질문에 경영진과 직원 모두 조직의 중간 관리자인 팀장을 지목했다. 다음으로 직원들은 임원진을 지목했다. 일반 직원들의 눈에는 간부들의 행동에 문제가 많다고 느끼고 있는 모양이다. 정확한 이유는 알 수 없지만, 아마도 이건 리더십과 관련이 있는 부분이 아닌가 한다. 조직 관리를 포함해서, 사업 전략에 대한 명확한 비전을 제시하지 못하는 중간 관리자에 대한 불만의 표출일 것이다.

어찌되었든 과제는 명확해 보인다. ① 경영진은 자신들이 알고 있는 환경 변화의 움직임을 꾸준히 그리고 끊임없이 전사적으로 공유하는 작업을 게을리하면 안 된다. ② 특히 조직의 중간 관리자들을 변화의 주체 세력으로 끌어들여야 한다. 물론 전사적인 움직임이 바로 일어나면 더할 나위 없이 좋겠지만, 우선은 이상의 두 가지 과제를 염두에 두면서 혁신과 변화를 선도해 가는 것이 좋겠다. 일단은 구성원들의 공감과 참여로 저항을 최소화하는 것이 더 중요하기 때문이다.

네오는 왜 빨간 알약을 선택했을까?

1999년 개봉된 영화 〈매트릭스The Matrix〉에 나오는 장면이다. 주인공 네오가 빨간 알약과 파란 알약 중 하나를 선택해야만 하는 상황이 전개된다. 빨간 알약을 먹으면 자신이 환상 속에 살고 있었음을 깨달으면서 현실의 세계로 오게 된다. 그런데 그 현실이라는 것이 지금까지 상상조차 해 본적 없는 냉혹하고도 고통스러운 환경이다. 반면, 파란 알약을 선택하면 평온하고도 행복한 지금의 삶을 그대로 영위할 수 있다. 인위적으로 만들어 놓은 환상 속에서 고통을 잊은 채 행복한 나날을 보낼 수 있는 것이다. 다만 이런 행복은 인간이 만들어 놓은 것이 아니다. 컴퓨터가 인간을 지배하기 위해 인위적으로 설정해 놓은 프로그램이다. 극 중에서 네오는 잠깐 고민을 한 후, 빨간 알약을 선택한다. 빨간 알약을 선택한 네오는 냉혹한 현실을 하나씩 극복해 가면서 결국 인류를 컴퓨터의 세계에서 구원하게 된다.

평화로운 가상의 세계를 거부하고 냉혹한 현실을 택한 네오를 모두가 지지한다. 하지만 본인 스스로가 그런 네오가 되어 보라고 한다면 주저하고 거부할 사람들이 태반이다. 그냥 이대로의 삶이 우선은 아무런 문제 없이 평화롭기 때문이다. 주변을 한번 둘러보자. 주중에 회사 업무가 끝나고 사람들은 무엇을 하는가? 일찌감치 집으로 돌아가 거실에 몸을 던지고 게임 속으로 빠져드는 사람도 있을 것이고, 친구, 선후배와 어울려 매일 같이 알코올에 찌들어 사는 사람도 있을 것이다. 주말은 또 어떤가? 토요일과 일요일 내내 소파, TV와 일심동체가 되어 좀비 같은 주말을 보내는 사람들도 적지가 않다. 그들에게 자신의 미래를 위해 책을 읽고 공부를 하라고 권유한다면 과연 그 말을 그대로 따를 사람이 몇이나 될까? 성공한 미래의 모습을 원하면서도 현실의 변화는 대부분 바라지 않는다. 그냥 이대로가 편하기 때문이다.

조직도 마찬가지다. 하루가 멀다 하고 바뀌어 가는 비즈니스 환경에서, 과거에 우리가 정답이라고 알고 있었던 거의 대부분의 것들은 오답으로 변해 버렸다. 최신 트렌드라고 알고 있었던 많은 것이 모두가 외면하는 구닥다리가 되어 버린 것이다. 변하는 시대에 맞추어 현실적인 감각을 그대로 유지하기 위해서는 새로운 것을 공부하고 받아들여야 하는데, 대부분은 거부하고 저항한다. 귀찮은 일을 시킨다며 투덜거리는 사람들이 한둘이 아니라는 것이 지금 우리 조직이 안고 있는 문제다. 하지만 모든 일에는 타이밍이 중요하다. 시대의 흐름에 맞추어 변화의 물결에 같이 올라타야 한다. 만일 타이밍을 놓치고 획기적인 기회를 놓친다면 그 기업은 다시 일어설 수 없는 환경으로 내몰릴 것이다.

의류 전문의 복합 쇼핑 타운을 표방하면서 압도적 시장점유율을 자랑하던 업체가 있었다. 그곳에서 '해외사업부 수석 팀장'이라는 직함을 달고 해외 유명 브랜드의 디자인을 연구하고 있던 김하영(가명)이라는 친구를 잠시 인터뷰한 적이 있다. 서울시가 운영하는 벤처창업지원센터 입주 기업 심사의 자리에서였다. 자신이 가지고 있는 노하우를 살려 인터넷 기반의 해외 직구 사이트를 오픈하면서 비용이 저렴한 벤처창업지원센터에 지원한 것이다.

"해외사업부 수석 팀장은 무슨 일을 하는 자리입니까?"

"뉴욕, 런던, 파리, 동경 이런 데서 열리는 유명 패션쇼에 참석해서 다가올 트렌드를 예측하고 유행할 만한 아이템을 골라서 국내로 가져오는 일을 하는 자리입니다."

"모두가 부러워할 만한 자리인 것 같은데, 왜 그만두고 창업을 하게 되었나요?"

"경영진이 모두 과거에 묶여서 벗어나질 못하고 있어서요. 말로는 해외 동향을 벤치마킹해서 업계의 선도 주자가 되자고 하면서 하는 행동은 완전 반대였습니다."

"무슨 말씀인지 좀 더 구체적으로 말해 주시겠어요?"

"앞으로의 세상에서는 모든 주문이 온라인에서 바로바로 이루어질 것이라고 보고를 했지요. 해외에서 바로 물건을 구매하는 세상이 올 것이고, 의류도 매장이 필요 없는 세상이 올 거라고요. 그런 세상에 대비해서 온라인 쇼핑몰을 더 크게 활성화하고 이 방면으로 더 큰 투자가 이루어져야 한다고 경영진을 대상으로 몇 번이고 말씀을 드렸습니다."

"그랬더니요?"

"옷이라는 건 다른 물건하고는 달라서 직접 입어보지 않으면 살 수가 없는 아주 특수한 거다. 쓸데없는 고민하지 말고 네 할 일이나 잘해라!'라는 답변만 돌아왔습니다. 그래서 회장님 생각이 틀렸다는 걸 입증해 보이려고 이렇게 창업하게 되었습니다."

G마켓, 인터파크와 같은 온라인 쇼핑몰에 의류 제품이 아직 본격적으로 런칭되기 전에 있었던 아주 오래전의 일화다. 오랜 시간이 지난 지금, 그 친구는 지금 유명 온라인 쇼핑몰의 최고 경영자가 되어 있다. 그리고 그 친구가 박차고 나온 의류 쇼핑 센터는 경영난에 허덕이며 주인이 세 번이나 바뀌는 수모를 겪고 있다.

'변화 관리'라는 주제로 강의·강연을 하는 사람들이 주로 즐겨 쓰는 사례 중에 '열탕속의 개구리'라는 우화가 있다. 커다란 솥 단지 안에서 개구리들이 수영을 하고 있다. 온도를 천천히 올려서 개구리들의 반응을 지켜본다. 서서히 올라간 온도에 둔감한 개구리들은 솥 단지 안에서 나올 생각을 안 하고 그대로 수영을 즐긴다. 행복한 시간을 보내지만 그들은 자신도 모르게 익어서 죽고 만다. 반대로 이번에는 온도를 올리기 전에 개구리 몇 마리를 밖으로 빼 두었다가 물이 끓은 후에 다시 집어넣어 본다. 그랬더니 뜨거운 물에 몸을 접촉한 개구리들은 죽을 힘을 다해 점프를 한다. 대부분은 밖으로 튕겨 나와 결국 그들은 생존한다.

이 글이 주는 시사점은 이렇다. 위험을 지각하는 인지 능력은 변화의 흐름대로 따라가지 않는다는 것이다. 대부분은 다음 둘 중의 하나다. 변화가 한참 진행된 후에도 어떤 변화가 있었는지도 모르고 지내다가 결국 도태되거나, 변화가 시작되고 일정한 시간이 지난 후에 뭔가의 외부 충격에 의해서 자각하는 것이다. 후자의 경우 살아남는다. 그리고 시간이 흐르고 또 변화가 한참 진행된 후에 다시 자각을 하게 된다. 그래서 다시 생존에 성공하게 된다. 이런 상황을 도표로 나타내면 다음과 같다.

충격에 의한 변화 적응의 프로세스

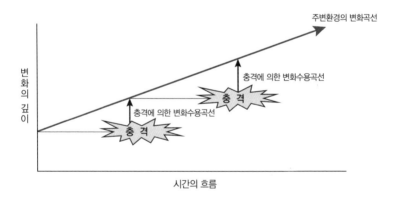

변화를 부르는 3단계 프로세스

대부분은 아무런 변화 없이 큰 결과를 얻기를 원한다. 아무런 변화 없이 이대로 현상을 유지하기를 바라고, 아무런 변화 없이 업계의 선도적인 기업이 되기를 바란다. 그러나 "똑같이 일하면서 다른 결과를 기대하는 건 정신 나간 짓이다"라고 말한 알버트 아인슈타인Albert Einstein의 말처럼, 들어가는 인풋이 바뀌지 않은 상황에서 더 나은 아웃풋이 나오기를 기대하는 건 비이성적인 생각이다. 행동이나 습관이 바뀌지 않은 상태에서 결과는 이전과 다를 바가 없다.

그렇다면 어떻게 직원들을 변화의 흐름에 끌어들이고 변화의 주체로서 조직 혁신에 동참케 할 것인가? 다음의 3단계 프로세스를 제안해 본다. '① 리더의 호소 → ② 참여 구성원의 모집 → ③ 성공 체험의 공유'라는 프로세스를 밟아 보면 좋겠다.

첫 번째, 리더의 호소. 변화의 흐름에 올라타야만 한다는, 리더의 간절한 호소가 있어야 한다. 여기서 리더는 지극히 개인적인 경험 사례를 가지고 접근하는 것이 좋다. 리더의 개인적인 사명감이나 소명 의식, 또는 본인이 보고 듣고 체험한 개인적인 경험담으로 구성원들에게 호소하는 것이 효과적이다. 농심 '신라면 건면'이 세상에 나오기까지는 무려 10년이라는 시간이 걸렸다고 하는데, 시작은 농심의 창업주 신춘호 회장의 개인적 신념에서 비롯되었다고 한다.

신춘호 회장은 개인적으로 농심이 '인류 건강에 기여'하는 회사로 나아가기를 바랐고, 그런 바람은 회사의 사명 선언문에도 그대로 담겨 있다. '풍요로운 삶에 대한 공헌'이 바로 농심의 사명이다. 나는 이 대목에서 의아해하지 않을 수 없었다. '아니, 무슨 라면 만드는 회사가 건강이야?' 나처럼 이런 생각을 가진 이가 내부에도 많았던지, 신춘호 회장은 기회가 있을 때마다 "몸에 좋은 라면을 만들어야 한다"라는 말로 구성원들에게 앞으로 시장에 출시할 라면에 대해 일종의 가이드라인을 제시했다고 한다. 이런 신념으로 건강 라면 프로젝트가 시작되었고, 그중에 하나가 기름을 쫙 뺀 '건면'이었다는 것이다.

처음에는 '기름을 빼면 맛이 떨어진다'는 인식이 강했던지라 모두가 반대를 하고 나섰다. 구태여 그런 무모한 투자를 하지 않아도 기존의 신라면의 판매량이 부동의 1위였기 때문이었다. 모두가 하나 같이 "회장님, 무리하지 않으셔도 우리는 지금 충분히 유리한 입장에 서 있습니다. 불투명한 연구에 시간과 돈을 낭비하느니 차라리 그 자금으로 해외투자를 좀 더 적극적으로 하시는 게 어떨까요?"라는 의견이 빗발치듯 올라왔다고 한다. 그러나 신 회장은 앞으로 농심이 가야할 길은 '돈보다는 인류의 건강'이라고 생각했다. 비록 후발 주자에게 시장점유율을 추월당한다 해도 이 시점에서 농심의 미래를 위해 뭔가의 중대한 결정을 하지 않으면 안 된다고 생각한 것이다. 사명감을 가지고 직원들을 설득하기 시작했다. 설득 작업에만 10년이라는 시간이 걸렸고, 마침내 2016년 '신라면 Light' 팀이 발족하기에 이른다.

이처럼 새로운 변화를 시도할 때는 뭔가 그럴듯한 명분이 있어야 한다. '돈을 많이 벌 수 있으니까 이걸 시도해야 한다'라는 논리는 설득력이 약하다. 대신에 '1등 기업으로서 인류 사회를 위해 당연히 우리가 나서 주어야 할 숙명같은 것이다' 또는 '우리 조직의 다음 먹거리를 미리 만들어 놓는다는 측면에서 충분히 가치 있는 일이다' 또는 '수익은 약해도 회사의 이미지를 좀 더 건전하게 개선하는 데 도움이 된다' 등과 같이 구성원들의 마음을 움직이게 할 만한 뭔가 참신하고도 유익한 메시지면 좋다. 아무래도 사람의 마음은 금전적인 메시지보다는 비금전적인 메시지에 좀 더 감동하는 경향이 있기 때문이다.

두 번째, 참여 구성원의 모집. 앞에서 벤처창업지원센터에 지원한 어느 벤처 창업가의 일화를 소개했는데, 그 친구와 관련된 에피소드 중 하나다. 그 친구가 처음 온라인이 의류 사업에 미치는 영향에 대해 예견하고 다닐 때만 해도 모두가 별 반응이 없었다고 한다. 경영진도 그랬지만, 나이 먹은 중견 간부들에게도 '옷은 직접 입어 보는 것이기 때문에 얼마나 매장을 잘 꾸미느냐가 관건이다'라는 선입견이 강하게 작용하고 있었다는 것이다. 그는 이런 선입견을 가지고 있는 사람들의 의식을 바꾸기 위해 사내에 있는 '패션 연구 모임'을 적극 활용했다고 한다. 주로 20대의 젊은 여성 디자이너로 구성된 연구 모임에서 그는 앞으로 다가올 미래에 대해 꾸준히 설파했다고 한다. 지금의 벤처 회사 창업 멤버 중에는 당시에 그녀의 의견에 동조해 준 디자이너가 상당수 포진해 있다고 하는데, "그들의 지지가 없었더라면 지금의 사업은 꿈도 꾸지 못했을 거예요"라고 말했다.

"멀리 가려면 같이 가라"는 말이 있다. 변화와 혁신은 외롭고 고독한 작업이다. 모두가 아니라고 하는 상황에서 나만 그렇다고 하는 상황을 상상해 보라. 외로움과 고독이 밀려올 것이다. 이런 상황에서 나의 의견을 지지해 주고 나의 생각을 공유할 수 있는 동지를 얻는 것은 커다란 힘이 된다. 단거리는 혼자서도 충분히 뛸 수 있지만 장거리는 혼자서는 뛸 수가 없다. 외롭기도 하지만 길을 잃어버리기 쉽기 때문이다. 가다가 헷갈리거나 의심이 들 때, 옆에서 상의하고 서로 의지가 되어 줄 수 있는 누군가가 있다는 것은 분명 큰 힘이 된다.

그는 경영진의 구태의연한 사고에 숨이 막혀 조직을 떠나려고 마음을 먹고도 한참을 망설였다고 한다. '혼자서 잘할 수 있을까?' 그녀가 가장 두려워한 질문이었다. 이럴 때 힘이 되어준 이들이 패션 연구 모임의 멤버들이었고, 그들은 결국 업계에서 이름만 들어도 알아주는 유명 쇼핑몰의 임원들이 되었다. "혼자 꾸는 꿈은 꿈이지만, 모두가 함께 꾸는 꿈은 현실이 된다"라는 비틀즈의 멤버 존 레논John Lennon의 말처럼, 신념을 현실로 만들기 위해서는 같은 곳을 바라보고 같은 꿈을 꾸는 동지들이 필요하다. 그들이 다른 구성원들의 마음을 움직여 변화에 동참하게끔 유도해 주는 마중물 역할을 해 줄 수 있다.

조직 내에서 변화를 시도할 때는 리더 혼자 독단적으로 밀고 나가지는 않는 게 좋다. 집단은 분위기의 힘이 무척이나 강하게 작용하는데, 혹시나 누군가가 내는 작은 저항의 목소리가 바람을 타고 번져 나가는 일이 생기면 곤란하기 때문이다. 직원 의식을 조사하면 항상 중간 영역에 위치한 대다수의 목소리는 절대 드러나지 않는다. 소수의 특별한 목소리만 크게 부각된다. 네거티브 여론을 사전에 차단하는 차원에서라도 나를 지지하고 나의 생각에 동조해 줄 사람들을 내 편으로 만들어 두어야 한다. 조용히 나의 우군이 누구인지 미리 살펴보고 그들을 변화의 선봉에 서게끔 유도하는 작업도 매우 중요하다.

세 번째, 성공 체험의 공유. 구성원 대부분은 변화 후의 이미지를 잘 그리지 못한다. 이들은 '하라고 해서 하긴 했는데, 어떤 효과가 우릴 기다리고 있는 거지?'라는 생각으로 끊임없이 의심하고 변화로 가는 길목을 막아선다. 동참하는 세력이 일부 있다고 해서 모두가 변화의 길에 적극적으로 참여하는 것은 절대 아니다. 끊임없이 의심하고 틈만 보이면 공격하고 방해하는 것이 보통의 일이다. 그렇다고 그들을 적대시하거나 방해 세력으로 규정해서 조직에서 퇴출하려고 해서는 곤란하다. 그런 행동은 1대 다수의 감정 싸움으로 비화되기 쉽고, 감정 싸움으로 진입하는 순간 지금까지의 모든 노력은 다 수포로 돌아가기 때문이다. 그들도 불안해서 그런 것이라고 이해해 주는 마음이 필요하다.

일단은 작은 성공 체험을 만들어서 공유하는 것이 좋다. 내가 아는 어떤 회사에 최근 큰 변화의 바람이 불어서 대성공을 거둔 사례가 있다. 해외 고급 승용차를 수입해서 판매하는 판매 법인 여섯 개 중에 하나인데, 직원들끼리 정보를 공유하지 않는 것이 큰 골칫거리였다. 영업은 영업대로 자신들의 고객에 대한 정보를 공유하지 않았고, 수리 파트의 엔지니어는 엔지니어대로 자신의 수리 노하우를 동료들에게 공개하는 것을 극히 꺼려했다. 당연히 업무의 중복이 늘어났고 새로 들어온 신입은 뭐든지 스스로의 힘으로 배워야 하는 어려움이 있었다. 지식이 전혀 공유되지 않다 보니 큰돈을 들여 도입한 지식 공유 시스템도 형식적인 도구로만 사용될 뿐이었다.

이러면 모두가 공멸이라고 회사는 목소리를 높여 부르짖었으나 현장에서는 전혀 개의치 않고 예전의 방식을 그대로 고수해 가는 이가 많았다. 혹시나 자신의 고객을 동료에게 뺏길까봐 주요 고객은 자신만의 개인 디비로 간직하고 공유 디비에는 입력해도 별로 영양가가 없는 사람들로 채워 간 것이다. 해외 본사에서 차량 수리의 노하우를 습득한 베테랑 엔지니어들 또한 상황은 비슷했다. 자신이 배워 온 수리 기술에 대해서 주요 파트는 동료들과 공유하기를 꺼려했던 것이다. 혹시나 동료들이 차량 수리와 관련하여 자신과 경쟁하는 관계에 놓이는 것이 두려웠던 것이다. 그렇게 되면 다른 판매 법인으로 이직을 할 때, 희소성이 약해져 원하는 급여를 받기가 곤란한 상황에 처하기 때문이었다. 여기에는 외제 차를 취급하는 판매 법인의 특수성이 크게 작용했다.

변화의 물결을 이끌기 위해서는 모두에게 도움이 된다는 믿음을 주는 것이 중요했다. 현장의 저항과 반발을 잠재우기 위해서는 작은 성공 체험이 필요했다. 회사는 전체를 대상으로 지식을 공유하는 방식 대신, 작은 대리점 한 곳에서 불씨를 키우는 전략을 선택했다. 자기가 가진 정보가 활용돼 계약이 성공으로 이어질 경우 그 혜택이 자신에게도 오는 제도를 도입한 것이다. 수리 파트에는 마스터 제도를 도입해서 자신이 가르쳐야 하는 엔지니어의 수와 마스터에게 올라오는 질문 수를 계산해서 별도의 인센티브를 제공하도록 했다. 또한 같은 차종을 취급하는 다른 판매 법인과도 신사협정을 체결했다. 서로 지식이나 정보를 공유하는 양이 많은 엔지니어는 자신의 노하우를 공개하지 않은 엔지니어보다 10% 이상 더 많은 급여를 주는 것을 의무화하기로 합의한 것이다. 서로 간에 정보와 지식의 공유를 촉진하기 위해 의기투합하기로 결심한 것이다.

일부 대리점에서 시작한 지식 공유 작업이 작은 불씨가 되어 이제는 그 브랜드를 취급하고 있는 모든 판매 법인이 도입하여 활용하고 있다. 처음부터 전사적으로 이런 작업을 하겠다고 선언했다면 저항에 부딪혀 선언했던 모든 작업이 중단되었을 것이다. 작은 성공 체험을 만들어서 접근한 덕분에 큰 성공을 거두었다고 다들 생각하고 있다. 이처럼 작은 성공 체험을 만들어서 전사적으로 확대해 가면 변화의 흐름을 꽤 큰 성공으로 이어 나갈 수 있다. 그 전에 이런 성공의 단초를 만들어 줄 참여단이 필요하고, 참여단의 자발적인 모집을 이끌어 내기 위해서는 리더의 호소가 필요하다. 구태여 이렇게까지 해야 되느냐고 항변하는 조직이 있다. 물론 아무것도 안 해도 상관은 없다. 그러나 비즈니스의 세계는 냉혹하다. 내가 그대로 있다고 해서 현상 유지가 되는 것이 아니다. 세상은 앞서가고 변해 가고 있기 때문에 그대로 있는 나는 결과적으로 뒤처지는 상태에 놓이고 만다. 내가 잠든 사이에도 세상은 변해 가고 있다는 사실을 기억해 주면 좋겠다.

12

성장하는 기업은
새로운 시도가 일상이다

일본 리크루트의 조직 문화

앞에서도 여러 번 언급했듯이 나는 오랜 시간 일본 리크루트매니지먼트솔루션RMS이 설립한 한국 법인의 최고 책임자로 일을 하며, 일본에 본사를 둔 경영 컨설팅 회사의 최고 경영자라는 직함을 가지고 서울에서 15년을 보냈다. 현지법인의 대표라는 무게가 주는 중압감 때문에 힘들었던 때도 있었지만 대부분은 즐거운 시간의 연속이었다. 한국과 일본을 대표하는 다양한 고객 덕분에 일 자체가 즐거웠기 때문이다.

　우리 고객의 대부분은 최초에는 일본 기업이었다. 우리 본사와 거래 관계가 있는 일본 기업에 대한 지원 업무를 계기로 HR 관련 일을 시작했기 때문이다. 그러다 RMS의 서비스를 받는 일본 기업들 중에 한국 시장에 직접 진출한 기업이나, 합작 법인 또는 지분 투자를 한 일본 기업들의 요청으로 HR 지원 업무를 하게 된 것을 계기로 서울에 현지법인을 개설하게 되었다. 그러나 최초에 일본 기업이 100%에 가까웠던 우리의 고객 구성은 시간이 지나면서 바뀌기 시작했다. 어차피 한국에서 사업을 해야 하는 기업인 이상, 이곳 로컬 기업을 상대로 한 비즈니스의 비중을 높여야 한다고 생각했기 때문이다. 나는 일본 기업보다는 한국 기업을 상대로 한 영업 활동에 상당한 공을 들였다. 최종적으로 내가 회사를 떠나는 시점에는 한국계 70%, 일본계 30%까지 고객 구성을 맞추어 놓는데 성공했다. 나름 원하는 구조로 고객 구성이 이루어졌다는 생각에 자부심과 보람을 느끼기도 했다. 또한 한국과 일본, 양국의 조직 문화를 잘 아는 나는 이런 고객 구성에서 재미를 찾을 수 있었다. 나는 한국 고객에게는 일본 기업의 장점을 이식하는 데 주력했고, 일본 기업에게는 한국 시장에서 성공하기 위해서 알아야 하는, 한국인의 국민성을 이해시키는 데 상당한 노력을 기울였다.

내가 일했던 RMS에는 다른 회사가 가지고 있지 않았던 독특한 제도나 문화가 여러 가지 있었다. 물론 그중에는 한국인으로서 도저히 받아들이기 어려운 것들도 있었다. 하지만 대부분은 국가를 떠나 RMS만이 가지고 있었던 독특한 제도들이었고, 이는 다른 일본 기업들에도 모범 사례가 되어 언론에 자주 소개되기도 했다. 그중에서 많은 일본 기업의 벤치마킹 모델로서 방송에 소개된 것들을 몇 가지 살펴보자. 이는 조직 개발에 큰 도움이 될 뿐만 아니라 직원들의 역량 향상에도 실질적인 도움이 되는 것들이다. 그전에 RMS는 어떤 회사인지를 먼저 소개하는 것이 사례를 이해하는 데 도움이 될 듯하다.

이름에도 나와 있듯이 RMS는 일본 리크루트그룹의 자회사 중하나다. 리크루트그룹을 총괄하는 리크루트홀딩스Recruit Holdings는 총 23개의 자회사를 가지고 있고 그 자회사들이 가지고 있는또 다른 자회사를 합치면 그룹 차원에서는 총 187개의 관련사들이 각각의 사업을 영위하고 있다. 그룹의 시가총액은 우리 돈으로60조에 달하며, 연결 재무제표로 나타나는 그룹의 매출은 2019년기준 20조에 이를 정도로 일본 내에서도 작지 않은 위상을 차지하고 있는 회사다. 그룹 차원에서 가장 큰 위상을 차지하는 회사는 채용 정보를 제공하는 리크루트커리어Recruit Carrer라는 회사다. 이곳에서 제공하는 'SPISynthetic Personality Inventory'라는 인적성검사기법은 거의 모든 일본 기업이 직원 채용 시에 의무적으로 이용하고 있으며, 30년 역사를 이어가고 있다. 삼성, 현대, LG처럼 독자적으로 인적성검사를 실시하고 있는 우리와 달리, 일본에서는 거의 모든 기업이 SPI라는 동일한 검사 도구로 학생들의 인성과 적성을 측정한다. 여기서 측정된 인적성을 근거로 각 기업은 이 학생이 자신들의 조직에 맞는지 맞지 않는지, 그리고 직무에 타당한지 아닌지를 판별한다.

리크루트에는 직원이 하고 싶은 것을 응원하고 지원해 주는 문화가 있다. 한번은 본사의 누군가가 한국 시장에서 SPI 사업을 해 보고 싶다고 지원한 적이 있었다. 재일 동포 3세였는데 이 친구를 적극 지원하라는 본사의 지시가 있었고, 그는 서울에 있는 나를 찾아왔다. 며칠간 시장조사를 했고, 그 결과 그는 한국에서의 SPI 사업을 포기하기로 결정했다. 이유를 물어보자 "대기업이 주도적으로 우리 제품을 써 줘야 하는데, 한국 기업은 각각의 도구를 고집하고 있기 때문에 쉽지가 않을 것 같네요"라는 답변을 던지고 일본으로 돌아갔다. '굳이 각각의 시험 방식을 고집할 필요가 있나? 수능처럼 일단 한꺼번에 실시하고 그 결과를 자사가 필요하는 사항에 대입해서 쓰면 되지 않나?' 하는 생각을 당시에 한 적이 있다.

리크루트는 직원들의 아이디어를 존중하는 문화를 가지고 있다. 이는 "팔로우 유어 하트Follow Your Heart"라는 조직의 사명에서도 그대로 드러나 있다. 이 말은 모든 직원의 명함에도 그대로 새겨져 있다. '당신이 하고 싶은 일을 하고, 당신의 마음이 가는 곳을 따라 움직이라'는 의미인데, 지금 하고 있는 일 이외에 자신이 하고 싶은 일이 있으면 언제든지 도전하라는 의미도 함께 담겨 있다. 사풍社風이 이렇다 보니 자신이 도전해 보고 싶은 사업 아이디어를 제안하는 데 주저함이 없다. 아이디어와 구체적인 계획, 그리고 그 사업에 동조하는 동료만 구성되면 일단 시작이 된다. 6개월간의 탐사 기간을 주고 그 기간 안에 가시적인 효과가 나오면 비즈니스의 영역으로 정식 런칭이 되고 그렇지 않으면 재심사에 들어간다. 이렇게 해서 탄생한 벤처 기업이 수백 개에 달하며 그중에서 증권시장 상장에까지 이른 기업의 수도 70개사에 이른다. 그룹의 관련사로 수직 계열화되어 있는 187개의 회사들도 거의 대부분이 이렇게 탄생했다.

내가 속한 RMS는 연간 매출액이 3000억 정도였는데, 금액으로 따지면 그룹에서 10위권 정도에 드는 회사였다. 조직 진단을 시작으로 평가 보상 컨설팅과 직원 역량 개발을 주요 비즈니스 모델로 가지고 있는 HR 컨설팅 기업이었는데, 나는 이곳에서 한국에 진출한 일본 기업을 지원하는 업무로 초기 사업을 시작했다. RMS가 가지고 있는 조직 관리와 문화는 특징들, 그리고 문화적인 특징들, 이런 모든 것은 사실 리크루트그룹의 계열사 모두가 가지고 있는 일반적인 특징들이기도 하다. 여기서는 내가 직접 체험한 RMS의 사례로 성장하는 기업의 조직 문화를 소개하고자 한다.

데이터의 습관화로 생각하는 인재를 만들다

RMS의 슬로건은 "HR의 과학화"다. 원래 '일본인사측정연구소'라는 이름으로 시작했는데, 여기에 직원 역량 개발이라는 연수 사업이 더해지면서 'RMS'로 이름이 바뀌었다. 그러나 바뀐 후에도 "인사과학의 실현"이라는 조직의 슬로건은 그대로 이어갔다. "측정할 수 없는 건 관리가 안 된다"라는 피터 드러커 박사의 말이 우리 조직에서는 일종의 크레도Credo, 신앙로 통할 정도로 조직의 분위기는 항상 통계나 데이터를 중요시 여기는 문화를 가지고 있었다.

간부 회의, 부서 회의, 팀 회의와 같은 공식적인 회의에서 자신의 의견을 개진하려면 본인 생각을 뒷받침하는 데이터가 동시에 제시되어야 한다. 아무런 근거없이 감이나 소문으로 자신의 생각을 말해서는 안 된다.

일본 리쿠르트매니지먼트솔루션RMS의 홈페이지 첫 화면. '세상을 바꾸는「인간관계」의 과학'이라는 문구가 한 가운데 들어가 있다.

한 번은 이런 일이 있었다. 조직은 크게 컨설팅사업부, 연수사업부, 상품개발사업부 이렇게 세 개의 사업부로 나뉘어 있었는데, 개발사업부에서 새로운 제품 개발을 제안하고 나서면서 벌어진 일이다. 당시 컨설팅사업부에서 가장 활기차게 추진하고 있는 업무 중에 '직무급 제도의 구축'이라는 컨설팅 업무가 있었다. 이는 2K 밀레니엄으로 들어서면서 상당한 인기를 끌었던 HR제도 중에 하나였다. 잃어버린 10년에서 벗어나면서 활기를 되찾기 시작한 일본 기업들에게 유행했던 제도이기도 하다. 직무급 제도의 도입이 인기를 끌었던 이유는 크게 두 가지가 있었다. 첫 번째는 무조건적인 인건비 상승을 억제하는 효과가 있었고, 두 번째는 연공서열을 타파하고 실력에 기반해 인사 이동을 가능케 한다는 장점이 있었기 때문이다.

직무급 제도로 인건비 상승을 억제하는 효과를 볼 수 있다는 말은, 급여를 근속 연수로 따지지 않고 조직 내부에 존재하는 직무 가치로 결정한다는 의미다. 조직에는 다양한 종류의 직무가 존재한다. 아무리 시간이 지나도 아무나 대체할 수 없는 직무가 있는 반면, 1~2개월만 주어지면 누구나가 수행할 수 있는 단순·반복적 직무도 존재한다. 같은 입사 연차라 하더라도 간단히 대체할 수 없는 직무와 아무나 수행할 수 있을 정도로 난이도가 낮은 직무는 다른 가치를 매겨야 한다는 것이 직무급 제도의 취지다. 이는 연봉 책정의 근거가 되어 직무 가치가 높으면 연봉도 올라가고 직무 가치가 낮으면 급여도 내려가는 효과가 발생한다. 대부분의 기업은 연공서열로 급여를 책정했기 때문에 하는 일에 비해 지나치게 많은 급여가 지출되는 기업이 많았다. 이런 기업들에게 직무급 제도는 상당 부분 비용을 절감시키는 효과가 있었다.

삼성식품(가명)이라는 회사에 입사한 지 10년 차가 되는 입사 동기 세 명이 있다고 하자. 편의를 위해 A, B, C라고 이름을 붙여 보겠다. A 과장은 연구소에서 새로운 식품 개발을 책임지고 있고, B 과장은 자사 제품의 판매 확장을 책임지는 영업 파트, 그리고 C 과장은 관리 팀에서 식자재 구매를 담당하고 있다고 가정해 보자. 기존의 연공서열식 인사 제도에서는 A, B, C 세 명의 급여는 큰 차이가 발생하지 않는다. 입사 10년 차에 해당하는 고정급에 각각의 품행과 실적을 평가하여 얹어지는 변동급이 더해져 약간의 차이만 생길 뿐이다. 그러나 식품 개발을 담당하는 A 과장의 직무는 상당한 난이도를 가지고 있는 것으로서 시간에 비례해서 노하우가 축적되는 직무에 들어간다. 상황이 이렇다 보니 시장에서도 이 정도 경력의 인재는 쉽게 구할 수 없는 상황이다. 반면, C 과장의 식자재 구매는 적어도 삼성식품에서는 굳이 10년이라는 근무 경력이 별로 의미가 없는 직무에 들어간다. 누구나가 1~2개월의 시간만 주어진다면 어려움 없이 수행할 수 있는 직무인 것이다. '이런 상황에서 동일 연봉 적용이 합리적인 것일까?'라는 의문에서 직무급 제도가 출발했다.

잃어버린 10년을 지나면서 상당수의 일본 기업이 위에서 소개한 연공서열식의 인사 제도를 버리기 시작했다. 우리나라 언론에는 거의 모든 일본 기업이 종신 고용도 포기한 것처럼 보도가 되었으나 사실은 그렇지 않다. 아직도 일본에서는 종신 고용을 유지하고 있는 기업들이 상당히 많다. 종신 고용을 유지하되 연공서열의 누진적 급여 제도에 손을 댐으로써 인건비의 효율적 사용에 더 신경을 쓰기로 한 것이다. 연공서열을 타파한 급여 제도는 부수적으로 실력에 따른 승진·승격의 문을 넓히는 효과도 있었다. 자신이 맡고 있는 직무 가치로 인사가 이루어지는 부수적인 효과도 파생시킨 것이다.

여기서 직무급 제도의 도입에 있어서 가장 신경을 써야 하는 부분이 직무 가치를 산정하는 것이다. 여기에는 크게 두 가지 요소가 주요 기준으로 작용하는데, 시장 가치와 사내 위상이다. 그러나 이런 작업은 직원들의 개별 인터뷰와 내·외적인 각종 자료를 분석하는 작업 때문에 시간이나 비용이 상당량 소모되는 단점이 있었다. 따라서 이 작업을 위탁하는 것이다. 주요 고객은 대기업이다. 하지만 중견 혹은 중소기업의 수요 또한 만만치가 않을 것이라는 예상도 많았다. 중견·중소기업의 수요만 정확히 산정해낼 수 있다면 그들을 위한 저가 예산의 프로그램을 제공해 볼 만한 사업이었다. 그러나 수요를 구체적인 수치로 제시하기가 어려워 누구도 솔루션 개발을 제안하고 나선 사람은 없었다.

무엇보다도 감으로 접근했다가는 한창 잘 나가고 있는 컨설팅사업부의 미움을 사서 왕따를 당할 가능성이 높았다. 왜냐하면 고객사 비용 삭감을 위한 솔루션을 개발하는 것은 컨설턴트 투입으로 수익을 올리는 컨설팅사업부의 사업 전략과 배치되는 것이기 때문이다. 이런 이유로 프로그램 개발을 통해 중견·중소기업으로 시장을 확장해 보겠다고 섣불리 의견을 낼 수가 없었다.

이런 상황에서 빛을 발한 것이 바로 RMS의 조직 문화였다. 구체적으로 말하면 '데이터에 근거한 인사과학의 실현'이라는 데이터 중시의 문화가 직원들이 어떻게 행동해야 하는지에 대해 구체적인 가이드를 준 것이다. '시장은 있다'는 확신으로 경영진을 설득하기 위해 어느 직원이 발 벗고 나선 것이다. 상품개발부의 입사 2년 차 무라가미村上라는 신입 사원이 그의 생각을 지지하는 동료 두 명과 함께 매주 토요일마다 전국의 세미나장을 돌며 설문 조사를 한 것이다. 당시에는 전국의 인사 담당자를 대상으로 직원 육성을 위한 노하우 설명회가 매주 토요일 전국적으로 시행되고 있었던 시절이었다. 무라가미는 이런 설명회를 다니며 눈이 뜨였고 이를 활용하여 설명회에 참석한 사람들을 대상으로 현장 조사를 벌인 것이다.

그는 세미나에 참여한 사람들 중에서 직원 수 1,000명 미만의 인사 담당자만을 따로 분리해서 의견을 물어보았다. "직무급 제도를 도입할 의향은 있는가?"에서 시작하여, 비용과 직무 가치 산정의 고려 요소 등에 대해 다양한 의견을 청취하기 시작했다. 3개월에 걸쳐 조사한 끝에 〈직무 가치 산정을 위한 SW 개발 타당성 조사 보고서〉를 완성했으며, 이 보고서를 근거로 경영진은 시스템 개발 사업에 투자를 승인하기에 이른 것이다. 신규 사업은 '가치 산정 시스템Job Evaluation System, JOES 사업'으로 명명되었다. 그리고 조사와 개발을 주도한 입사 2년 차의 무라가미는 신규 사업의 팀장으로 발령이 났다. 이후 그가 이끄는 JOES사업 팀은 기존에 없던 시장을 새로 창출해 내며 조직의 매출 향상에 상당히 크게 공헌했다. 개인적인 시간과 비용을 들여가며 시스템 개발을 주도한 이유가 무엇이었는지를 묻는 질문에 "데이터라는 일상화된 습관이 큰 도움이 되었던 것 같아요. 수요 조사에 거부감도 없었고, 뭔가 근거를 가지고 제안하면 경영진도 승인해 줄 거라는 우리 문화에 대한 믿음이 있었으니까요"라고 그는 말했다.

'데이터의 습관화'라는 조직 문화는 다양한 상황에서 큰 도움이 되었다. 소개한 것처럼 매출 공헌을 위해 아이템을 제안하는 데도 중요한 역할을 하였지만, 무엇보다도 직원들로 하여금 생각하는 힘을 키워 주는 데 큰 역할을 했다고 생각한다. 가끔 고객사들을 방문하여 토론이나 회의 문화를 구경할 때가 있는데, 그때마다 사람들이 너무 생각 없이 말한다고 느끼는 경우가 많았다. 반대의 경우도 많았다. 전달하고 싶은 의견이 있는데도 침묵으로 일관하는 것이다. 이는 여러 가지 개인 역량의 차이점에서도 기인하겠지만, 보편적으로는 논리적인 능력이 빈약하기 때문인 경우가 많다.

논리는 자신의 생각에 힘을 불어넣는 힘이 있다. 논리력이 약하면 정확한 맥락을 감지하지 못하고 말만 많은 행동을 낳기 쉽다. 이는 상대방에게 신뢰감을 주지 못한다. 말을 할 때는 요점이 무엇인지를 분명히 해야 한다. 그러기 위해서는 논리 근거가 명확해야 하며 어떤 근거로 이런 생각을 갖게 되었는지를 분명히 밝혀야 한다. 마찬가지로 너무 침묵으로 일관하는 것 또한 논리가 빈약해서인 경우가 많다. 논리력이 빈약해 자신의 의견을 개진하는 것이 두렵기 때문이다. 말을 해 놓고도 무슨 말인지 스스로 생각해도 이해가 안 가는 경우가 많다. 그러다 보니 어떤 식으로 전달해야 할지 고민에 빠지는 것이다. 그래서 침묵으로 일관하는 경우가 많은 것이다.

의견이나 생각을 구체적으로 표현하기를 요청받은 상황에서는 정확히 의사를 표현하는 것이 바람직하다. 말해야 할 때, 특히 자신의 생각에 반하는 결정이 내려지려고 할 때마저 침묵으로 일관하는 것은 무책임한 행동이다. 침묵은 암묵적 동의에 해당하기 때문이다. 결국 생각은 반대면서 행동은 찬성을 나타내는 꼴이다. 이렇게 결정된 사항에 대해서는 자발적인 참여가 이루어지기 어렵다. 이는 구성원들로 하여금 책임 의식을 갖게 하는 데 큰 장해 요소가 된다. 그러나 근거를 가지고 말하는 습관은 조직 구성원들로 하여금 나설 때와 빠질 때를 알게 하는 데 큰 도움을 준다. 논리적 사고는 RMS처럼 데이터의 습관화가 일상화된 기업에서는 어렵지 않게 발견할 수 있는 조직 문화다.

예측 경영을 통한 사업의 안정화

기업을 경영하는 사람들은 모두 예측 경영을 선호한다. 내년, 내후년에 어떤 상황으로 지금의 사업이 진행되고, 또 어떤 모습으로 회사가 운영될지를 미리 예측하기를 바란다. 예측 경영이 가능하다면 상황에 맞게 계획을 세우고 그 범주에서 벗어나지 않도록 회사를 경영할 수 있기 때문이다. 반대로 예측할 수 없는 환경에 빠져드는 것은 가장 불안한 상황이다. 국제 유가의 급등이나 전쟁과 같은 국지적인 분쟁이 발생할 경우, 국가도 그렇지만 기업도 예측 불가능의 상황으로 빠져들게 된다. 이런 상황에서는 자신들의 힘으로 할 수 있는 것이 그리 많지가 않다. 모든 것을 운에 맡기는 수밖에 없다. 손을 놓고 그저 하늘만 바라볼 뿐이다. 경영이 의미가 없으며 필요도 없는 상황이다.

RMS에서는 모든 최악의 상황을 예측하여 사전 예방에 힘쓰는 작업에 상당히 많은 시간과 돈을 투자한다. 그중에 하나가 사전에 매출 상황을 예측해서 보여 주는 매출 예측 시스템이다. 회계연도가 끝나기 6개월 전, 3개월 전에 미리 어느 정도의 매출을 달성할 수 있을지를 사업부나 상품별로 미리 예측하는 시스템이다. 우리는 이것을 '요미표YOMI, '읽다, 예측하다'라는 의미의 일본어'라고 불렀다. 개인이나 팀별 요미표는 주간 단위로 합산되었고, 부서나 상품별 요미표는 월간 단위로 합산이 되어 조직 전체의 요미표가 되었다.

다음에 소개한 도표는 개인별 요미표의 예시인데, 읽는 방법은 이렇다. 영업1팀의 팀원 3명에 대한 목표와 매출 수주 요미가 있다고 치자. 팀원 각자가 설정한 목표 금액이 있고, 매출은 세금계산서가 발행된 금액, 수주는 계약서는 작성이 되었으나 세금계산서는 아직 발행되지 않은 금액이다. 그리고 요미는 계약에 대한 예측 상황을 말한다. 요미는 크게 A~D의 네 단계 나누는데, 각 단계별 기준은 다음과 같다. A는 계약하기로 구두 약속이 되어 있는 상태, B는 우리 외에 다른 대안이 없는 상태, C는 우리에게 우호적이며 우리를 적극적으로 고려하고 있는 상태, D는 공식적으로 제안을 요청받았거나 공개 발표를 예정하고 있는 상태를 말한다.

【영업 1팀】

이름	김팀장	박목표	이수행	전체
목표	500,000,000	400,000,000	535,400,000	1,435,400,000
매출	142,350,000	160,674,500	149,098,355	452,122,855
수주	165,200,000	273,650,000	201,750,300	640,600,300
매출+수주	307,550,000	434,324,500	350,848,655	1,092,723,155

개선 노력

부족분			192,450,000	-34,324,500	184,551,345	342,676,845
요미	A	100%	13,000,000	0	43,180,000	56,180,000
	B	80%	0	0	25,300,000	25,300,000
	C	50%	11,000,000	8,500,000	11,600,000	31,100,000
	D	20%	32,450,000	121,300,000	144,479,600	298,229,600
	합계	비중계산	24,990,000	28,510,000	98,115,920	515,615,920
		비중미계산	56,450,000	129,800,000	224,559,600	410,809,600
실적			340,183,000	507,915,823	478,847,627	1,326,946,550
남은기간 수주·납품			32,633,100	73,591,323	127,998,972	234,223,395

어느 정도까지 목표 달성이 가능한지를 예측하는 매출 시뮬레이션의 예시. 이름은 가명이다.

각 팀원들은 주간별로 자신의 상황을 입력해서 팀장에게 제출해야 한다. 여기에 반드시 덧붙여야 하는 것이 고객들의 현 상태를 설명하는 고객 주간 동향 보고서다. 변화가 있는 고객이든, 변화가 없는 고객이든 지금 어떤 상태에 있는지를 기입해야 한다. 왜냐하면 기재된 상황이 요미예측표의 근거로 작용하기 때문이다. 이는 크게는 요미표의 정확도를 높이기 위한 목적도 있지만, 직원 각자 생각하고 판단하는 힘을 키우기 위한 세부적 의미도 저변에 깔려 있다고 볼 수 있다. '데이터의 습관화'와 마찬가지로 어떤 상황을 판단하고 예측할 때는 그 근거를 항상 생각하게끔 유도하는 것이다.

이렇게 올라온 요미표에 따라 각 사업부는 상품별로 목표 달성 예측표를 작성한다. 보통 사업 개시 후 6개월이 지나면 그 해의 목표 달성에 대한 상품별 예측치가 나온다. 반년이 남은 시점이긴 하지만 예측의 정확도는 거의 90%에 가깝다. 그리고 회계연도 종료 3개월 시점에서는 거의 100%에 가까운 정확도를 보이는데,

이 시점에서는 목표 금액 달성에 미진한 팀이나 팀원 그리고 상품을 대상으로 집중 관리를 실시한다. 예측표대로 목표 달성이 힘들다고 판단되는 팀이나 팀원에 대해서 조직적인 차원에서 집중적으로 지원한다는 의미다. 미진한 팀이나 팀원을 지원하기 위해서 임원이 나서고 사장이 나서는 일이 빈번해진다. B2B^{Business to} Business, 기업 간 전자상거래 영업에서는 개인도 잘해야 하지만 윗선에서도 적극적으로 도움을 주어야 하기 때문이다. 조직적인 팀플레이가 힘을 발하는 시즌에 돌입하는 것이다.

여기서 한 가지 다른 기업과의 차이점이 있는데, 책임 의식이다. 보통의 기업들은 경우에 따라 이미 목표를 달성한 팀의 초과 달성분을 쪼개서 목표 미달 팀을 지원하는 일을 시도하곤 한다. 보기에는 승자가 약자를 배려하는 좋은 그림으로 비춰질 수 있다. 그러나 RMS에서는 절대 있을 수 없는 일이다. 무조건 스스로의 힘으로 위기를 극복하고 목표를 달성해야 한다. 조직의 지원은 받을 수 있을 수 있으나 최종적인 책임은 본인이 져야 한다. 일의 끝은 본인의 힘으로 마무리해야 한다는 것이 암묵적 규칙으로 인식되어 있기 때문이다.

예측 경영을 통해 위험도를 사전에 낮추려는 시도가 하나 더 있다. 인사 이동이다. 요미예측표가 매출의 위험도를 낮추기 위한 사전 예방 성격이 강한 경영 방식이라면, 간부들의 인사이동을 매우 빨리 발표하는 것은 관리에 대한 위험도를 최소화하기 위함이 목적이다. 대표이사의 경우 후계자를 1년 전에 내정한다. 본부장급의 임원들은 6개월 전, 팀장급의 경우는 3개월 전, 일반 사원들의 경우는 1주일 전에 인사 이동 명단을 발표한다. 이는 다른 일본 기업들과 비교해도 상당히 빠르다. 지나 보니, 한참이나 미리 인사를 실시하는 것은 단점도 있지만 장점이 더 많다는 생각이 든다. 가장 큰 장점은 사전에 다양한 각도에서 자신이 앞으로 담당할 업무를 파악하고 연구할 시간을 충분히 갖게 된다는 점이다.

내가 한국 법인의 대표로 재직하고 있는 동안에 RMS에서는 최고 경영자가 세 번 교체되었는데 새로운 후임자 발표는 항상 취임 1년 전에 사내에 공지되었다. 후임자로 지명된 사람들은 한결같이 자신이 담당하고 있는 현재의 업무에 더해서 차기 최고 경영자로서 알아야 할 모든 문제에도 깊숙이 관여하는 모습을 보였다. 나 같은 경우 영업 보고를 위해 월간 단위로 도쿄에 있는 본사를 방문하곤 했는데, 최고 경영자와 면담하는 자리에는 반드시 차기 최고 경영자도 동석했다. 혹시나 일정이 맞지 않아 둘이 동시에 보고를 받을 수 있는 환경이 안 되는 경우는 따로 시간을 내서 면담을 해야만 했다. 1년은 조직의 모든 상황을 충분히 여유 있게 점검할 수 있는 시간이었고, 취임 후에는 본인의 의지를 반영한 정책을 즉각 실현했다.

꿈이 현실이 되는 문화

RMS의 문화 중에서 가장 맘에 드는 것이 바로 'Follow Your Heart'라는 이름으로 대변되는 직원 응원 제도다. 일명 '데아게손을 들다'는 뜻의 일본어'라고 명명된 이 제도를 통해 수많은 젊은 직원의 꿈이 현실이 되었다. 방식은 이렇다. 우선은 본인이 하고 싶은 것을 결정한다. 그런데 그 하고 싶은 것이 조직의 사명을 실천하는 데 도움이 되고, 수익 사업이 되어 회사의 매출에도 공헌할 수 있다면 시장조사를 거쳐 본격적으로 사업화를 시도해 보는 것이다. 앞서 소개했던 SPI의 한국 시장 진출을 타진하기 위해 서울에 머물렀던 직원의 사례를 떠올려 보자. 그 친구의 경우 비록 실패로 끝나긴 했지만, 누구나 마음만 먹으면 회사의 지원을 받아 실행에 옮길 수 있다. 그런데 엄밀히 말하면, 데아게 문화는 RMS만이 가지고 있는 독특한 문화는 아니다. 리크루트그룹 전체에 퍼져 있는 일반적인 문화다.

대학 동창 중에 리크루트라이프의 생활정보사업부에서 근무하는 친구가 있었다. 한 번은 이 친구가 일본의 신세대 결혼 문화를 한국에 전파하고 싶다며 서울에 있는 나를 방문한 적이 있었다. 대학 시절부터 친하게 지낸 친구라서 개인적으로는 가깝게 지내긴 했지만 하는 일이 다르다 보니 일과 관련된 대화는 거의 없었다. 내가 서울에 오고 얼마 안 있어 이 친구에게서 전화가 걸려 왔다. 이번에 경영진에 새로운 사업 아이템을 제안했는데, 사업화를 승인받았다는 것이다. 새로운 결혼 문화를 만드는 사업인데 우선은 한국에서 시도해 보고 다음은 중국으로 넘어갈 계획이라고 했다.

당시 일본의 젊은 친구들 사이에는 이색 결혼식을 올리는 문화가 유행하고 있었다. 예를 들면, 아무도 살지 않는 무인도에서의 결혼식을 올리거나, 바다 깊은 곳에서 심해 결혼식을 여는 것이다. 산의 정상에서 치르는 산악 결혼식처럼 우리가 생각하는 일반적인 결혼식이 아닌 자신들만의 특별한 결혼식을 치르고자 하는 문화가 상당한 인기를 끌고 있었다. 친구가 근무하고 있던 생활정보사업부에서는 이런 니즈를 충족해 주는 각종 정보를 제공하고, 필요한 스태프를 파견하는 것까지 도와주는 일을 하고 있었다. 이사업은 일본에서도 상당한 인기를 끌었다. 덕분에 초창기 이 아이디어를 제안했던 동료는 별도의 회사를 만들어 독립하였고, 마침내 자스닥JASDAQ, 우리의 코스닥 같은 증권시장 상장까지 하게 되었다. 여기서 힌트를 얻은 이 친구는 이 비즈니스 모델을 가지고 해외로 진출해 보고 싶은 꿈을 품게 되었다는 것이다. 그 첫 번째 출발지가 한국이었다.

나는 내 일과는 너무나 다른 영역이었기에 큰 관심을 두지는 않았다. 그러나 친한 친구의 중요한 소망이었기에 필요한 도움을 주기로 마음을 먹고 몇 군데 예식장을 같이 방문하기도 하고 통역도 도와주었다. 뿐만 아니라 웨딩 잡지를 만드는 출판사도 여러 군데 방문하는 등 상당히 많은 사람을 만나며 시장조사를 했다. 결론을 말하면, 친구는 자신의 꿈을 접고 다시 일본으로 돌아갔다. 이유는 크게 두 가지가 있었다. 하나는 우리나라에서는 결혼이 갖는 의미가 일본에서의 그것과는 조금 달랐기 때문이다. 우리에게 결혼은 당사자뿐 아니라 부모와 관련된 문제라는 점이었고, 다른 하나는 결혼식과 관련된 모든 계약이 예식장을 중심으로 연결되어 있다는 점이었다. 사진 촬영이나 행사 물품의 대여 등 결혼식에 필요한 모든 것의 중심에는 예식장이 있었다. 모든 결혼식에는 예식장이 반드시 들어가야만 하는 구조가 우리의 결혼 문화였다. 비록 성공으로 이어지지는 못했어도, 친구는 'Follow Your Heart'라는 문화를 최대한 만끽하고 일본으로 돌아갔다.

이와 비슷한 사례가 RMS 내에서도 있었다. '데이터의 습관화'라는 제목에서 잠시 언급한 직무 가치 산정 시스템JOES 사업을 주도한 무라가미 가즈야村上和也라는 친구와 관련된 일이다. 당시 무라가미는 입사 2년 차의 신입 사원이었다. 공동 프로젝트 때문에 사내에서 몇 번 마주친 적이 있었는데, 만날 때마다 범상치가 않다는 느낌을 받았던 기억이 난다.

무라가미는 컨설팅사업부의 견제에도 불구하고 사비를 들여 타당성 조사를 위한 시장조사를 실시했다. 보고서가 경영진의 공식적인 승인을 받고 사업화에 들어갈 수 있었던 결정적 계기가 된 건, 회사가 매년 실시하고 있었던 '지식 그랑프리 시상식' 덕분이었다. 매년 고객에게 도움이 될 만한 아이디어를 모집하고 공개 경쟁을 거쳐 사업화를 하도록 도와주는 일종의 이벤트인데 무라가미의 아이디어가 그 해에 1등을 한 것이다. 이를 계기로 회사는 그에 대해 전폭적인 지원을 결정했고 중소기업용의 새로운 시스템 개발에 돌입했다. 이런 과정을 거쳐 개발된 JOES 상품은 몇 군데의 중소기업에 판매되었고 고객의 반응도 좋게 나타났다. 그리고 몇 해 뒤, 무라가미는 회사의 도움으로 독립을 했다. 이후 이 기업은 다른 기관으로부터 투자 유치에도 성공해서 결국 기업공개 Initial Public Offering, IPO까지 이르게 되었다.

개인의 〈자율〉과 〈협동〉을 바탕으로 다양한 프로들이 활약할 수 있는 조직으로

회사가 직원들에게 요구하는 것은 자율과 협동입니다. 나이와 직종에 상관없이 프로가 되기 위해 노력하고 서로 협동함으로써 조직의 발전이 가능하다는 사고가 그 바탕에 깔려 있습니다. 우리는 직원들의 자기 계발과 협동을 적극적으로 지원하고자 합니다.

전사 지식 공유회 〈날리지 그랑프리〉

2004년부터 매년 실시하고 있는 지식 공유 대회. 직원이라면 누구나 참여 가능. 서류 심사와 프레젠테이션에 심사를 거쳐 최종적으로 골든 그랑프리를 선출합니다. 2016년에는 공유된 지식의 수가 140건에 달하며 전 직원의 절반에 해당하는 200명이 이 대회에 참가하였습니다.

일본 리쿠르트매니지먼트솔루션RMS은 매년 실시되는 '지식 그랑프리 시상식'을 통해 새로운 가치에의 시도를 칭찬하고 응원한다.

 RMS에서 근무했던 젊은 친구의 성공 스토리이긴하지만 리크루트 전체적으로 보면 이런 과정을 거쳐 독립을 하고 자스닥 상장에 이른 기업의 수가 70개에 달한다. 'Follow Your Heart'로 시작하는 문구는 왠지 모르게 직원들의 가슴을 뛰게 하는 묘한 힘이 있는 것 같다. 나 또한 젊은 시절에 그런 감정을 느낀 적이 한두 번이 아니었다. 서울사무소 일에 집중하기 위해서 몇 가지 아이디어를 포기하긴 했지만, 꿈에 대한 도전을 장려하는 RMS의 문화는 정말 대단하다는 생각은 항상 갖고 있다. 이는 내가 근무했던 RMS의 힘이기도 하지만, 그룹 전체의 힘이기도 하다.

 훌륭한 문화를 가진 조직에서 일했던 사람들은 새로운 조직으로 옮긴 후에도 그 문화를 그대로 이식하기 위해 많은 애를 쓴다. 반면 썩은 풍토에서 일했던 사람들은 새로운 곳으로 이직을 했을 때, 자기도 모르게 역겨운 냄새를 풍기는 경향이 강하다. 이처럼 과거에 내가 어떤 조직에서 일했느냐는 나도 모르게 새로운 조직의 문화 형성에 큰 영향을 미치게 된다. 그래서 모든 조직이 새로운 사람을 받을 때에는 과거 그가 어떤 조직에서 몸담고 있었는지를 중요시 여긴다.

지금도 RMS에서 일했던 직원들은 어디로 이직을 하든 묻지도 따지지도 않고 큰 환영을 받는다. 이는 아마도 리크루트 특유의 조직 문화가 모두에게 인정받고 있는 덕분이라고 생각한다. 상당히 많은 기업이 이런 풍토에서 지냈던 그들을 받아들이기 위해 적극적으로 스카우트 활동을 펼치고 있다. 아마도 그들을 유치하여 자사의 조직 분위기를 조금이라도 바꾸어 보고자 하는 기대 심리가 작용해서일 것이다. 그 정도로 리크루트의 문화는 일본 내에서도 배워 두면 도움이 되는 벤치마킹의 대상으로 여겨지고 있다. 특히 내가 RMS에 근무하면서 몸에 체득한 세 가지 문화, '데이터의 습관화', '예측 경영의 실현', '의욕과 의지를 응원하는 조직 문화'는 보통의 회사에는 없는 우리만의 독특한 문화였다고 자부해 본다. 우리나라 기업들도 응용 가능한 범위 내에서 도입하여 지금 당장 시도해 본다면 큰 도움이 될 거라고 확신한다.

13
고객을 위한 애절한 마음에서
혁신이 생겨난다

이익보다 고객

지난주, 을지로에 있는 어느 회사에서 겪은 일이다. 이른 아침의 미팅이라 일찍 서둘러서 이동한 탓에 9시 전에 도착해 버렸다. 근무시간 전인데도 직원들이 모두 자리에 앉아 있는 모습이 참 인상적이었다. 요즘은 어디를 가도 출퇴근에 크게 신경을 쓰지 않아서 그런지 9시를 넘겨서 출근하는 사람도 종종 보이기 때문이다. 직원의 안내를 받아 응접실에 앉아 있는데, 갑자기 사람들이 자리에서 일어나 뭔가 구호를 외친다. '이게 뭐지?' 하는 궁금증을 갖고 그들이 외치는 소리를 들어보았다.

"목표 달성!"

"무슨 일이 있어도 오늘의 목표 금액을 완수하자!"
"목표 미달로 조직에 피해를 입히는 식충이는 되지 말자!"

수십 명이 외치는데도 박자가 틀리지 않고 리듬에 흐트러짐이 없는 걸로 봐서 어제오늘의 구호가 아닌 듯해 보였다.

뭔가 이상한 회사구나 하는 생각이 들었다. 목표의 중요성이나 목표 달성에 대한 의지를 심어 주는 것은 좋은데 최종 목표가 "오늘의 할당 금액을 채워야 한다!"는 금전적인 목표가 최상위에 자리 잡고 있었기 때문이다. 물론 회사는 영리 조직이기 때문에 매출과 이익이라는 목표에서 결코 빗나가서는 안 된다. 하지만 금전적 목표는 우리가 추구하는 가치에 대한 실현을 위한 수단에 불과한 것이지 그 자체가 최종 목적이 되어서는 안 된다. 금전적인 이익은 단기적인 목표이고 사명과 비전에 대한 실현은 장기적인 목표에 해당한다. 그런데 이 회사는 매출을 달성하는 것이 이 회사 존립의 이유인 것처럼 보였다. 마치 '오늘 할당된 돈을 벌어 오지 못하면 하는 일 없이 급여만 받아 가는 식충이'라는 생각을 갖게끔 아침마다 세뇌를 시키고 있는 것이다.

우리는 수년전에 '영혼 없는 영업'이 기업에 어떤 비극을 초래하는지에 대해 큰 공부를 한 적이 있다. 수단과 방법을 가리지 말고 매출을 올리라는 상부의 지시가 어떤 결과로 이어졌는지를 타사의 비극을 통해 큰 교훈을 얻은 적이 있다. 바로 2013년 봄에 있었던 '남양유업 대리점주 막말 사건'이 그것이다.

요약하자면, 30대 초반의 영업 사원이 50대 후반의 대리점주에게 전화를 걸어 입에 담지 못할 쌍욕을 해 대면서 제품 매입을 독촉한 사건이다. 너무 유명한 사건이었던지라 지금도 검색어를 치면 자세한 정보를 얻을 수 있다. 한 가지 여기서 내가 짚고 넘어가고 싶은 부분은 이 사건을 만든 장본인은 그 영업 사원이 아니라는 점이다. 잘못된 조직의 지시 때문에 벌어진 일이며, 어찌 보면 그 사원 또한 피해자일 수도 있다는 점이다. "수단, 방법 가리지 말고 할당량을 채워라!"는 말에 그대로 따랐을 뿐인데 왜 그 사원이 모든 책임을 져야 하는가?

　2013년 5월 6일 자 〈경향신문〉은 이 사건에 대해 다음과 같은 기사를 실었다. "남양의 관계자는 기자와의 인터뷰에서, 올해 초 어느 회식 자리에서 홍원식 회장이 '어떻게 일일이 법을 다 지켜 가면서 회사 경영을 할 수 있느냐'는 말을 했다고 전하면서, '최고 경영자가 그런 생각을 갖고 있는데 아랫사람들이 어떻게 정도를 지키며 영업을 하겠느냐'라고 말했다." 최고 경영자의 이런 인식이 반영된 것일까? 당시의 사업부별로 이어지는 아침 조회 모습은 흡사 전투에 임하는 병사의 기분과 같았다고 한 직원은 말했다고 한다. 무조건 오늘의 할당량을 채워야 한다는 사명감과 긴장감에 숨이 탁탁 막혔다는 것이다. 이런 분위기에서 실적이 저조한 대리점을 그 누가 상냥하게 대할 수 있을까? 막말이 아니라 직접 달려가 멱살을 잡고 물건 매입을 요구하지 않는 것만 해도 다행이라고 말해야 할 것 같다.

분을 못 이긴 대리점주가 영업 사원과의 대화 내용을 녹음하고 언론에 알리면서 남양유업은 국민적 지탄을 받았다. 자신의 고객이라 할 수 있는 대리점을 상대로 저런 '갑질'을 한 것도 지탄의 대상이 될 터인데, 심지어 아버지뻘 되는 대리점 사장님을 상대로 ×××라고 말을 했으니 장유유서長幼有序가 생활의 근간인 대한민국에서 난리가 난 것이다. 결국 대리점 납품 물량 2000만 원 때문에 촉발된 대리점주 막말 사건으로 남양유업은 9000억 원까지 갔던 시가총액이 6120억 원까지(2014년 2월 24일) 떨어졌고, 영업이익 또한 500억 원 손해를 기록하였다.

조직 직원들에게 심어 주어야 하는 사명감으로 '돈'이 우선시되어서는 안 된다. 매출과 영업이익은 열심히 한 일에 대한 보상이어야지 그 자체가 목적이 되어서는 안 된다. 조직은 올바른 방향성을 잡고 길을 가야 하고, 그 안에서 일탈 행위가 나오지 않도록 가이드라인을 제시해 주어야 한다. 이런 가이드라인 없이 무조건 매출을 올리는 것 자체를 최상위 목표로 삼는다면 수단과 방법을 가리지 말고 그 목표를 달성하라는 무언의 압박을 느낄 수밖에 없다. 이런 상황을 방치하고 내버려 둔다면, 남양유업의 전철을 그대로 밟게 될 것이다. 허영만 작가의《부자사전》이라는 만화의 한 장면을 인용해 일침을 가해 본다.

"진정 가치 있다고 생각하는 일에 매달릴 때 돈은 따라오는 것이지요. 돈 그 자체에 목적을 두고 돈만 쫓아다니는 사람은 돈은 벌지 못하고 돈의 노예가 되어 살 뿐입니다."

그렇다면 직원들에게 제시하는 행동의 가이드라인은 무엇이어야 할까? '고객 가치'가 중심이어야야 한다. 이는 우리 회사와 내가 고객에게 해결책이나 솔루션을 주어야 한다는 의미다. 기업의 도약을 위해 필요한 혁신이라는 것도 알고 보면 이런 고객 가치를 실천한 꾸준한 노력의 결과다. 돈을 벌기 위해 나온 아이디어는 자기중심적 해결책이 많아서 소비자의 반응이 별로인 경우가 많다. 하지만 고객이 가지고 있는 고민이나 과제를 반드시 해결해서 그 고객을 도와주고 싶다는 의지에서 나온 아이디어는 대부분 히트 상품으로 이어진다. 고객이 안고 있는 고민이나 니즈를 좀 더 이해하려고 노력할수록, 그들에게 해결책이나 솔루션을 제공해서 도와주고 싶다는 생각이 강할수록 조직의 실적에 큰 영향을 미치는 것으로 나타났다. '돈'을 우선시하는 기업은 망하지만 '고객'을 먼저 생각하는 기업은 반드시 성공한다는 교과서적인 이야기가 현실에서도 그대로 드러난 것이다.

다음의 데이터는 과거 3년간 지속 성장을 하고 있는 기업과 과거 3년간 실적 변화가 전혀 없는 기업에 있는 직원들을 대상으로 조사한 설문 결과다. 내가 알고 있는 27개 기업의 인사담당자의 도움을 받아 그곳에서 일하고 있는 직원들을 대상으로 물어본 항목 중 일부다. 27개 기업에 재직 중인 1,520명이 응답해 주었으며, 이를 다시 실적이 올라가고 있는 9개사와 실적이 전년도와 비슷하거나 오히려 떨어진 기업 18개사로 분류하여 집계해 보았다.

고객들을 이해하고 그들의 니즈를 충족시키기 위해 충분히 노력하였는가?

■ 매우 낮았다　■ 낮은 편이었다　□ 보통이었다　■ 높은 편이었다　■ 매우 높았다

		매우 낮았다	낮은 편이었다	보통이었다	높은 편이었다	매우 높았다
성장 조직	팀장급 이상		9.1%	33.3%	48.5%	9.1%
성장 조직	팀원	8.8%	12.5%	35.6%	35.0%	8.1%
침체 조직	팀장급 이상	14.9%	34.0%	31.9%	12.8%	6.4%
침체 조직	팀원	15.0%	27.8%	42.8%	12.2%	2.2%

1. 고객 과제 해결을 위해 노력한다는 응답은 성장 조직이 침체 조직에 비해 3배가 더 높은 것으로 나타났다.
2. 반면 고객 과제 해결을 위한 노력에 무관심하다는 응답은 성장 조직에 비해
   침체 조직이 팀장급은 6배, 팀원은 2.5배 더 높은 것으로 나타났다.

● 팀장급 이상의 답변(성장 조직 vs 침체 조직)

매우 낮았다(0% vs 14.9%), 낮은 편이었다(9.1% vs 34.0%), 보통이었다(33.3% vs 31.9%), 높은 편이었다(48.5% vs 12.8%), 매우 높았다(9.1% vs 6.4%)

● 팀원의 답변(성장 조직 vs 침체 조직)

매우 낮았다(8.8% vs 15.0%), 낮은 편이었다(12.5% vs 27.8%), 보통이었다(35.6% vs 42.8%), 높은 편이었다(35.0% vs 12.2%), 매우 높았다(8.1% vs 2.2%)

도표에서도 알 수 있듯이, 고객 과제 해결을 위한 조직의 노력은 반드시 좋은 결과로 이어진다. 이런 개인적인 가치관은 지금까지 조직 문화라는 주제로 알게 된 수많은 회사의 현장 움직임을 보면서 확고한 신념으로 자리 잡게 되었다. 여기, 이런 생각을 갖

게 만든 회사의 사례를 몇 개 소개해 볼까 한다.

고객 고통 해결을 고집하는 텔스타홈멜

경기도 평택시 청북 외국인 투자 기업 단지에 '텔스타홈멜'이라는 회사가 있다. '스마트 팩토리Smart Factory 구축' 전문 기업으로서 업계에서는 상당한 인지도를 가지고 있는 기업이다. 보통 공장자동화라고 하면 하드웨어적인 측면과 소프트웨어적인 측면으로 나누어 생각한다. 스마트 팩토리 구축도 마찬가지다. 하지만 이 회사는 양쪽의 솔루션을 모두 가지고 있는 덕분에 시장점유율이 상당히 높은 편이다. 그런데 이 회사가 고객의 사랑을 받고 높은 시장점유율을 기록하고 있는 것은 기술적인 우위 때문만은 아니다. 이곳에서 강조하는 '고객 고통 해결'이 구성원들 모두에게 생활의 일부분으로 습관화되어 있기 때문이다.

다음의 내용은 회사 홈페이지에 소개되어 있는 창업자의 경영철학이다. 내용을 읽어 보면 이들이 도대체 왜 그렇게 고객의 과제 해결에 목을 메는지 그 이유를 알 수 있다.

- 창업과 성장

  '텔스타'는 1962년 인류가 최초로 쏘아 올린 상업용 통신위성의 이름 1987년 창업 당시 백과사전에서 발견하여 회사명으로 선택했는데, 어쩌면 작금의 정보통신기술의 시대를 준비하고 개척해

가라는 사명을 미리 부여받았는지도 모르겠습니다. 지금은 '부품 하나가 곧 전체'이며 '꼭 필요한 곳에 꼭 필요한 가치를 제공'하는 통신위성 같은 회사로 성장하길 소망하고 있습니다. 창업 후에는 많은 시행착오를 겪었습니다. 어떻게든 살아남으려 시도했던 것들이 지금은 텔스타만의 융합 기술로 발전했습니다. IMF 위기를 국산화의 기회로 활용하면서 측정·조립 기술을 동시에 필요로 하는 설비에 집중했고, 생산 라인에 정보통신기술 ICT를 융합하며 엔지니어링 서비스 기업으로 성장하게 되었습니다. 30여 년 동안 크고 작은 실패를 거듭하며 텔스타의 업무에 맞는 차별화된 문화의 필요성을 느꼈고 절박한 심정으로 지난 10여 년간 모든 텔스타인과 함께 우리의 조직 문화를 구축하여 왔습니다. 우리는 이것을 '고객 고통 중심의 조직 문화'라고 부르고 있으며, 지금의 모든 텔스타인은 일을 시작하기 전에 고객 정립, 고통 정립, 가치 정립이라는 순서를 되새기고 있습니다.

- ## 고객 정립

우리가 선택한 고객에 의해 텔스타의 정체성은 결정된다

인간은 자신의 가족을 좀 더 안전하게 지키기 위해 사회 공동체 생활을 시작했습니다. 그러나 사회가 점점 복잡해지며 자신을 대신해 가족을 지켜주는 사람을 고객이라는 개념으로 발전시켰다고 나는 믿고 있습니다. 인간이 공동체 생활을 지속하기 위해서는 서로 누군가의 고객이 되어 주어야 한다는 의미입니다. 결국 누군가를 돕고 있는 수많은 고객 중에서 자신의 고객을 선택하며 살아가는 게 인간입니다. 하나의 프로젝트에도 생산, 품질, 구매, 연구소 등의 기능별 고객과 담당자, 팀장, 최고 경영자 등의 직급별 고객이 다르게 존재합니다. 하지만 제한된 시간과 조건으로 프로젝트 목적을 달성하기 위해서는 선택과 집중을 할 수밖에 없습니다. 이것이 우리가 업무 시작 전에 고객 정립부터 해야 하는 이유입니다. 우리는 고객 선택에 따라 프로젝트 결과가 전혀 달라지는 경험을 많이 했습니다. 결국, 고객 정립이 곧 그 일의 목적 정립일 것입니다.

- **고통 정립**

환자가 미처 느끼지 못한 원인을 찾아내는 것이 진짜 의사

우리에게 '고객 고통'이라는 화두는 10여 년 전부터 꾸준히 정립되어 왔습니다. 고통의 의미는 아픔, 필요 등 물리적 의미뿐만 아니라 욕구, 욕망 등 정서적 의미도 포함합니다. 인간의 내면에 있는 고통을 상상하는 것은 결코 쉽지 않습니다. 다양한 경험과 지혜 그리고 따뜻한 마음이 함께 있어야만 느낄 수 있기 때문입니다. 그럼에도 인간은 끝없이 타인의 고통을 상상하며 대응해 왔습니다. 그것이 창의력의 본질이고 인류가 진화해 온 과정입니다. 회사 설립 후 1년도 안 되어 재정 상황이 악화되어 수입 시설의 설치와 A/S 대행 회사로 비즈니스가 바뀌었습니

다. 이 과정에서 우리는 기술 습득은 물론 중요한 비즈니스 노하우를 얻었습니다. A/S를 의뢰하는 고객의 가장 큰 고통은 문제의 원인을 정확히 모른다는 것이었습니다. 고객은 마치 의사를 찾는 환자와 같았고 의사가 문진을 통해서 발병 원인을 찾아가듯 우리도 고객이 미처 깨닫지 못한 원인을 함께 찾아내는 것이 중요했습니다. 이러한 과정을 거치면서 자연스럽게 고객의 숨겨진 원인에 집중하는 문화가 생겼고, 경영 용어로는 다소 낯선 '고객 고통'이라는 용어로 진화한 것입니다.

- 가치 정립

고객 고통을 해소하는 것이 진짜 '가치'

텔스타의 미래를 볼 수 없어서 너무나도 힘들던 어느 날, 문득 고객 제품의 경쟁력과 독창성은 우리가 만든 맞춤형 설비로부터 나온다는 사실을 깨달았습니다. 이 일은 우리 일에 대한 사명감과 자존감을 느끼는 계기가 되었습니다. 수단을 공급하는 회사에서 목적을 제공하는 회사로 거듭나는 지혜가 생긴 것입니다. 텔스타는 품질과 생산성 혁신 설비를 제작하면서도 작업자와 설비를 최적의 관계로 연결하여 최상의 생산 시스템을 구축하는 일을 하고 있습니다. 이 시스템은 작업자와 설비의 관계가 철저하게 상호 의존적일 때 가장 성공적으로 이루어집니다. 상대편을 돕는 일이 자신의 핵심 역할임을 알게 되면서 이타적인 조직 문화의 중요성을 깨닫게 되었습니다. 그러나 문제는 이타적인 생각과 행동은 쉽게 얻어지지 않는다는 것이지요. 이것은 조직 공동체의 존속 조건이기 때문에 문화로 승화시키지 못하면 금세 사라지고 마는 것입니다. 지금 이 일의 고객은 누구인가? 고객의 고통은 무엇이고 우리는 가치를 만들어 내고 있는가? 우리가 만들어 낸 가치로부터 스스로 행복감과 에너지를 얻고 있는가? 이렇게 끝없이 질문을 던지며 우리는 이타적 기업 문화 만들기에 전사적 노력을 다하고 있는 것입니다.

• 목표와 비전

'첨단 기술을 바탕으로 제조업의 미래를 개척한다'는 사명

공장을 인간의 지혜와 창의력의 경연장으로 만들어서 제조업의 영원한 숙제인 품질과 생산성 혁신을 즐길 수 있게 하고픈 꿈을 가지고 있습니다. 미래의 세상은 누가 어디에서 제품을 생산하더라도 실시간으로 품질과 생산성 그리고 생산 이력의 추적 관리가 가능한 스마트 공장이 될 것이고 그런 기업만이 살아남을 것입니다. 또한 글로벌 브랜드를 가진 기업들은 시장 개척에 더욱 집중할 것이고, 생산은 스마트 팩토리로 무장한 중소기업이 담당하게 될 것입니다. 텔스타는 그런 미래 세상을 꿈꾸며 스마트 팩토리 플랫폼 LINK5를 개발했고, 그 방향으로 끝없이 진화해 갈 것입니다.

텔스타홈멜 홈페이지

　고객 고통 해결을 위한 집요한 고집은 결국 회사의 성장으로
이어졌다. 텔스타는 정부가 만든 기술 혁신 기업 제조사들을 위한
스마트팩토리구축협의회 의장사가 되었고, KT의 스마트 팩토리
파트너사로 등록되었다. 그리고 텔스타는 지금 공장자동화를 꿈
꾸는 수많은 제조 기업이 탐방하고 공부하는 순례지가 되었다.

　그리고 텔스타가 내부 구성원들에게 자부심을 느끼게 만드는
요소가 하나 더 있다. 지역 사회 공헌이라는 사회적 의무를 잊지
않고 실천에 옮기고 있다는 점이다. 텔스타는 공단에 근무하는 워
킹맘들을 위해 본사 사무동 옆에 있던 테니스장을 허물고 어린이
집을 만들었다. 그리고 이를 텔스타 직원뿐만 아니라 산업 단지에
근무하는 사람이면 누구나 이용할 수 있게 했다. 또한 지역에 있
는 학교를 찾아 주민들과 함께 미니 운동회도 개최한다. 그들은
이런 활동들도 고객 고통 해결의 일환이라고 말한다. 지역에 기반
을 둔 회사라면 당연히 지역 사회도 고객이며 그들이 안고 있는

고민이나 과제에 대한 고통도 같이 느껴야 한다는 것이다. 고객을 위한 애절한 마음을 가지고 사업에 임하는 텔스타의 조직 문화가 매우 아름답다.

2018년 텔스타 어린이집 개원식(왼쪽)과 지역 봉사 활동으로 추진한 미니 운동회 (오른쪽)

자연 생태 공원을 만든 이시자까산업

비슷한 사례를 하나만 더 소개하고자 한다. 이시자까산업도 마찬 가지로 고객에 대한 애절한 마음 덕분에 '혁신의 대명사'라는 타이틀을 얻게 된 기업이다. 지금 일본에서 남다른 가치철학의 실천으로 뜨거운 주목받고 있는 기업이다. 이시자까산업은 지역 사회 공헌으로 쓰러져 가던 기업을 일으켜 세웠고 지금은 친환경 기업의 대명사가 되었다. 산업폐기물 전문업체 이시자까산업의 대표를 맡고 있는 이시자까노리코石坂典子 씨의 이야기를 잠시 소개해 보고자 한다.

　도쿄 서부의 부도심 이케부쿠로역에서 출발하는 도부도조선

전철을 타고 30분쯤 가면 후지미노역이 나온다. 여기서 택시로 20분쯤을 더 가면 울창한 산림으로 둘러싸인 큰 공장 네 개가 나오는데, 이곳이 바로 연간 3만 명의 방문객을 맞이하고 있는 친환경 쓰레기 처리 업체 이시자까산업이 있는 곳이다. 이시자까산업은 현재의 사장인 노리코 씨의 아버지가 창업한 건축 폐자재 처리 공장이 모태다. 처음부터 이곳이 친환경 기업으로 사람들의 주목을 받은 것은 아니다. 불과 얼마 전까지만 해도 혐오 시설로 지탄받으며 폐업의 위기에 몰리기도 했다.

우리도 그렇지만 일본도 자신이 거주하는 지역에 혐오 시설이 들어오는 것을 반기는 사람은 없다. 특히나 산업폐기물 처리 소각장을 가지고 있는 업체의 경우는 반발이 더 거세게 일 수밖에 없다. 여기에다가 폐기물 처리 과정에서 다이옥신이 검출되었다는 소문이 퍼지면서 지역신문사의 취재가 이어졌다고 한다. 자극적인 기사가 퍼지면서 지역 주민의 항의와 데모가 이어졌고 공장의 모든 작업이 올스톱되는 최악의 상황으로까지 내몰렸다고 한다. 여기서 빛을 발한 것이 바로 창업자의 경영 철학이었다. 최악의 경영난을 겪으며 회사를 정리할 생각까지 했던 노리코 사장의 마음을 바꾸게 한 것은 부친이 남겨 주신 경영 철학이었다. "지역민에게 사랑받는 기업이 되어야 한다"는 말이 머릿속에서 울려 퍼졌다고 한다.

'지금의 문제는 우리가 지역 주민을 보지 못했기 때문에 발생한 문제다. 지금까지 우리는 고객을 잘못 정의를 내리고 잘못 판

이시자까산업의 회사 전경(왼쪽). 모습으로 원래는 공장만 있었는데, 주변에 나무를 심고 곤충을 풀어 놓아 자연 생태 공원으로 조성하였다. / 공장 내부의 모습(오른쪽). 외부에서 하던 폐기물 작업을 지금은 공장 안의 내부에서 진행하고 있다.(출처: 이시자까산업 홈페이지)

단하고 있었다. 폐기물은 누구라도 줄 수 있다. 하지만 그런 폐기물을 처리하는 공간은 쉽게 얻을 수가 없다. 그런 공간을 제공하는 사람들이 우리가 소중하게 생각해야 할 고객인 것이다. 우리의 고객은 폐기물을 의뢰하는 기업이 아닌 이 지역에 기반을 두고 살아가고 있는 주민이라고 봐야 한다.

노리코 사장은 즉시 그동안 추진하지 못했던 다양한 아이디어를 실행에 옮기기 시작했다. 기업 경영에서 가장 중요한 것은 방향 설정이다. 어디로 가야 할지 방향을 설정하는 것이 어렵지, 일단 방향만 제대로 설정하면 다음의 문제는 비교적 순조롭게 풀어 갈 수 있다. 우선 마을을 깨끗이 청소하는 일부터 시작했다. 직원들을 설득하여 시간을 정해 놓고 모두가 모여 마을 청소에 나섰다. 사람들의 손길이 잘 가지 않는 하천과 동네 외곽 청소를 시작으로 조금씩 청소 영역을 넓혀 갔다. 그리고 공장 주변의 미화 작업에도

이시자까산업 홈페이지에는 "지역 주민에게 사랑받는 기업이 되기 위해 최선을 다하겠습니다"라는 표어와 함께 지역 사회 공헌을 위한 다양한 활동이 소개되어 있다.

착수했다. 공장 주변의 모든 부지를 나무와 잔디로 뒤덮은 것이다. 또한 마을의 버려진 뒷산을 개간하여 공원을 만들었으며 그곳에 수천 그루의 나무도 심고 각종 곤충도 수송해서 풀어 놓았다.

　동시에 지역 주민의 눈살을 찌푸리게 했던 야외 폐기물 처리장을 전부 실내 폐기장으로 개조했다. 공장 내부에서 폐기물을 처리함으로써 밖에서는 어떤 일이 벌어지는지 눈에 보이지 않게 한 것이다. 그리고 공장에 드나드는 운송 차량의 형태도 바꾸었다. 폐기물의 운반 트럭을 전부 박스 차량으로 교체하여 차량 이동 시에 나는 분진을 최소화할 수 있도록 신경을 쓴 것이다. 작은 나무들이 무성한 숲이 될 수 있도록 지역 주민과 함께 하는 '숲 재생 프로젝트' 이벤트까지 벌였다. 그 결과 산업폐기물 처리 공장은 반딧불이와 아이들의 놀이터가 되었다. 무려 12년간에 걸친 노력은 쓰레기가 쌓인 숲을 공원으로 재탄생시켰고 지구에서 사라져가는 꿀벌과 동물에게도 새 터전을 만들어 주었다.

도쿄돔 네 배 넓이의 회사 부지 '숲 공원'에는 온갖 곤충이 날아다니고, 회사가 주관하는 여름 축제에는 수백 명의 지역 주민이 참석해 즐거운 시간을 보낸다. 일본 굴지의 기업들이 이 회사의 성공 비결을 배우러 찾아오고 아이들이 줄지어 공장 견학을 온다. 이 회사를 찾는 방문객만 연간 3만 명이 넘는다. 지역의 미운 오리 새끼였던 회사가 이제는 지역 주민들의 사랑을 한몸에 받는 친환경 기업으로 탈바꿈한 것이다. "이 모두가 '지역 주민이라는 고객을 어떻게 하면 기쁘게 해 줄 수 있을까?'만을 생각한 간절함에서 나온 결과였다"라고 노리코 사장은 말한다. 산업폐기물 전문 업체가 왜 이런 지역 밀착형, 그리고 환경친화적 프로그램의 운영에 신경을 쓰고 있는 것일까? 그들은 어떤 철학과 비전을 가지고 이런 활동을 벌이고 있는 것일까? 이를 이해하기 위해서는 그들의 홈페이지에 올라 있는 경영 이념과 핵심 가치를 살펴볼 필요가 있다.

- **경영 이념**

겸손한 마음으로 지역 사회에 봉사하는 기업이 된다.

- **핵심 가치 ①: ISO가 중심이 되는 회사**

우리는 환경보호에 대한 인식을 높이고 사원의 자립적 성장을 촉진하는 것이 '지속 가능 경영'에 불가결한 요소라고 생각합니다. 우리는 제3자 심사에 의한 경영의 시각화를 촉진하고 경영 기법의 강화를 측정하기 위하여 ISO(국제표준화기구)를 경영의 중심축으로 삼고자 합니다. 매년 수립되는 경영 목표에 대해 사원들이 계획을 세우고, 행동으로 옮기고, 외부 기관이 감사를 합니다. 사원들이 주체가 되어 PDCA^{Plan–Do–Check–Act, 계획-실행-평가-개선} 사이클을 돌림으로써 현상 만족이 아닌 항상 높은 곳을 향하는 조직 풍토를 조성하고자 합니다.

- **핵심 가치 ②: 지역 사회에 공헌하는 회사**

우리는 우리가 속한 지역 사회와의 관계를 매우 소중히 여기고 있습니다. 지역 사회가 바로 우리가 존재하는 이유이자 우리 비즈니스의 기반임을 인식하고 지역 커뮤니티로부터 사랑받는 기업이 되고자 합니다. 우리는 이것을 '진심 경영'이라고 이름을 붙였으며, 지역에 기반을 둔 서비스 업자가 지향해야 하는 비즈니스 모델로 규정하고자 합니다. 자연으로부터 받은 혜택을 활용하여 우리 지역의 역사와 계절, 문화를 전파함으로써 지역의 사회 공헌 활동에 적극적으로 임하고자 합니다.

- **핵심 가치 ③: 사원이 주체가 되는 회사**

우리는 부서 단위의 사내 프로젝트 활동과 각종 위원회 활동을 적극 지원합니다. 안전위생위원회 활동, 방재 프로젝트나 회사 홍보 CI 프로젝트까지 사원들의 적극적인 참여로 회사는 움직이고 있습니다.

우리가 지원하고 있는 위원회 활동과 프로젝트는 아래와 같습니다.

1 **안전위생위원회** 노동 안전 위생 관리 체제의 정비와 작업환경의 개선을 촉진하며 화재의 미연 방지를 목적으로 한다.
2 **ISO추진위원회** 당사의 종합 매니지먼트 시스템의 설계와 운용에 대한 리더십을 발휘한다.
3 **친환경추진위원회** 경영이나 환경, 에너지 방침에 근거하여 예상되는 문제를 제기하면서 개선에 대한 아이디어를 제안한다.
4 **CI 프로젝트** 회사가 중요시 여기는 의지나 가치관을 시각화하여 사내·외에 침투시키는 것을 목적으로 한다.
5 **환경 정비 프로젝트** 3S(정리-정돈-청소, 일본어의 세이리, 세이돈, 세이게츠의 영문 S를 따온 것)에 대한 구조화와 습관화를 철저히 하여 안전하고 일하기 좋은 작업환경을 만든다.
6 **방재 프로젝트** 화재 예방에 대한 아이디어를 제안한다. 화재가 발생했을 때나 발생 후에도 완전 복구에 이르기까지의 개개인의 역할과 행동을 안내한다.

• **핵심 가치 ④: 사원의 건강을 중시하는 회사**
우리는 심신의 건강이야말로 높은 성과와 업무 의욕으로 이어진다는 점을 인식하여 전력을 다해 사원들의 건강에 신경을 쓰고 있습니다. 사원들이 의욕을 가지고 일할 수 있는 환경을 구축하기 위해 많은 신경을 쓰고 있습니다. 이를 위해 작업환경의 정비와 신체적·정신적 건강 증진에 필요한 활동을 폭넓게 실행하고 있습니다. 건강 경영에 대한 회사의 의지를 알리기 위해 건강경영선언문을 제정하였으며 이의 실천을 위해 회사는 아낌없이 지원할 것입니다.

홈페이지에 올라 있는 홍보 내용과 여러 언론에 소개된 이시자까산업의 기업 경영 이야기를 정리하면서 그들의 성공 비결을 분석해 보았다.

첫 번째로 전략이 훌륭했다. 기업의 성장 모델은 무엇보다도 업의 본질에 어울리는 전략을 담고 있어야 하는데, 이시자까산업이 수립한 전략이 바로 '친환경'과 '지역 밀착'이었다는 점이다. 이시자까산업은 모두가 혐오 산업으로 생각하는 폐기물 처리 업체다. 어느 지역이 되었건 혐오 시설로 인식이 되어 공장 설립은 물론 생존 자체가 위협을 받는 사양산업인 것이다. 이런 상황이고 보니 그들이 수립한 전략은 어찌 보면 생존을 위해 수립한 고육지책이었을지도 모른다. 어찌되었건 주변의 상황과 환경을 다분히 고려한 영리한 전략이라고 평할 수 있다.

두 번째는 거기에 맞추어 경영 방침으로 채택한 네 가지 핵심 가치가 훌륭했다. 'ISO가 중심이 되는 회사', '지역 사회에 공헌하는 회사', '사원이 주체가 되는 회사', '사원의 건강을 중시하는 회사'는 그야말로 수립된 전략에 너무나도 잘 어울리는 핵심 가치다.

산업폐기물을 취급하는 회사이니만큼 주요 주체인 지역 사회, 그리고 직원들의 사기 진작을 위한 행동 강령이 들어가지 않으면 안 된다. 사장의 개인적 의지를 담은 네 가지 핵심 가치는 회사가 추구하는 방향에도 맞을 뿐만아니라 추구하는 가치관에도 너무나도 잘 어울린다.

그리고 마지막으로, 고객에 대한 정의가 적절했으며 그 고객을 위해 벌인 다양한 사회 활동이 훌륭했다. 비즈니스를 함에 있어서 업의 본질을 확실히 하는 것도 중요하지만 고객에 대한 정의를 잘 내리는 것도 그에 못지 않게 중요하다. 우리가 상대해야 할 '대상'이 정해져야지 What과 How가 정립할 수 있기 때문이다. 그만큼 누구를 고객으로 하느냐 하는 대상 선정은 이후 이어지는 모든 전략 수립에 가이드라인을 제공해 준다. 지역 주민을 고객으로 설정한 것은 그들의 비즈니스 모델에 비추어 보았을 때 매우 적절했다. 고객에 대한 간절한 마음은 결국 혁신으로 이어졌고, 그 결과 그 결과로 폐기물처리 업체가 '친환경 기업'이라는 타이틀을 얻을 수 있게 되었다다.

을지로의 기업에서 목격한 직원들의 아침 구호 "목표 미달로 조직에 피해를 입히는 식충이는 되지 말자!"는 슬로건은 아직도 잊히지 않는다. 그때를 떠올리면 서글픈 생각이 든다. 그 회사에 대한 연민을 느껴서가 아니다. 그곳에서 그런 구호를 외치고 있는 젊은 친구들의 미래가 걱정이 되기 때문이다. "돈을 따라가는 사람이 아닌 돈이 따라오게 하는 사람이 되라"라고 우리는 누누이 말한다. 나 또한 수십 명의 직원을 데리고 일을 하던 일본 기업의 대표로 있을 때, 매년 새롭게 들어오는 신입 사원들에게 항상 강조했던 말이기도 하다.

나는 기회가 있을 때마다 이런 말을 했었다.

"지금도 그렇고 앞으로도 그렇고 여러분이 가슴 깊이 명심해야할 일은 돈을 벌기 위해 고객을 상대한다는 생각을 해서는 안 된다는 것입니다. 지금 내가 마주하고 있는 고객의 고민을 해결하기위해 내가 존재한다는 생각을 먼저 해야 합니다. 그러기 위해서는고객을 애절하게 사랑하는 마음을 가져야 합니다. 사랑하는 사람을 위해서는 수단 방법 가리지 않고 모든 정성을 쏟아붓듯이 고객을 그런 마음으로 대하십시오. 시간이 지나면 고객은 그런 여러분의 노력과 헌신을 반드시 알아줄 것이고 여러분의 제안은 자연스럽게 채택이 될 것입니다."

이런 생각은 지금도 변함이 없다. 매출이나 영업이익이 최상위의 목표로 가서는 안 된다는 생각, 고객에 대한 애절한 마음을가지고 있어야 한다는 생각은 연구소의 가장 중요한 가치관이기도 하다. 고객이 안고 있는 고민을 해결해 주어야 한다는 간절한마음으로 무장하지 않은 기업은 단기간으로는 성장할 수 있을지몰라도 오래가지는 못한다. 이는 매출 1조에 업계 1위를 자랑하며 잘나가던 남양유업의 사례에서 충분히 교훈으로 얻은 결과다.

또한 고객을 생각하는 마음은 텔스타홈멜이나 일본의 이시자까산 업이 시간이 갈수록 더욱 빛을 발하고 있는 이유다. 앞으로 그들이 어디까지 성장해 갈지가 새삼 기대된다.

14

미래지향적 기업으로 가는
첫걸음

불황이 끝나면 새로운 질서가 탄생한다

내가 잠든 사이에도 세상은 변화하고 있다. 하지만 대부분은 이를 전혀 눈치채지 못하고 익숙한 오늘에 파묻혀 지낸다. 그러던 어느 날, 문득 잠을 깨 보니 세상의 낙오자가 되어 있는 나를 발견하게 된다. '아차!' 하는 마음에 변화의 흐름에 올라타려 애를 써 보지만 말이 쉽지 결코 쉽지가 않다. 성인학습이론에 따르면 다 큰 성인은 쉽게 변하지 않기 때문이다. 그렇다고 전혀 방법이 없는 것은 아니다. 중간중간에 해머로 머리를 치는 듯한 큰 충격을 받으면 된다. 그럴 때 변화가 한 단계씩 진행된다. 하루아침에 이룰 수 있는 게 아니다. 가까스로 나를 변화의 흐름에 맞춰 가는 고통의 나날을 보내야 한다. 이런 노력마저 없다면 익숙함이라는 편안함에서 서서히 죽어 가는 '열탕 속의 개구리' 이야기의 주인공이 될 것이다.

기업도 마찬가지다. 경기란 것이 항상 호황만 있는 것도 아니고 항상 불황만 있는 것도 아니어서 정신차리고 세상의 변화를 지켜봐야 한다. 개인의 변화관리이론과 한 가지 차이점이 있다면 '예방' 외에 답이 없다는 것이다. 사람은 위기의 순간이 다가왔을 때 '충격'을 받고 정신 차리며 한 단계 성장하지만, 기업의 경우는 어느 순간 끝이 나기 때문이다. 그래서 준비와 예방을 강조하는 것이다. 특히 경기가 하강 곡선을 그리고 있을 때는 바짝 긴장해야 한다. 터널을 지나며 기존의 질서가 무너지고 새로운 질서가 생겨날 중요한 타이밍이다. 시장의 강자로 다시 태어나든지, '중환자실'로 들어가 회복 불능의 상태로 누워 있든지 둘 중의 하나가 될 가능성이 높기 때문이다.

불황이 끝나고 경기가 회복 국면으로 돌아섰을 때의 상황을 생각해 보자. 우리는 분기별 경제성장률이 연속으로 하락할 때 '경기 침체에 들어갔다'고 말한다. 이런 상황을 촉발하는 사건은 크게 세 가지가 있다. 첫째는 유가 상승에서 비롯된 경제 쇼크이고, 둘째가 글로벌 금융 위기로 촉발된 경제 위기다. 그리고 셋째는 이유나 원인을 확실히 규명할 수 없는 인간의 비합리적 결정과 판단에서 비롯된 인적 재난이다. 세 번째의 이유로 언급한 비합리적 판단과 결정을 경제학에서는 '야성적 충동Animal Sprits'이라고 부른다. 금세기 최고의 경제학자로 불리는 존 메이너드 케인스John Maynard

Keynes가 만든 용어로, 인간의 비합리적 판단 또한 경제에 상당한 영향을 미치는 요소로 작용하고 있다는 의미다.

경기 침체는 앞서 열거한 요소 중에 하나 때문에 일어날 수도 있고, 세 가지가 전부 작용해서 일어날 수도 있다. 이유가 어디에 있든 한 가지 흥미로운 사실은 침체기가 끝나고 경기가 본격적인 회복기에 접어들 즈음에 살아남은 기업은 그 비율이 거의 일정하다는 점이다. 세계적인 컨설팅 기업 베인앤드컴퍼니Bain & Company는 1990년대 후반 아시아를 휩쓴 금융 위기와 2009년의 리먼 사태 이후 기업들의 생존 현황을 조사했다. 베인앤드컴퍼니가 고객사를 대상으로 조사한 자료에 따르면 금융 위기가 끝나고 3년이 지난 시점에서 고객의 10%는 더 많은 수익을 창출했고, 20%는 망하거나 수익이 악화되어 병실에 입원해 있는 처지가 되었다고 한다. 그리고 나머지 70%는 겨우겨우 목숨만 유지하고 있었다고 한다.

2010년《하버드 비즈니스 리뷰Harvard Business Review, HBR》에 실린 연구 논문에도 이와 비슷한 내용이 있다. 하버드경영대학원 Harvard Business School의 교수인 란제이 굴라티Ranjay Gulati와 니틴 노리아Nitin Nohria 등이 〈경기 침체의 외침Roaring Out of Recession〉이라는 제목으로 게재한 논문에 따르면, 1980, 1990, 2000년대에 있었던 경기 침체 기간 동안 이들이 연구한 상장 기업 4,700개 중에 17%가 특히 안 좋은 결과를 맞아 결국 파산하거나 상장 폐지되거나 다른 기업에 인수되었다고 한다. 그러나 9%는 경기 침체 후 3

년 동안 단지 회복하는 데 그치지 않고, 경쟁사들보다 최소 10% 더 높은 매출과 이익 증가를 달성하는 성과를 냈다는 것이다.

베인앤드컴퍼니와 하버드경영대학원의 연구 결과를 종합하면 다음과 같은 결과가 나온다. 불황이 끝나고 경기가 회복기에 들어섰을 때, 기업은 세 가지 부류로 나뉘게 된다. 승승장구하는 기업 10%, 생존의 기로에 있는 기업 20%, 겨우 생존하고 있는 기업 70%. 여기에 더하여 그들은 우리가 궁금해하는 승승장구하는 기업 10%의 비밀도 살짝 공개해 주었다. 그들이 가지고 있는 가장 눈에 띄는 특징은 혁신 의지가 구성원들에게 자연스럽게 내재화되어 있었다는 것이다. '혁신'이라는 단어에 긍정적 반응을 보이는 정도가 생존의 기로에 있는 기업들에 비해 월등히 높았다는 것이다. 변화를 두려워하지 않고 오히려 적극적인 자세로 수용하고 개선해 나가려는 의지의 정도가 다른 기업에 비해 월등히 높게 나왔다는 것이다.

그렇다면 '어떻게 하면 혁신의 조직 문화를 만들 수 있을까?'에 대해 고민하지 않을 수 없다. 물론 혁신의 조직 문화가 형성되어 있다고 해서(반드시 구성원을 하나로 묶는 일체감 형성이 선행되어야 한다) 반드시 지속 성장으로 이어지는 것은 아니지만, 적어도 생존의 기로에 놓이는 것만은 막아 줄 것이다. 현재에 안주하지 않고 끊임없이 미래를 생각하는 조직, 현재에 만족하기보다는 끊임없이 개선을 생각하는 조직은 모두가 꿈꾸는 이상적인 조직임에 틀림이 없다. 너무 거창한 과제로만 생각하면 시작하기도 전에 포기할 우려가 있어 현장에서 지금 당장 도입 가능한 세 개의 실천 과제를 제시해 본다.

1 편안하게 솔직해야 한다.
2 칭찬과 피드백은 구체적이어야 한다.
3 도전은 장려하되 규율은 엄격해야 한다.

편안하게 솔직해야 한다

상하좌우의 자유로운 의사소통은 모든 조직이 꿈꾸는 이상적인 모습이다. 실제로 이런 모습을 갖춘 조직의 상호 믿음이나 신뢰 지수는 그렇지 않은 조직에 비해 무려 세 배 가까이 높다는 사실이 다양한 연구 결과를 통해 밝혀지기도 했다. 편안함과 자유를 기반으로 한 상하 간의 커뮤니케이션은 눈에 보이지 않지만 조직 신뢰에 매우 중요한 요소로 작용하고 있다. 왜 그런지에 대해 긍정과 부정의 사례를 살펴보자.

먼저 경직된 조직 문화로 인해 위기에 처한 기업의 사례다. 2019년, 국내 유명 중견 기업(편의상 A사로 호칭)의 회장이 직원 조회에서 불필요한 영상을 틀어 주는 바람에 여론의 뭇매를 맞은 일이 있었다. 영상의 내용은 한때 남미의 부자 나라였던 베네수엘라가 빈국으로 전락한 과정을 소개하는 내용이었다고 한다. 문제가 된 것은 영상을 소개하면서 직원들이 듣기에 거북한 발언을 했다는 것이다. 듣기 거북했던 대목을 어느 직원이 영상 캡처해서 언론사에 보낸 것이 발단이 되었다. 특히 "이렇게 가다가는 우리도 단돈 7달러에 몸을 파는 베네수엘라 꼴이 될 것입니다"라는 대목이 사람들의 심기를 건드렸다. 마침 일본이 그 회사의 지분을 상당량 가지고 있었던 터라 반일감정까지 건드려 여성 비하에 친일기업이라는 이미지가 씌워졌다. 이로 인해 그 회사에서 생산하는 제품에 대해 불매운동이 일어날 조짐까지 나타났다. 결국 A사의 회장은 대국민 사과문을 발표하고 경영 일선에서 물러나겠다고 발표했다.

언론으로부터 흘러나온 뉴스만 두고 본다면, '회장의 말실수 → 이를 계기로 일을 크게 만든 직원'이라는 간단한 공식이 그려진다. 인터넷상에서도 이에 대한 공방이 한동안 뜨거웠다. "지금이 어떤 시대인데 저런 막말을 할 수가 있느냐, 제왕적 회장제가 부른 재앙이다. 불매운동으로 가야 한다", "공개적인 자리에서 말실수를 해서 회사를 망신시키는 행동이 과연 바람직한 행동이냐? 그렇게 해서 입은 피해는 고스란히 동료들에게 갈 수밖에 없다. 정말 철없는 행동이다"와 같은 논쟁이 한동안 뜨겁게 달아올랐다. 이유가 어디에 있든 결과적으로 A사는 매우 어려운 상황에 직면하게 되었다. 1,000여 명의 임직원이 수십 년에 걸쳐 쌓아 놓은 신뢰와 명성이 크게 흔들리면서 매출이 감소했고 구조 조정 이야기까지 나오는 상황에 직면한 것이다.

나는 개인적으로 그곳의 회장님을 잘 알지 못한다. 하지만 워낙 유명하신 분이어서 여기저기서 들은 정보가 상당히 많이 쌓여 있다. 뿐만 아니라 내가 잘 아는 지인들과도 매우 가까운 사이다 보니 이런저런 경로를 통해 꽤나 많은 이야기를 들어 왔다. 들은 이야기만 가지고 인품을 논한다면, 매우 훌륭하시고 사회적으로 존경을 받으실 만한 충분한 자격이 있는 분이라는 결론이다. 매년 수억 원씩 불우한 이웃을 위해 큰돈을 기부하시는 걸로 봐서 따뜻한 인류애도 가지고 계신 것 같다. 또한 해외로 반출되어 있는 우리의 문화재를 사재를 털어 사 오시는 걸로 봐서는 국가에 대한 사랑도 절대 남에게 뒤지지 않으신 것 같다. 여기까지만 두고 본다면 이번 사건은 '조국과 민족을 사랑하는 훌륭한 기업가의 말실수가 만든 안타까운 사건'이라는 타이틀을 붙여도 될 법한 억울한 사연인 듯해 보인다.

하지만 사건의 본질을 알기 위해서는 360도 다양한 각도로 비춰 봐야 한다. 사람도 마찬가지다. 어느 한쪽의 일방적인 평가만 가지고는 그 사람의 인물 됨됨이나 행동을 정확히 판단할 수가 없다. 항상 이런 관점을 견지하고 있었던 터라, 혹시나 그곳 내부인의 생각을 들을 수는 없나 하는 고민을 하고 있었다. 그러던 중, 후배를 통해 그곳의 경영지원부서에서 일하고 있는 직원과 대화를 나눌 수 있는 기회가 생겼다.

"어때요? 요즘 많이 힘들지는 않나요?"

"힘든 것보다도 솔직히 억울한 측면이 강하지요. 저희는 지금까지 우리가 일본 기업이라고는 한 번도 생각해 본 적이 없거든요.

근데 아침에 일어나 보니 갑자기 일본 기업으로 둔갑해 있고, 사람들은 우리가 만든 제품을 불매해야 한다고 하고……."

"사건의 발단이 된 게 회장님의 강연이잖아요. 실수하신 건가요? 아니면 평소 회장님의 생각에 반감을 가진 직원이 불만의 표시로 언론플레이를 한 건가요?"

"양쪽 모두 조금씩 섞여 있다고 볼 수 있어요. 경영학 용어 중에 '하인리히 법칙'이라고 있잖아요. 하나의 대형 사건이 발생하기까지는 30개의 작은 사건들이 있었고, 또 그 전에 이를 알리는 300개의 조그마한 신호가 있었다는 얘기요. 그 말처럼, 이미 오래전부터 상당한 양의 신호가 있었다고 저는 생각합니다."

"무슨 말씀이신지 좀 더 구체적으로 설명해 주시겠어요?"

"우리 회장님이 보수적인 성향이 강하시거든요. 그냥 본인 스스로 그런 생각을 가지고 계시면 되는데, 직원들하고 대화하시면서 은연중에 그런 것들에 대한 강요가 조금씩 묻어 나오곤 하거든요. 이게 문제가 된 거지요. 조금은 지나치다 싶을 때도 있고, 또 어떤 때는 일부 직원의 입에서 '직원 조회'가 아닌 '사상 교육'이라고 말하는 사람들도 생기고, 그러던 터에 이런 일이 생긴 겁니다."

"현장의 거부감이 상당했던 것 같은데, 이런 분위기를 회장님한테 전하는 사람은 없었나요?"

"맨손으로 지금의 회사를 만드신 신화에서 보듯이 저희 회장님이 빈틈이 거의 없으셔요. 카리스마도 상당하시구요. 그러다 보니 간부들이 회장님 앞에만 서면 작아지는 경향이 있습니다. 이런 상황에서 누가 감히 '직원들이 반감을 느낀다'는 말을 대 놓고 할 수가 있겠습니까!"

이 밖에도 다양한 이야기를 들을 수 있었는데, 대부분이 창업 이래 오랜 시간을 두고 A사에 뿌리내린 수직적 조직 문화에 관한 내용이었다. 강의와 강연을 통해 수도 없이 강조했던 소통 부재의 조직 문화가 아직도 이렇게 가까이서 목격되고 있다는 사실이 새삼 놀라웠다. 그것도 평소 존경심을 가지고 흠모하고 있던 바로 그 기업에서. 이야기를 듣는 내내, 이번 사건은 우발적으로 일어난 충동적 사건이 아니라는 생각이 들었다. 모두가 발설하지는 않지만, 오랜 시간의 누적된 사건들에 의해 일어난 예견된 재앙이었던 것이다.

예견된 재앙은 충분히 방지할 수 있었음에도 불구하고 모두의 외면으로 발생한 대형 사건을 말한다. '소통 부재로 인한 예견된 재앙'이라고 하면 대한항공 괌 추락 사건이 떠오른다. 1997년 8월 6일 새벽 1시 40분(한국 시간 0시 40분), 미국령 괌 상공에 서울에서 출발한 대한항공 801편의 모습이 보이기 시작한다. 그러나 비행기 밖의 날씨가 심상치가 않다. 전날부터 조금씩 떨어지기 시작한 빗방울이 저녁 무렵 굵은 장대비로 변하더니 급기야는 한치 앞을 볼 수 없는 상황에 이르고 만 것이다. 조정석 내부에 부착되어 있는 최저 고도 경고음이 울리고 계기판의 접근 포기 신호등에는 빨간불이 들어왔다. 초조해진 부기장은 기장에게 "고도를 올려야 합니다! 착륙을 포기해야 합니다!"라고 외치고 싶었으나 머릿속에서만 맴돌 뿐 입에서는 아무 말도 나오지 않았다. 3분 후 기체가 심하게 흔들리는가 싶더니 공항에서 남쪽으로 4.8킬로미터 떨어진 니미츠힐 중턱 밀림에 결국 KAL 801편은 추락하고 만다. 기체가 세 동강이 나면서 주 날개의 연료 탱크에 불이 붙었고 그 불로 인하여 탑승자 254명 가운데 229명이 사망하고 말았다. 화재 때문에 사망자 신원 확인도 쉽지 않았다. 나중에 국립과학수사연구소는 175명의 사망자 신원은 확인했지만, 54명은 시신을 찾을 수 없는 것으로 최종 결론을 내렸다.

추락 후, 사고 원인에 대해 여러 가지 조사 자료가 발표되었다. 결과는 피로에 지친 조종사와 괌 공항의 유도 장치의 결함으로 일단락되었다. 그러나 캐나다 출신의 저널리스트 말콤 글래드웰Malcolm Gladwell이 흥미로운 사실 하나를 발견했다. 블랙박스에 담긴 기장과 부기장의 대화 내용을 청취한 말콤은 다음과 같이 추론했다.

"10시간의 비행시간 동안 기장의 일방적인 지시만 있을 뿐 부기장의 의견 개진은 전혀 없었습니다. 부기장의 목소리라고는 '예, 알겠습니다. 맞습니다'뿐이었습니다. 심지어 사고 10분 전 위기의 상황에서 부기장이 '위험하지 않을까요?'라는 질문을 하기는 하였으나 기장의 '문제없어!'라는 말 한마디에 입을 다물고 맙니다. 아마도 기장과 부기장 사이의 수직적 조직 문화가 위험을 감지한 부기장에게 침묵을 강요한 것 같습니다.”

이 내용은 그의 저서《아웃라이어Outliers》에 실려 있는데, 이 책은 하버드경영대학원의 사례 연구 교재로도 쓰이고 있다.

대한항공의 대형 참사는 기장과 부기장 사이에 형성된 수직적 문화에서 기인했다. 항공 업계는 그 사건이 발생한 이후로 항공기 조종사들의 호칭, 대화법, 비행기 조종실Cockpit 내에서의 역할 분담에 대대적인 개선 작업에 들어갔고 지금은 상당한 효과를 보고 있다.

A사의 동영상 사건도 마찬가지다. 직원들의 감정을 제대로 전달하기 어려웠던 경직된 조직 문화가 그 단초를 제공했다. 인터뷰에 응해 준 직원에게 “이번 사건을 계기로 조직 문화 개선에 대한 다양한 방안이 나오고 있는 것 같은데, 조직이 한 단계 더 성장하는 계기가 될까요?”라고 물어보았다. 그러자 “지금까지 우리가 이룩했던 성공 방식들에 대해 다양한 의견이 나오고 있습니다. 앞으로의 성공 방정식은 지금까지와는 달라야 한다는 의견들입니다. 회장님 스스로가 이번 사건을 계기로 많은 변화를 주려고 노력하고 계십니다. 조직 문화의 개선에도 상당히 적극적이시고요. 우리가 어떤 모습으로 변해 가는지 관심을 갖고 지켜봐 주셔도 좋을 듯합니다”라는 말과 함께 의미심장한 웃음을 지어 보였다.

다음은 이와 반대되는 사례의 조직 문화다. 아래로부터 올라오는 의견을 중요시 여기고 그런 통로가 활성화되게끔 상당한 노력을 기울인 경우다. 널리 알려진 사례이기도 한데, 유한킴벌리의 '타운홀 미팅'을 들 수가 있다. 상반기와 하반기로 1년에 두 번, 대표이사는 팀장급 이상 간부들을 대상으로 실적을 포함한 회사의 여러 가지 경영 상황을 공유한다. 이렇게 공유된 안건들은 팀장의 주도 아래 일반 직원들에게도 그대로 공유된다. 회사 건물 6층의 한가운데 중앙에 그리스의 아고라를 연상시키는 원탁형 공간이 있는데, 이곳에서 이루어진다고 해서 '타운홀 미팅'이라는 이름이 붙었다. 상사에 대해서도, 심지어 대표이사에 대해서도 주저하지 않고 자유롭고도 편안하게 자신의 의견을 개진할 수 있는 유한킴벌리의 조직 문화는 바로 이 '타운홀 미팅'에서 시작되었다고 해도 과언이 아니다.

그런데 안타깝게도 이런 문화는 대부분 해외에 본사를 가지고 있는 외국계 기업에서 많이 보인다. 국내 기업 중에서 찾아본다면 소유주가 경영에 일절 관여를 하지 않는 일부 전문 경영인 기업에서 활발하다. 왜냐하면 이곳의 최고 경영자 본인도 월급쟁이 생활자이기 때문이다. 평사원에서 시작하여 최고 경영자의 자리에 오른 이력에서 나와 있듯이 태생 자체가 직원들의 목소리나 의견에 귀를 기울일 수밖에 없는 것이다. 따라서 자연스럽게 대표이사의 주도로 수평적 조직 문화가 퍼져 있다. 토론과 논쟁이 활발하게 이루어지고, 누가 무슨 말을 하더라도 앙금이나 뒤끝이 남아 있지 않다. 모든 것을 정치가 아닌 실적으로 증명해 보여야 하는 환경적 특성이 크게 작용하고 있다. 그러다 보니, '내가 아닌 우리'의 정신을 강조하는 것이다.

편안함과 자유를 기반으로 한 수평적 소통에 상당한 에너지를 쏟으며 실천에 옮기는 기업은 많다. 그러나 A사와 비슷한 조건을 가진 기업의 이야기가 필요했다. 아는 회사는 많았지만 상당히 신경이 쓰였다. 앞서 소개한 A사의 사례처럼 내가 아는 사실이 전부가 아닐 가능성이 매우 높기 때문이었다. 언론은 항상 예쁜 포장지로 사람들의 눈을 속이는 경향이 있다. 때문에 그들이 올린 글을 믿고 기업과 최고 경영자를 판단했다가는 나중에 큰코다칠 가능성이 매우 높다. 경험을 통해 이런 위험성을 알고 있었기 때문에 더 신중해질 수밖에 없었다. 이렇게 고민하던 와중에 오뚜기라는 기업을 알게 되었다. 참고로 오뚜기를 칭찬하는 주요 일간지의 보도 내용을 소개해 본다.

• 보도 내용 1

오뚜기에는 비정규직이 없다. 일반적으로 다른 식품 업체에서는 대형 마트나 백화점의 시식 판매 사원을 비정규직 형태로 고용하고 있다. 하지만 오뚜기에서는 처음부터 비정규직이 아닌 정규직 사원만을 뽑기 때문에 1,800명에 달하는 시식 판매 사원도 모두 정규직 형태로 고용하고 있다.

• 보도 내용 2

지금의 함영준 회장은 선친에게서 3500억 원대의 재산을 상속받았다. 상속세만 무려 1500억 원에 달한다. 함 회장은 5년에 걸쳐 분할해서 납부하겠다고 약속했고 실제로 모두 깨끗하게 납부하며 오뚜기 최대 주주에 올랐다. 보통 대기업의 경우 경영 승계 과정에서 발생하는 어마어마한 상속세를 어떻게든 줄이기 위해 각종 꼼수를 부리기 일쑤인데 오뚜기는 주저함 없이 성실 납세로 모범을 보였다.

· 보도 내용 3

오른손이 하는 일을 왼손이 모르게 하라는 평소의 철학으로 함 회장은 기부하는 일을 떠벌리지 않고 뒤에서 묵묵히 선행하는 것을 좋아한다. 아무리 좋은 일이라도 언론에 노출되는 것을 좋아하지 않는다는 함 회장의 평소 모습에서 진심을 엿볼 수 있다. 오뚜기는 1992년부터 심장병 어린이들을 지원하고 있는데, 매달 23명의 심장병을 앓고 있는 어린이들에게 수술비를 전달하며 지금까지 4,000명이 넘는 아이들에게 새 생명을 선물했다. 이것뿐만이 아니다. 2012년부터는 특수학교와 재활 센터를 함께 운영하는 밀알 재단의 굿윌 스토어와 손을 잡고 뜻 깊은 활동을 시작했다. 이곳에서는 기업과 개인에게서 기증받은 생활용품, 의류 물품 등을 기증 받은 후에 장애인들이 직접 잘 손질해 저렴한 가격으로 판매하고 있다. 오뚜기에서는 이곳에 오뚜기 선물 세트 조립 작업과 임가공을 위탁했고, 제품을 기증해 물품 나눔 캠페인을 진행하고 있다.

• 보도 내용 4

1996년 오뚜기 재단이 설립되어 다양한 학술 진흥 사업과 장학 사업을 이끌어 나가고 있다. 97년 5개 대학 14명에게 장학금을 지원한 것으로 시작해 지금까지 830명에게 약 55억 원의 장학금을 전달했다. 또한 2009년에는 오뚜기 학술상을 만들어 식품 산업 발전과 식생활 향상에 기여한 공로가 큰 교수와 연구원들에게 매년 '오뚜기 학술상'과 함께 6000만 원의 상금을 시상하고 있다.

여기까지만 두고 본다면 분명 오뚜기는 '천사' 기업이다. 경영학적인 관점에서도 흠잡을 데가 없다. 식품이라는 하나의 카테고리에서 한눈 팔지 알고 한 우물만 파고 있기 때문이다. 매출액도 작지가 않다. 2조 5000억 원의 매출액을 자랑하고 있기 때문이다. 하지만 A사의 사례에서도 언급했듯이 사건을 바라보는 관점은 항상 객관적이어야 한다. 언론의 사명일진데 그들은 항상 '금색 포장'을 하든지, 아니면 아예 말초적인 단어로 대중의 자극을 유발하든지 극과 극을 오가기 때문에 신뢰가 가지 않는다. 그래서 언론에 보도된 자료는 50%만 믿기로 하고 내부에서 일하고 있는 직원을 접촉해 보기로 했다. 우리나라는 한 다리만 건너면 통하지 않는 데가 없다는 말이 실감날 정도로 바로 연락이 닿았다. 아는 후배가 그곳 경영지원부서에 근무하고 있었던 것이다. 그를 만나 질문을 던져 보았다.

"언론에 보도된 내용이 사실이야?"

"거의 100% 사실이라고 생각하셔도 됩니다. 우리 회장님 정말
훌륭한 분이지 않아요? 모두가 존경하고 있어요. 하하."

"내부 직원들과의 커뮤니케이션은 어때? 권위적이지는 않아?"

"굉장히 리버럴하세요. 매월 주니어 직원들과 함께하는 맥주 파
티가 있어요. 격의 없이 이야기 들으시고 궁금해하는 건 바로 답
변도 해 주시고, 우리들하고 소통하는 걸 매우 즐겨 하시는 편이
지요."

더 이상 이야기를 들을 필요가 없었다. 회장이 이럴진데 간부들
이 따라 하지 않을 수 없을 테니까. 그들 또한 아래에서의 의견을
가감 없이 회장에게 전달할 것이고, 이런 분위기에서는 왜곡된 의
사 전달이 생길 수가 없다. 무엇보다도 내부에서 일하는 직원에게
서 이런 말이 나오고 있다는 것은 진정 그 기업에서 소통 문화가
매우 바람직한 방향으로 구축되어 있다는 증거이기도 하다. 이런
훌륭한 기업을 왜 지금까지 몰랐나 하는 반성을 하면서 주변에 많
이 홍보해서 벤치마킹의 사례가 되도록 해야겠다고 생각했다. 더
군다나 최근에 가깝게 지내던 기업들에서 크고 작은 문제가 발생
하면서 적잖이 실망감을 느끼고 있었는데, 오뚜기의 이런 숨겨진
이야기는 나에게 큰 힘이 되었다. "오른손이 하는 선행을 왼손이
알아서는 안 된다"는 회장의 가치관이 개인적으로는 맘에 들었다.
정말 대단한 기업이고 훌륭한 경영인이라는 생각이 든다.

칭찬과 피드백은 구체적이어야 한다

미래를 향해 나아가는 기업의 두 번째 특징은 칭찬과 피드백을 할 때 항상 구체적으로 접근한다는 점이다. 그들은 애매모호함에 대해 알레르기적 거부감을 표한다. 모든 것이 진실해야 하고, 모든 것에 구체적인 이유가 뒤따라야 한다. 이유는 간단하다. '미래지향적'이라는 것은 과거의 경험을 바탕으로 이루어지는데, 무엇을 반성하고 무엇을 칭찬했는지를 구체적으로 기술해야 다음으로 나아갈 수 있기 때문이다. 어떤 근거로 이 사람은 칭찬을 받고, 어떤 근거로 이번 프로젝트는 실패라고 규정하는지 구체적 사실이 항상 들어가 있어야 한다고 그들은 생각한다.

오래전, 어느 기업에서 개최한 창립기념일 행사에서 있었던 일이다. 창립 20주년을 맞이해서 근속 연수가 오래된 사원과 지금의 회사가 있기까지 많은 고생을 한 사원들에 대한 표창이 거행되었다. 근속 5년, 근속 10년, 근속 15년, 근속 20년의 직원들에 대한 표창과 금일봉 수여식이 끝나고 특별공로상에 대한 시상이 이어지는 순간이었다. 내심 어떤 직원들이 어떤 이유로 포상을 받나 하는 기대감을 가지고 자리를 지키고 있었다. 시간이 되어 특별공로상 수상자 10명이 단상으로 올라왔고 사장이 수상 내용을 발표하기 시작했다. 그런데 사장이 낭독한 수상 문구가 "오랜 시간 많은 고생을 하였기에 그 노고를 기리어 특별공로상을 수상합니다"라는 내용이었다. 수상자에 선정된 10명의 내용이 똑같았다.

시간이 흐른 후에 나를 초대한 임원에게 그 당시 느낀 실망감을 전했다.

"박 이사님, 그때는 좀 실망이었어요. 어떤 내용으로 특별공로
상을 받나 내심 기대하고 있었거든요"
"신 대표님, 뭐가 잘못되었다는 말씀이신지 이해가 잘 가지 않
는데 좀 구체적으로 말씀해 주실 수 없을까요?"
"칭찬은 뭐든지 구체적이어야 하거든요. 그렇지 않으면 의례적
인 인사말로 치부되어 특별함도 없어지고 전혀 동기부여로 이어
지지 않아서요. 특히나 특별공로상이라는 이름은 정말 특별한 거
잖아요. 때문에 구체적으로 '어떤 공로에 의거하여 이런 상을 준다
는 말이 덧붙여져 있었더라면 얼마나 좋았을까' 하는 그런 기대를
한 거지요."

이해를 돕기 위해 아이들을 칭찬하는 장면으로 상황을 돌려 보
도록 하겠다. 아이들이 "참 잘했어요!"라는 말을 들었을 때, 아이들
의 머릿속에는 어떤 생각이 자리 잡을까? 정말로 내가 뭔가를 잘
해서 칭찬을 받는다는 생각이 들까? 어른들의 상투적인 인사치례
라고 생각하지는 않을까? 아동교육에 종사하는 사람들에게서 들
은 이야기를 그대로 옮겨 본다. "구체성이 없는 칭찬은 안 하느니
만 못해요. 어린 아이들도 알아요. 선생이나 부모가 하는 의례적인
말인지, 본인이 칭찬을 받을 행동을 해서 듣는 진심에서 우러나는
칭찬인지 어린 아이들도 알아요. 구체성이 없는 칭찬은 형식적인

말이라고 생각해서 오히려 의욕 상실로 이어질 확률이 높습니다."

개선을 위해 잘못을 지적하는 피드백도 마찬가지다. 구체성이 따라야 한다. 무엇이 잘못이고, 어떤 행동에 개선이 필요하다는 피드백이 반드시 필요하다. 두리뭉실하게 "행동의 개선이 필요합니다"라는 표현은 차라리 쓰지 않는 게 낫다. 그런데 우리나라의 많은 기업이 이 대목에서 허술하다는 생각을 참 많이 한다. 아마도 윗사람이든 아랫사람이든 '좋은 게 좋다고 굳이 싫은 소리 할 필요가 있나' 하는 심리가 강하게 작용하고 있기 때문인 듯하다.

평가 보상 제도 컨설팅을 수행한 회사에 오랜만에 볼 일이 있어 방문했을 때 있었던 일이다. 마침 1년의 수행 기간이 끝나고 상사가 부하 직원을 평가하는 시즌에 있었던지라, 무리 없이 잘 진행되고 있나 하는 궁금증이 일었다. 제도 설계에 깊숙하게 관여한 사람으로서 책임감이 있었기 때문에 담당 임원에게 부탁해서 상사가 부하 직원을 면담하는 피드백의 자리에 동석하는 기회를 갖게 되었다. 여기서 평가의 자리가 아닌 피드백의 자리를 요청한 데는 이유가 있다. 평가보다도 더 중요한 게 피드백이기 때문이다. 피드백을 할 때는 어떤 이유로 이런 고과 점수를 주게 되었는지 이유가 구체적이어야 한다. 직원들이 인사에 대해 불신하는 이유는 대부분 내가 왜 이런 고과를 받게 되었는지를 모르기 때문이다. 그래서 평가가 끝나고 고과 점수를 피드백 하는 자리에 동석하기로 한 것이다. 하지만 결과는 대단히 실망스러웠다.

그래도 내부에서 팀 관리가 가장 우수하다는 평을 듣는 베테랑 팀장의 면담 자리였다. 팀원은 7명이고 피드백의 시간은 1인당 평균 5분을 넘기지 않았다. 팀원 전원에 대한 피드백의 시간은 겨우 30분에 불과했다. 이유는 간단했다. 구체성은 없고 결과에 대한 통지뿐이었기 때문이다. "고과 결과가 이렇게 나왔어요. 고과에 대해 궁금하거나 납득이 가지 않는 대목이 있으면 인사 쪽에 물어보세요."라는 말로 피드백을 대신했다. '이유가 뭘까?' 하고 곰곰이 생각해 보았다. 아마도 갈등 구조를 만들고 싶지 않은 방어적 심리가 영향을 미치지 않았을까 하는 추측을 해 봤다. 같이 일하는 직원에게 '이런저런 이유로 문제가 많습니다. 깊이 반성을 하고 개선되도록 노력해 주세요'와 같은 식의 지적은 왠지 모르게 반감을 불러일으키는 듯했다.

하지만 아무리 껄끄러운 대화로 이어진다 해도 피드백은 구체적이어야 한다. 그렇지 않으면 차라리 안 하느니보다 못한 결과를 초래한다. 구체성을 가지고 면담을 해야 하는 이유는 크게 두 가지가 있다.

첫째, 상대방이 납득하지 못하기 때문이다. 밑도 끝도 없이 "김 대리는 태도가 문제야! 노력해서 개선하지 않으면 같이 일하는 동료들로부터 '왕따' 당할 수도 있으니 명심해야 돼. 다 자네를 아끼기 때문에 솔직하게 이런 쓴 소리도 하는 거야!"라는 피드백은 안 하느니만 못하다. 뭘 개선해야 한다는 말인지 도통 알 수가 없다. 상황이 이렇다 보니 이야기를 듣는 상대방이 납득을 하지 못한다. 납득이 이루어지지 않는 피드백은 서로에게 시간 낭비에 불과할 뿐이다. 그냥 고과에 대한 결과만 통보하는 게 차라리 나을 수도 있다.

둘째, 구체적인 피드백이 없다는 것은 그만큼 부하 직원에 대한 관찰이 부족하다는 증거이기도 하다. 관찰한 것이 없기 때문에 무엇을 피드백 해야 할지 알 수가 없는 것이다. 구체적으로 피드백을 하기 위해서는 평소 팀원의 행동을 잘 관찰해야 한다. 예를 들면, 팀원 모두가 공동으로 수행하는 프로젝트에서 다른 팀원들의 의욕을 떨어뜨리는 행동을 했다든지, 일신의 편안함을 위해서 어려운 과제는 의도적으로 회피했다든지 등 개선해야 할 행동을 구체적으로 알려주어야 한다. 구체적인 내용 제시는 사실 인정으로 이어지고, 여기에 더해 개인적인 관심과 기대를 넣는 피드백이 이어질 때, 팀원이 행동을 개선할 수 있는 가능성이 열리는 것이다. 피드백을 해 줄 내용이 없다는 건 팀원에 대해 알고 있는 내용이 없다는 증거이고 이는 자신이 책임지고 있는 부하 직원에 대해 평소 무관심으로 일관했다는 의미이기도 하다.

도전은 장려하되 규율은 엄격해야 한다

미래를 향해 나아가는 기업의 세 번째 특징은 도전은 장려하되 규율은 엄격히 적용하고 있다는 사실이다. 기나 긴 불황의 늪에서도 매출 하락은커녕 오히려 소비자들의 사랑을 받고 있는 기업들을 보면 몇 가지 공통점이 있는데, 그중 하나가 아이디어의 신선함이다. 기존의 제품과는 뚜렷이 다른 제품이나 서비스를 선보이며 소비자의 관심과 흥미를 끌어당기고 있다는 것이다. 그 누구도 생각지 못했던 혁신적인 제품이나 서비스를 통해 세상을 선도하며 후발 주자와의 간극을 넓혀 가고 있는 기업이 많았다. 그 회사가 기존 1등 기업이라면 불황을 거치는 동안 2등 기업과의 격차가 더욱더 벌어지는 현상이 발생한다. 반대로 그 회사가 후발 주자였다면 불황은 오히려 그 회사에 1등의 자리를 선사하는 '판의 체인지' 역할을 해 주는 것이다.

이 모든 것의 전제 조건이 도전 정신이다. 그런데 도전 정신은 다른 말로 기존 질서의 파괴를 의미한다. "파괴 없는 혁신은 없다"는 말이 있듯이, 새로운 가치 체계를 만들어 내기 위해서는 과거의 것을 무너뜨려야 하는 과감함이 필요하다는 것으로 바꾸어 말할 수 있다. 그렇다면 이런 도전 정신은 어떤 문화에서 탄생하는 것일까? 바로 자유로운 생각을 존중해 주는 자율적인 문화다. 이런 정신이 바탕에 깔려 있을 때 창의와 도전이 싹트고 피어날 수 있는 것이다. 그러나 그것도 내부 규칙이 지켜지고 있다는 전제하에서만 지속될 수 있다.

나는 일본의 대표적인 HR 기업의 한국 법인 사장 자리에 오랜 기간 있었다. 최초 3명으로 시작한 우리 조직은 10년이라는 세월을 거치면서 30명의 인력으로 급성장하게 되었는데 B2C^{Business-to-Consumer, 기업과 소비자 간의 거래}가 아닌 B2B의 업종에서 이렇게 높은 성장세를 만든 사례는 그리 많지가 않았다. 특히나 가치 사슬 체계에서 본다면 이윤의 직접 창출 부서가 아닌 간접 창출 지원 부서가 HR 영역에서 이런 높은 성장세를 달성한 사례는 업계에서도 상당히 드문 경우였다. 이런 높은 성장세를 만들어 낸 배경에는 몇 가지 중요한 요인이 있었는데, 그중 하나가 "Move your heart"라는 슬로건이었다. "너의 심장이 움직이는 대로 행동하라"는 슬로건 아래 직원 각자의 창의와 도전을 매우 중요시했던 것이다.

이런 슬로건 아래 나온 제품들로는 '잠재 역량 평가 모델', '연수의 시작과 전의 역량 변화 측정', '관리자가 되고 싶지 않은 사람들을 위한 경력 개발 모델' 등이 있었다. 이런 여러 가지 시도는 당시에는 획기적인 것으로서, 시장에서의 반응은 상당히 뜨거웠으며 그 결과는 매출이라는 결과 변수로 나타나기 시작했다. 단순한 평가 보상 체계의 구축이 아닌 구성원 역량 개발을 중시한 다양한 시도를 반영한 제품 구성은 시장에서 좋은 반응을 불러일으켰다. 그런데 이 모든 것은 사소한 것에서 시작되었다. 모든 아이디어가 그렇듯이 처음에는 대단치 않은 생각들이었으나 그것이 시작이었다. "이런 거 재미있지 않을까? 나 같으면 필요할 것 같은데……"라고 말하는 누군가의 희망사항이 단초가 된 것이다. 각자가 내는 아이디어를 존중해 준 결과라고 생각한다. 이런 창의적 사고를 위해 무엇보다도 중요하게 생각한 것이 자율적 사고였다. 그러나 이런 자유와 자율도 조직의 규율보다 앞서지는 못한다.

한번은, "의무적인 출퇴근을 없애고 재택근무로 업무 방식을 바꾸어 보면 어떨까요?"라는 의견이 올라왔다. "출퇴근에 3시간. 출퇴근에서 오는 피로도는 업무 때문에 받는 스트레스의 두 배라고 하는데, 1년 365일 똑같은 행동을 반복할 필요가 있을까요?"라고 김○○ 과장이 운을 떼었다. 일리 있는 말이었다. 무엇보다도 근무 스타일에 변화를 주는 것 또한 동종 업계의 관행을 깨는 도전 정신이라고 생각했다. 또한 이렇게 시도를 해서 우리가 성공을 거둔다면 이것은 자연스럽게 다음 제품을 구상하는 데도 큰 도움이 될 것이라고 생각했다. 그래서 우선은 의견을 제시한 팀의 팀원들을 대상으로 1개월 시범 운영에 들어가 보기로 했다. 로그인 접속으로 근무의 시작을 알리고 로그아웃으로 업무 종료를 체크하는 방식이었고, 일명 'J프로젝트'라고 이름 붙였다.

당시가 2012년도였는데, 그로부터 5년이 지난 후에 국내 유명 IT 기업이 엔지니어들에 대한 업무 방식을 전원 재택근무로 돌리기로 했다는 뉴스를 보도한 적이 있었다. 팀원 모두가 화상회의를 통해 자신들의 업무 성과를 공유하는 모습이 전파를 탄 것이다. 그러나 우리는 엔지니어가 아닌 사무 영업직에서 훨씬 전에 이미 시도해 본 것이다. 배경에는 내부 직원의 창의적인 시도를 응원해 주어야겠다는 마음도 있었지만, 당시 IBM이 발표했던 재택근무를 통한 생산성 향상에 대한 언론 보도가 크게 영향을 미쳤다.

내용은 이렇다. IBM의 의뢰를 받은 미국 브리검영대학교 Brigham Young University의 제프리 힐Jeffrey Hill 교수 팀은 76개국에 있는 IBM 직원 2만 4436명의 자료를 분석했다고 한다. 그 결과 직원의 4분의 1이 가족과 직장 사이에서 갈등을 겪고 있는 것으로 나타났다고 한다. 또 사무실에서 고정 시간에 일하는 사람은 1주일에 38시간 이상 근무하면 직장생활이 일상생활에 방해를 준다고 말했다고 한다. 반면 집 등과 같이 다른 장소에서 통신 시설을 이용해 재택근무하며 시간을 유연성 있게 쓸 수 있는 직원은 압박감이나 갈등 없이 일주일에 평균 57시간을 일할 수 있었다는 것이다. 그 이유에 대해 연구진은 "일이 많은 직원은 대체로 야근을 하게 되는데 사무실에 머무르는 시간이 길어지면서 스트레스를 받게 돼 가족과 갈등도 겪기 쉽다. 하지만 다른 장소에서 일을 선택적으로 유연성 있게 하면 사무실에 있는 직원들보다 스트레스 없이 더 오래 일을 하게 된다"라고 설명했다는 것이다. 연구 보고서에 고무된 IBM 경영진은 재택근무를 전 세계 모든 지역 사무소로 확대했다고 했다.

그러나 재택근무를 본격적으로 실시한 IBM과는 달리 우리는 1개월 시범 운영 후에 J프로젝트를 취소하기로 결정했다. 육아 문제로 심한 스트레스를 받고 있던 팀원이 있었는데, 재택근무를 하면서 J프로젝트를 악용한 사례가 적발된 것이다. 제도의 허점때문이 아니었다. 본질적으로 해당 사원의 의식이나 책임감에 문제가 있었기 때문일 수도 있다. 아니, 어쩌면 사회인으로서의 기본적인 자세 문제일 수 있다. 어찌 되었건 결과적으로 피해는 다른 직원들에게 돌아갔다. 말은 안 했지만, 모두가 새로운 시도에 큰 기대를 가지고 지켜보고 있었기 때문에 실망이 컸다. 우리의 이런 새로운 시도가 우리 조직의 성장에도 기여하고 더 나아가 대한민국의 기업이 일하는 방식을 개선하는 데도 큰 역할을 해 주었으면 하는 바람으로 내심 성공하기를 기대하고 있었던 것이다.

100인 100색이라는 말처럼 같은 색을 가진 사람은 한 사람도 없다. 서로 다른 색깔의 사람들이 어우러져 조직이라는 운명공동체를 만든다. 이런 운명공동체가 유지되기 위해서는 아무리 싫어도 모두를 위해서 따라야 하는 조직의 규칙이 있어야 하고, 이를 준수해야만 한다.

조직이라는 공동체 안에는 한쪽이 이득을 보면, 한쪽은 손해를 볼 수밖에 없는 인사 정책이 수도 없이 많다. 내 맘에 안 든다고, 내가 손해를 본다고 반항하고 저항한다면 기업이라는 배는 항해를 떠날 수가 없다. 모두가 지향하는 목표를 완수하기 위해서 때로는 개인적인 손해를 감수할 수 있어야만 한다. 자유와 자율을 강조하기 전에 모두가 지켜야 하는 기본적인 예의와 규율이 확실하게 서야 하는데, 그 직원에게는 그런 사명감이 부족했던 것이다. 결국 우리의 새로운 시도는 실패로 끝났고 이후 이와 관련된 시책은 다시 시도되지 못했다. 한번 실패한 제도를 다시 부활시키기 위해서는 첫 시도에서 제시했던 명분의 두세 배 더 설득력 있는 명분이 필요한데, 그걸 만들어 내지 못했기 때문이었다. 그리고 나에게 큰 영감을 주었던 IBM도 우리와 비슷한 시점에 제도의 폐지를 결정했다. 본격적으로 실시해 보니 조직의 단합에 오히려 방해가 된다는 것이 이유였다.

J프로젝트의 실패 원인은 어디에 있는 것일까? 같은 실수를 반

복하지 않기 위해 여러 사람의 책임을 되짚어 볼 필요가 있다. 먼저, 최고 경영자인 나에게 그 책임이 있다. '규율 위에 자율'이라고 했는데, 나는 규율은 뒤로하고 자율을 지나치게 강조했기 때문이다. 다음은 담당 팀장이다. 남이 하지 않은 새로운 것을 시도할 때는 더 꼼꼼하게 준비하고 체크해야 한다. 이런 문제점은 충분히 예상 가능했던 것이었는데도 너무 안이하게 사전 준비를 했고, 문제가 된 이후에는 너무 쉽게 포기를 선언했다. 프로젝트의 담당 팀장이라는 직책을 생각했을 때, 좀 더 진지한 자세로 임했더라면 어땠을까 하는 아쉬움이 남는다.

마지막으로 해당 직원이다. 창의와 도전을 위해 자유와 자율을 강조한 나의 의도를 좀 더 진중하게 받아들여 주었어야 했다. 강압적이고 수직적인 커뮤니케이션 문화가 대부분인 국내 환경에서 수평과 자율을 강조하는 우리의 슬로건은 상당히 혁신적이었다. 이런 좋은 취지를 선순환의 구조로 활용해 주었다면 얼마나 좋았을까 하는 아쉬움이 남는다. 선한 의도에서 시작한 인사 정책이었는데 개인적인 욕심 때문에 악용된 선례를 남기고 말았다.

"규율 위에 자율이다. 하지만 규율을 무시한 자율은 있을 수가 없다."

국내 최대의 배달 앱 업체인 '배달의 민족' 현관에 붙어 있는 대형 슬로건이다. J프로젝트가 왜 실패로 끝나게 되었는지에 대한 답을 유추하는 데 조금이나마 도움이 되는 듯하다.

이상으로 미래지향적 혁신 기업으로 거듭나기 위해 현장에서 바로 적용해야 할 세 가지 실천 과제를 열거해 보았다. 다시 한번 정리해 보면 다음과 같다.

1 편안하게 솔직해야 한다.
2 칭찬과 피드백은 구체적이어야 한다.
3 도전은 장려하되 규율은 엄격해야 한다.

곰곰이 생각해 보면, 이런 문화가 깔려 있는 조직은 경제 불황의 터널에서 나오는 순간 엄청난 매출 성장을 이루었던 것 같다. 웅크리고 있던 호랑이가 기지개를 켜고 포효하듯 시장을 향해 달려가는 모습을 보여 주었다. 반대로 이런 분위기와 거리가 먼 기업들의 경우, 경제 불황이 끝나고 대외 여건이 호전의 기미로 들어서는 순간에도 여전히 생존의 기로에서 벗어나지 못하는 경우가 많았다. 심지어 다른 기업에 팔리는 신세로 전락하는 경우도 적지 않게 목격했다. 경제 여건으로 회사가 성장하는 것은 일시적인 현상일 뿐이다. 회사가 지속적으로 성장하고 오래가기 위해서는 탄탄한 조직 문화가 회사를 받쳐 주어야 한다. 그런 조직 문화를 만들어 가기 위해 지금 당장 앞의 세 가지 실천 사항을 시행하기를 말한다.

원고가 완성될 즈음에 아버지께서 운명하셨다. 임실에 위치한 국립호국원에 아버지의 뼛가루를 담은 유골함을 두고 나오면서 여러 가지 생각이 주마등처럼 스쳐 지나갔다. 늦은 나이에 나를 낳으신 아버지는 나의 손을 잡고 여기저기 다니시는 것을 무척이나 좋아하셨다. 그런데 다 큰 아이들은 일이 많아서 부모와 같이 다니려 하지 않는다. 그러다 보니 중년이 되면 아이 없이 다니는 부부가 대부분이다. 이런 상황에서 생각지도 않은 막둥이가 생겼으니, 아버지는 신이 나서 주말이면 항상 나를 데리고 어딘가를 다니시는 것을 즐기셨던 것이다.

아버지는 초등학교 선생님이셨다. 40년간 잡으셨던 교편을 놓으시고 정년퇴직을 하신 아버지가 제일 먼저 계획한 프로젝트가 일본 여행이었다. 당시 나는 일본에서 대학을 다니고 있었는데, 학기 중이라서 아버지의 정년퇴임식에 가지 못했었다. 이런 나를 위해 아버지는 여행을 겸해서 나를 찾은 것이다. 일제강점기에 학창 시절을 보낸 아버지는 일본어도 잘 하셨다. 그래서인지 혼자서 여기저기 다니실 요량으로 이런저런 여행 준비를 해 오셨다.

나는 설레는 마음으로 공항에서 아버지를 만났고, 리무진 버스를 이용해 자취방으로 아버지를 안내했다. 그날 밤, 자고 있는 아버지의 얼굴을 보면서 나는 소리 없이 흐느껴 울었다. 퇴임하고 처음 보는 모습이었는데, 예전의 당당한 아버지의 얼굴이 아니었기 때문이었다. 퇴직하고 1년 만에 마주한 아버지의 모습은 나이 먹은 할아버지의 모습 그 자체였다. 예전의 쩌렁쩌렁한 모습은 간데없고 초라한 노인의 모습만이 남아 있었던 것이다. 사람은 직업을 잃으면 순식간에 늙어 버린다는 말이 실감이 났다.

공부와 아르바이트로 바쁜 나는 아버지를 상대해 드릴 시간이 없었다. 죄송한 마음이었지만 어쩔 수 없었다. 이런 나의 우려와는 달리 아버지는 씩씩하게 한 달을 나의 자취방에서 생활하셨다. 내가 타고 다니던 작은 자전거를 타고 동네 구석구석을 탐방하기도 하고, 나 몰래 우리 학교에 와서 몰래 수업도 들으시고, 고속버스를 타고 멀리 있는 지방에 다녀오시기도 했다. 같이 지내드리지 못했던 한 달이었지만 아버지는 살아 계시는 동안 나의 자취방에서 생활하셨던 이 기간이 가장 즐거웠다고 항상 말씀하셨다. '아버지와 함께 하는 시간이 다시 온다면 이번에는 정말 즐겁게 해 드려야지'하는 생각을, 그 이후로 항상 하고 살았다. 그러나 그런 기회는 다시 오지 않았다.

나도 아버지가 걸었던 인생을 그대로 살아가고 있다. 아버지가 어떤 마음으로 가족을 이끌었는지를 생각하며 새삼 가장이란 무엇인지를 느낄 때가 많다. 힘들어도 힘들다는 말을 할 수 없고, 아파도 아프다는 말을 할 수 없으며, 무서워도 무섭다는 말을 할 수 없는 것이 가장으로서 짊어져야 하는 숙명인 것 같다. 나 또한 가족들이 행복해하는 모습과 즐거워하는 미소를 보는 순간이 가장 행복한 순간이 되어가는 듯한 느낌이다. 아버지가 그랬듯이 나도 그렇게 가족을 돌볼 것이다.

이 책은 개인의 일상적인 감상을 써 내려간 에세이는 아니다. 그래서 아버지 이야기를 쓰는 것이 다소 두려웠다. 그러나 돌아가신 아버지에 대한 이야기를 책의 어딘가에서는 꼭 써 보고 싶었다. 아버지에 대한 그리움을 조금이나마 담아 두고 싶은 마음 때문인지도 모르겠다. 문맥에 어울리지 않을 수도 있다는 두려움에도 불구하고 마지막 장을 빌려 아버지 이야기를 쓰고 있는 이유가 여기에 있다. 독자 여러분의 넓은 양해를 바랄 뿐이다.

KI신서 9136

컬처엔진

1판 1쇄 인쇄 2020년 5월 7일
1판 1쇄 발행 2020년 5월 12일

지은이 신경수
펴낸이 김영곤
펴낸곳 (주)북이십일

정보개발본부장 최연순
정보개발2팀 이종배 김연수 **책임편집** 조은화
마케팅팀 한경화 박화인
영업본부 이사 안형태 **영업본부장** 한충희 **출판영업팀** 김수현 오서영 최명열
제작팀 이영민 권경민
디자인 박소희

출판등록 2000년 5월 6일 제406-2003-061호
주소 (우 10881) 경기도 파주시 회동길 201 (문발동)
대표전화 031-955-2100 **팩스** 031-955-2151 **이메일** book21@book21.co.kr

(주)북이십일 경계를 허무는 콘텐츠 리더

21세기북스 채널에서 도서 정보와 다양한 영상자료, 이벤트를 만나세요!
페이스북 facebook.com/21cbooks   포스트 post.naver.com/21c_editors
인스타그램 instagram.com/jiinpill21   홈페이지 www.book21.com
유튜브 www.youtube.com/book21pub
서울대 가지 않아도 들을 수 있는 명강의! 〈서가명강〉
유튜브, 네이버, 팟빵, 팟캐스트에서 '서가명강'을 검색해보세요!

ISBN 978-89-509-8821-0 03320

책값은 뒤표지에 있습니다.
이 책 내용의 일부 또는 전부를 재사용하려면 반드시 (주)북이십일의 동의를 얻어야 합니다.
잘못 만들어진 책은 구입하신 서점에서 교환해드립니다.